Wolfgang Michalke-Leicht (Hg.)

Kompetenzorientiert unterrichten

Das Praxisbuch für den Religionsunterricht

Kösel

Sollte diese Publikation Links auf Webseiten Dritter enthalten, so übernehmen wir für deren Inhalte keine Haftung, da wir uns diese nicht zu eigen machen, sondern lediglich auf deren Stand zum Zeitpunkt der Erstveröffentlichung verweisen.

Verlagsgruppe Random House FSC-DEU-0100

3. Auflage
Copyright © 2011 Kösel-Verlag, München,
in der Verlagsgruppe Random House GmbH,
Neumarkter Str. 28, 81673 München
Umschlag: griesbeckdesign, München
Umschlagmotiv: gettyimages/PhotoAlto Agency
Druck und Bindung: Těšínská tiskárna, Český Těšín
Printed in the Czech Republic
ISBN 978-3-466-37013-9
www.koesel.de

 Dieses Buch ist auch als E-Book erhältlich.

Inhalt

Einführung zur 2. Auflage 5

Teil I
KOMPETENZORIENTIERT UNTERRICHTEN –
EINSICHTEN UND AUSSICHTEN

Didaktischer Perspektivenwechsel *(Wolfgang Michalke-Leicht)* 10

Lehrerinnen und Lehrer *(Cornelia Patrzek-Raabe)* 23

Bildungspläne – Bildungsstandards – Kompetenzen
  (Clauß Peter Sajak) 34

Anforderungssituationen und Lernanlässe *(Georg Gnandt)* 45

Selbstorganisiertes Lernen *(Stefan Schipperges)* 54

Kultur der Wertschätzung *(Wolfgang Michalke-Leicht)* 67

Lernsequenzen *(Wolfgang Michalke-Leicht)* 78

Teil II
LERNSEQUENZEN FÜR DEN RELIGIONSUNTERRICHT
IN DEN SEKUNDARSTUFEN I UND II

Mein Gottesbild – Vorstellungen von Gott (LZR 5/6)
  (Uta Martina Hauf) 86

Geschwister jüdischen Glaubens (LZR 5/6) *(Uta Martina Hauf)* 90

Heilige Räume – Kirchenerkundung (LZR 5/6) *(Stefan Schipperges)* ... 95

Mord auf dem Abort – Die Bibel visualisieren (LZR 5/6)
(Andreas Wronka) 101

Mirjam tanzt in die Freiheit (LZR 5/6) *(Jutta Taege-Müller)* 106

Das Gleichnis vom Senfkorn (LZR 7/8) *(Stefan Schipperges)* 113

Herausforderung Islam (LZR 7/8) *(Angelika Scholz)* 119

Autoritäten gehorchen? (LZR 7/8) *(Cornelia Patrzek-Raabe)* 126

Das Geheimnis eines Sommers (LZR 7/8) *(Andreas Wronka)* 133

Die Bibel verstehen (LZR 9/10) *(Georg Gnandt)* 140

Ethische Begründungsmodelle (LZR 9/10) *(Patricia Hirt/
Christina Küchel)* 150

Diese Kirche – Meine Kirche (LZR 9/10) *(Wolfgang Michalke-Leicht)* 156

Liebe, Partnerschaft, Sexualität (LZR 9/10) *(Joachim Köhler)* 161

Umgang mit dem Tod (LZR 9/10) *(Uta Martina Hauf)* 168

Biblische Motive in der Werbung (LZR 11/12) *(Ulrich Baader)* 173

Moralische Dilemma-Situationen (LZR 11/12) *(Stefan Schipperges)* ... 178

Mit den Gebeten beginnen (LZR 11/12) *(Andreas Wronka)* 185

Homosexualität (LZR 11/12) *(Bruno Strnad)* 190

Jesus Christus (LZR 11/12) *(Georg Gnandt)* 196

Kirche im Nationalsozialismus (LZR 11/12) *(Jutta Taege-Müller)* 202

Ethische Problemfälle erleben (LZR 11/12) *(Angelika Scholz)* 212

Ethik an Lebensanfang und Lebensende (LZR 11/12)
(Patricia Hirt/Christina Küchel) 219

Trainingssache Religion (LZR 11/12) *(Bruno Strnad)* 226

Willkommen in der wirklichen Wirklichkeit? (LZR 11/12)
(Ulrich Baader) 232

Verzeichnis der Autorinnen und Autoren 238

Einführung zur 2. Auflage

Die Debatte um das didaktische Konzept der Kompetenzorientierung im Religionsunterricht hat in den vergangenen zwei Jahren seit Erscheinen dieses Praxisbuches deutlich an Dynamik gewonnen, sodass inzwischen eine zweite Auflage möglich geworden ist. Ganz offensichtlich ist die Nachfrage nach konzeptioneller Erschließung wie auch nach unterrichtspraktischer Hilfestellung groß. Die Stärke des Praxisbuches liegt vor allem im unterrichtspraktischen Teil. Hier wird der geforderte didaktische Perspektivenwechsel konkret, indem das Lernen der Schülerinnen und Schüler im Lehr-Lern-Prozess neu in den Blick genommen wird. Nach wie vor nämlich ist die unterrichtliche Wirklichkeit vielerorts durch eine deutliche Dominanz der Lehre (Instruktion) vor dem Lernen (Konstruktion) bestimmt. Das ist für alle Beteiligten kontraproduktiv. Die Lehrerinnen und Lehrer arbeiten zu viel, und die Schülerinnen und Schüler lernen zu wenig. Bei der Besprechung einer Unterrichtsstunde hat es ein Referendar wie folgt auf den Punkt gebracht: »Ich hatte die ganze Zeit das Gefühl, dass ich der einzige im Klassenzimmer bin, der arbeitet.«

Didaktischer Perspektivenwechsel als Schlüssel zum kompetenzorientierten Religionsunterricht ist in erster Linie eine Frage der Haltung, mit der Lehrerinnen und Lehrer in den Unterricht gehen. Wenn sie ihren Schülerinnen und Schülern etwas zutrauen, wenn sie sie als Subjekte des Lernens ernst nehmen, dann werden sie ihnen ermöglichen, eigene Lernwege zu gehen. Dass diese Öffnung des Unterrichts nicht vom Himmel fällt, sondern eingeübt werden muss, liegt ebenso auf der Hand wie die Tatsache, dass es hierbei eines produktiven Wechselspiels von Instruktion und Konstruktion bedarf.

Für das hier vertretene Konzept der Kompetenzorientierung im Religionsunterricht wurde das Bild der Fähr- oder Kreuzfahrt gewählt. Während der gemeinsamen Fahrt von Insel zu Insel werden die Lernenden von den Lehrenden angemessen instruiert, sodass sie beim Landgang eigene Lernwege gehen und dabei Erkundungen und Entdeckungen machen können (Konstruktion), um nach geraumer Zeit erneut das Schiff zur gemeinsamen Weiterfahrt (Instruktion) zu besteigen. Zur gelingenden Bildungsfahrt gehören beide: die Tage auf See und die Tage an Land. Auf diese Weise erschließen die Lehrenden den Lernenden »Lernlandschaften« und – um im Bild der Kreuzfahrt zu bleiben – »Lernmeere«. Lernen allerdings müssen die Schülerinnen und Schüler selbst. Die Lehrenden geben ihnen den gestalteten Rahmen vor, in dem sie sich bewegen können. Damit ist ein wechselseitiger Rhythmus von Instruktion und Konstruktion im Lehr-Lern-Prozess beschrieben.

Hinzu kommt, dass das Konzept der Kompetenzorientierung nur dann fruchtbar werden kann, wenn es im weiteren Kontext der Unterrichts- und Schulentwicklung gesehen wird. Schulpädagogische Ansätze und Elemente der Schulreform sind konstitutiv für einen kompetenzorientierten Religionsunterricht. Jürgen Oelkers und Kurt Reusser gehen in ihrer internationalen Studie der Frage nach, wie der Paradigmenwechsel im Bildungsmonitoring (vom input zum outcome) nachhaltig wirksam werden kann. Dazu heißt es im Kurzbericht: »Die Implementation von Bildungsstandards soll weder ausschließlich noch primär auf die Etablierung einer Testkultur als Steuerungsmittel setzen, *sondern muss in erster Linie der Entwicklung von Schule und Unterricht verpflichtet sein.* Die Länder müssen sich überlegen, durch welche Unterstützungsmaßnahmen sie die *Weiterentwicklung der Schulen vor allem auf der Unterrichtsebene fördern* können« [Hervorhebung wml] (Oelkers/Reusser 2008, 21).

Kompetenzorientierung als Schülerorientierung ist also primär eine Frage der Unterrichts- und Schulentwicklung. Sie ereignet sich in dem Maße, in dem Schule und Unterricht sich für eine Kultur des Lernens öffnen. Selbstverständlich hat das auch mit äußeren und inneren Rahmenbedingungen zu tun. Eine Schule, die nicht zum Lernen einlädt, die womöglich das Image der Lehranstalt pflegt, in der fruchtloses Containerwissen von A nach B transportiert wird, sie ist kein geeigneter Ort des Lernens.

Anfragen an die Kompetenzorientierung

Von den Kritikern des Konzeptes der Kompetenzorientierung werden immer wieder und teilweise mit großer Vehemenz zwei Anfragen ins Feld geführt: Kompetenzorientierter Religionsunterricht – so heißt es – sei sowohl *inhaltsleer* als auch *lehrervergessen*, er vernachlässige also die Bedeutung der Inhalte und stelle die zentrale Rolle der Lehrenden in Frage. Bei genauer Betrachtung jedoch erweisen sich beide Vorwürfe als Missverständnisse, zu deren Aufklärung an dieser Stelle beigetragen werden soll.

In seiner Fundamentalkritik setzt sich Hubertus Halbfas (Halbfas 2012) auf gut 50 Seiten – an vielen Stellen vielfach leider sehr polemisch – mit dem Konzept des kompetenzorientierten Religionsunterrichts auseinander. Im Chor mit anderen Kritikern (Boehme 2010, Schmid 2011) weist er es vor allem deswegen als angeblichen Holzweg aus, weil der Kompetenzansatz formal reduziert und die Frage der Normativität der Inhalte nicht geklärt sei. Ein Blick in die neuesten Bildungspläne oder wissenschaftlichen Beiträge (Sajak 2012) zeigt jedoch, wie abwegig dieser Vorwurf ist.

Auch die schulische Wirklichkeit ist eine andere. So werden z. B. Schülerinnen und Schüler, wenn sie daheim von der Schule erzählen, sicher nicht sagen, sie hätten im Religionsunterricht diese oder jene Kompetenz geschult. Vielmehr werden sie von Paulus erzählen und von dessen Leben und Wirken, das sie kennengelernt und sich erarbeitet haben. Gleichwohl zeigen sie in eben diesem Erzählen, dass sie im Unterricht z. B. die Kompetenz erworben haben, die Bedeutung des Paulus für die frühe Kirche ihren Eltern zu erläutern.

Selbstverständlich also werden Kompetenzen an Inhalten erworben. Und selbstverständlich ist es auch, dass die Auswahl der Inhalte religionspädagogisch begründet sein und sachlichen und didaktischen Kriterien entsprechen muss. Daher baut dieses Praxisbuch auf diese Professionalität der Lehrenden. Die vorliegenden Lernsequenzen mit ihren Lernimpulsen und Materialien sind ja keine Unterrichts- oder Lehrprobenentwürfe mit kleinschrittigen Beschreibungen oder engen Vorgaben, die es eins zu eins im Unterricht umzusetzen oder gar abzuarbeiten gelte. Sie können als Anregungen und Einladung gelesen werden, das Lernen stark zu machen.

Die mit großer Leidenschaft geführte Debatte wider die Kompetenzorientierung bemüht neben der Frage nach den Inhalten als weiteres zentrales Argument die Frage nach dem Selbstverständnis der Lehrenden bzw. die nach der Lehrerrolle. Wenn denn die Lernenden, so wird unterstellt, eigenverantwortlich, selbsttätig oder selbstgesteuert lernen, dann würden sie ja alles allein und aus sich selbst heraus erarbeiten, was schlechterdings gar nicht möglich sei, da doch das Lernen sich im Überschreiten des eigenen Horizontes ereigne und einer wie auch immer gearteten Alterität bedürfe. Sonst blieben die Lernenden im bereits Vertrauten hängen und würden gerade nicht hinzulernen.

Kompetenzorientierung ist Schülerorientierung

Wer das Konzept derart missverstehen will, kommt zwangsläufig zu solch einem Trugschluss. Doch das hat mit dem Gemeinten wenig zu tun. Es geht ja nicht einfach um ein »Laissez faire«, bei dem die Lernenden allein gelassen und damit überfordert würden – im Gegenteil. Der Schlüsselbegriff des hier vertretenen Konzeptes der Kompetenzorientierung lautet »Perspektivenwechsel«. Die Lehrenden geben sich eben nicht (mehr) zufrieden mit dem vorrangigen (und oftmals ausschließlichen) Blick auf die zu lehrenden Inhalte. Sie fragen auch und vor allem danach, *wie* Schülerinnen und Schüler lernen und auf welchen Wegen sie dabei Kompetenzen erwerben und vertiefen können. Sie wechseln die Perspektive und schauen gleichsam mit den Augen der Lernenden auf das Lernen im Lehr-Lern-Prozess. Die Professionalität der Lehrenden zeigt sich also auch darin, dass sie zu diesem Perspektivenwechsel fähig sind, dass sie sich in die Lage der Schülerinnen und Schüler versetzen und nachvollziehen, wessen diese bedürfen, damit sie konstruktiv lernen können – kurz, dass sie die Lernenden tatsächlich als Subjekte des Lernens ernst nehmen.

Insofern ist Kompetenzorientierung eine Form der Schülerorientierung. »Diese Akzentverschiebung scheint tatsächlich zunächst auf der Ebene des professionellen Habitus angesiedelt zu sein: Kompetenzorientierung ist eine didaktische Haltung und dient der Entwicklung einer entsprechenden Lernkultur« (Mendl 2011, 466). Kompetenzorientiert unterrichtende Lehrerinnen und Lehrer werden aus ihrem professionellen Habitus heraus prozessorientiert »navigieren« und dabei die folgenden Parameter situationsadäquat im Blick haben. Auf der Basis ihrer fachlichen Kompetenz

> fragen sie mit den Lernenden nach Anforderungssituationen bzw. Lernanlässen, die geeignet sind, den Zugang zum Thema zu erschließen.
> Sie nehmen aufmerksam wahr, wo ihre Schülerinnen und Schüler stehen, und erheben deren Lernausgangslage.
> Sie prüfen, welche Lernwege für die Schülerinnen und Schüler jeweils in Frage kommen.
> Sie bereiten diese Wege didaktisch und methodisch versiert vor, indem sie z. B. intelligente Lernaufgaben entwerfen.
> Sie ermöglichen den Lernenden individuelle Lernentscheidungen, indem sie ihnen verschiedene Optionen anbieten.
> Sie wählen Lernquellen, aus denen die Schülerinnen und Schüler schöpfen können, und legen ihnen diese vor.
> Sie begleiten die Lernenden und intervenieren, wenn nötig. Dabei pflegen sie eine fehlerfreundliche und wertschätzende Feedbackkultur.
> Sie pflegen ebenso eine geeignete Wiederholungskultur.
> Sie halten die Lernenden an, sich ihrer eigenen Lernentscheidungen und Lernwege zu vergewissern (Metakognition).
> Sie verfügen über geeignete Evaluationsinstrumente und setzen sie passgenau ein.

Das strukturierende Schema der im Praxisbuch vorgestellten Lernsequenzen erschließt diese Parameter aus der Perspektive der Schülerinnen und Schüler. Es ist jedoch nicht so zu verstehen, als müsse es Schritt für Schritt abgearbeitet werden. Vielmehr geht es darum, die einzelnen Aspekte des Lernens je nach Gegebenheit einzuüben. Das kann auf dem Wege einer Akzentuierung wie auch einer Begrenzung geschehen.

Literatur

Boehme, Katja (2010): Erhebliche Gefährdungen. Der Religionsunterricht und seine Probleme. Herder Korrespondenz 64 (2010) Heft 9, 460-464.

Halbfas, Hubertus (2012): Religionsunterricht nach dem Glaubensverlust – eine Fundamentalkritik. Patmos Verlag, Stuttgart.

Mendl, Hans (2011): Rezension zu Michalke-Leicht (2011): Kompetenzorientiert unterrichten. Das Praxisbuch für den RU, in: Katechetische Blätter 136 (2011) Heft 6, 466.

Oelkers, Jürge/Reusser, Kurt (2008): Qualität entwickeln – Standards sichern – mit Differenz umgehen (Kurzfassung), BMBF (Hg.) Bonn,/Berlin.

Sajak, Clauß Peter, Hg. (2012): Religionsunterricht kompetenzorientiert. Beiträge aus fachdidaktischer Forschung, Schöningh Verlag, Paderborn.

Schmid, Hans (2011): Falsche Alternativen. Welche Ziele kann Religionsunterricht realistisch erreichen? Herder Korrespondenz 65 (2011) Heft 1, 49-53.

Teil I

Kompetenzorientiert unterrichten – Einsichten und Aussichten

Didaktischer Perspektivenwechsel

Jede Medaille hat zwei Seiten, die ganz unterschiedlich ausschauen können, je nachdem, von wo aus und wie ich sie betrachte. Und doch gehören beide zusammen. Die eine Seite ist nicht ohne die andere zu haben. Dieses Bild trifft auf viele Bereiche des Lebens zu: Alles hat (mindestens) zwei Seiten. Auch der schulische Unterricht lässt sich so beschreiben, geht es beim sogenannten Lehr-Lern-Prozess doch ums Lehren und ums Lernen – zwei Seiten einer Medaille. Das klingt so einfach und ist es dann doch wieder nicht. Vor allem, wenn es um die Frage geht, wie das Verhältnis der beiden Seiten »Lehren« und »Lernen« zueinander ist.

Vom Lehren und Lernen

Wer sich auf die Suche nach Antworten begibt, wird gegenwärtig allerorten mit dem Konzept der Bildungsstandards konfrontiert. Auf dessen Basis sind inzwischen bundesweit zahlreiche Bildungspläne oder Kerncurricula entstanden, mit zum Teil sehr unterschiedlichen Formaten. Exemplarisch seien genannt die baden-württembergischen Bildungspläne von 2004, die gleichsam eine Vorreiterrolle eingenommen haben, und die niedersächsischen Kerncurricula von 2009, die eine deutliche Weiterentwicklung des Konzepts erkennen lassen. Allen gemeinsam ist jedoch die Überzeugung, dass es beim Blick auf den Lehr-Lern-Prozess sinnvoll und produktiv ist, primär das erwartete Ergebnis des Lernens in Form von Kompetenzen zu beschreiben. Das Versprechen ist groß, dass diese Kompetenzformulierungen eine hohe Steuerungskraft besitzen und so die Qualität schulischen Unterrichts nachhaltig verbessern.

Nicht selten wird in diesem Zusammenhang von einer Kopernikanischen Wende gesprochen. Tatsächlich beinhaltet das Konzept der Bildungsstandards einen Systemwechsel, der bis in den alltäglichen Unterricht hinein Konsequenzen fordert. Mit anderen Worten: Ein kompetenzorientierter Unterricht wird sich von solchen Unterrichtskonzepten unterscheiden (müssen), die den konventionellen inhaltsorientierten Lehrplänen folgen.

Was bedeutet das nun für die Praxis des alltäglichen Unterrichts? Um noch einmal an das Bild vom Anfang anzuknüpfen: Die beiden Seiten der einen

Medaille »Lehr-Lern-Prozess« bleiben aufeinander bezogen. Das könnte auf den ersten Blick den Eindruck vermitteln, alles könne beim Alten bleiben. Dem ist jedoch nicht so. Denn das entscheidende Merkmal eines kompetenzorientierten Unterrichts ist es, einen didaktischen Perspektivenwechsel vorzunehmen. Es gilt, bei der Planung und Durchführung von Unterricht das Lernen der Schülerinnen und Schüler in den Mittelpunkt der Aufmerksamkeit zu stellen und das Lehren der Lehrerinnen und Lehrer dagegen zurückzunehmen.

Die etablierten didaktischen Konzepte fokussieren – meist mit guten Gründen – die Seite des Lehrens. Im Mittelpunkt ihrer Aufmerksamkeit steht die berechtigte Sorge darum, dass Lehrerinnen und Lehrer gut vorbereitet in den Unterricht gehen. Sie sollen sich genau überlegen, was sie warum und wie machen, damit ihr Unterricht – so wird ihr Lehren in der Regel bezeichnet – gut zu werden verspricht. Ein Großteil der Energie wird darauf verwendet, dass Lehrerinnen und Lehrer sich um die Optimierung ihres Lehrens bemühen. Selbstverständlich ist das wichtig. Niemand wird ernsthaft infrage stellen, dass es klare und eindeutige Kriterien zur Unterscheidung von gutem und schlechtem Unterricht gibt, wie sie z.B. von Hilbert Meyer vorgelegt wurden (vgl. Meyer 2004). In der Aus- und Fortbildung von Lehrerinnen und Lehrern wird vielleicht sogar noch mehr darauf geschaut werden müssen, dass diese ihren Beruf professionell ausüben. Dazu zählen neben einem methodisch-didaktischen Handwerkszeug auch personale Kompetenzen. Die Rolle der Lehrerinnen und Lehrer wandelt sich derzeit sehr stark. Das hat weitreichende Konsequenzen vor allem im Blick auf ihre Beziehungskompetenz. Hier wird künftig manches mehr für die Stärkung der Selbstkompetenz der Lehrenden getan werden müssen.

Das Lernen der Schülerinnen und Schüler

Wenn in diesem Praxisbuch zum kompetenzorientierten Unterricht von einem didaktischen Perspektivenwechsel gesprochen wird, dann geht es darum, die Schülerinnen und Schüler als verantwortliche Akteure ihres eigenen Lernens ernst zu nehmen. Das professionelle Lehren der Lehrerinnen und Lehrer ist das eine. Ein kompetenzorientierter Unterricht jedoch – so die Überzeugung – basiert auf dem Wechsel der Perspektive hin zu dem, was Schülerinnen und Schüler tun sollen, wie sie lernen können und auf welche Weise sie das möglichst selbstständig und selbstorganisiert machen können.

Damit wird diejenige Seite der Medaille des Lehr-Lern-Prozesses stark gemacht, die in den etablierten didaktischen Konzepten oft genug zu kurz kommt.

Das ist sicher nicht neu. Bereits vor über 350 Jahren schrieb Johann Amos Comenius, der Begründer der ersten systematischen Pädagogik: »Erstes und letztes Ziel unserer Didaktik soll es sein, die Unterrichtsweise aufzuspüren und zu erkunden, bei welcher die Lehrer weniger zu lehren brauchen, die Schüler dennoch mehr lernen; in den Schulen weniger Lärm, Überdruss und unnütze Mühe herrsche, dafür mehr Freiheit, Vergnügen und wahrhafter Fortschritt ...« (Comenius 1657). Viele Impulse aus dem Bereich der Reformpädagogik stimmen seither in diesen Tenor ein. Allgemein bekannt ist die Maxime, welche die italienische Ärztin und Pädagogin Maria Montessori (1870–1952) für ihr Konzept der Freiarbeit formuliert hat: »Hilf mir, es selbst zu tun.« Damit fordert sie, die Schülerinnen und Schüler in ihrer Persönlichkeit zu achten und als ganze, vollwertige Menschen zu sehen, ihren Willen entwickeln zu helfen, indem sie Raum für freie Entscheidungen erhalten; ihnen zu helfen, selbstständig zu denken und zu handeln, ihnen Gelegenheit zu bieten, den eigenen Lernbedürfnissen zu folgen.

Kompetenzorientierung als didaktische Haltung

Kompetenzorientierung meint also Orientierung an den Schülerinnen und Schülern und zwar in dem Sinn, dass sie es sind, die lernen (müssen). Es gibt keinen anderen Weg: Bildung ist immer Selbstbildung. Lernen ist immer ein aktiver Prozess, der vom lernenden Menschen ausgeht und von ihm selbst getragen sein muss. Belehrungen, die von außen an den Lernenden herangetragen werden, können dazu allenfalls Impulse geben. Auch lassen sich die Rahmenbedingungen des Lernens positiv gestalten, sodass den Lernenden das Lernen besser gelingt. Letztlich jedoch müssen die Schülerinnen und Schüler die entscheidenden Schritte selbst tun. Insofern ist die Wortschöpfung nicht abwegig, die aus passiven Lehrlingen aktive »Lernlinge« macht.

Kompetenzorientierung im Unterricht vollzieht diesen didaktischen Perspektivenwechsel von der Vermittlung zur Aneignung. Das ist nicht einfach nur ein methodisches Vorgehen oder gar ein besonderer Trick. Didaktisch ist dieser Perspektivenwechsel insofern, als damit die intentionale Dimension des pädagogischen Geschehens zum Tragen kommt. Es geht um eine didaktische Haltung, um das Einnehmen einer didaktischen Perspektive, die nach dem fragt, was Schülerinnen und Schüler brauchen, damit sie lernen können. Vielleicht ist es in diesem Zusammenhang hilfreich, von einer kulturellen Qualität zu sprechen. In einem kompetenzorientierten Unterricht wird eine Kultur gepflegt, in der das Lernen an erster Stelle steht. Schülerinnen und Schüler sollen sich in einer Lernumgebung bzw. in einem Lernarrangement bewegen können, in dem sie vielfältige Anregungen und Impulse vorfinden, eigene Lernentscheidungen zu treffen und eigene Lernwege zu gehen. Um eine Kultur handelt es sich insofern, als dieses Unterrichtssetting der Einübung, Pflege und Entfaltung hin zu mehr Offenheit bedarf. Das erfordert die besondere Achtsamkeit aller Beteiligten – der Lehrenden wie der Lernenden. Schulisches Lernen ist eben primär keine Frage der instrumentellen Technik, sondern der kultivierten Umgangsweise der Menschen untereinander. Ohne eine Weiterentwicklung der Unterrichtskultur ist Kompetenzorientierung daher nicht möglich. Das hat auch Auswirkungen auf die Schulentwicklung.

Entwicklung einer Lernkultur

Paradigmatisch hierfür steht die Bielefelder Laborschule, die 1974 als Versuchsschule des Landes Nordrhein-Westfalen nach den Vorstellungen und unter der Leitung des Pädagogen Hartmut von Hentig zusammen mit dem benachbarten Oberstufen-Kolleg gegründet wurde. Diese Schule hat den Auftrag, neue Formen des Lehrens, Lernens und des Zusammenlebens zu entwickeln und diese Ergebnisse der Öffentlichkeit zur Verfügung zu stellen. Mit dem Begriff des Labors wird meist ein naturwissenschaftliches Setting assoziiert, in dem empirisch gearbeitet wird. Das klingt auf den ersten Blick vielleicht sehr technisch und menschenunfreundlich. Das Anliegen dieses Schulkonzeptes wird jedoch deutlich, wenn der Begriff »Labor« durch den der »Lernkultur« ersetzt wird. Es gilt, nach einer Schule Ausschau zu halten, die von einer Kultur geprägt ist, in der gut und gerne gelernt wird.
Ein besonderes Beispiel einer ausgewiesenen Lernkultur bietet das »Haus des Lernens«, das 1980 in Romanshorn/Schweiz gegründet wurde. Dort werden Kinder und Jugendliche vom Kindergarten bis zur Berufsbildung oder zum Abitur begleitet. Dies geschieht nach dem Konzept des autonomen Lernens in einer gestalteten Umgebung. Der lernende Mensch steht im Zen-

trum und soll eigenständig wachsen. Für ihr Konzept der Lernkultur, das die Individualität und Eigenverantwortung eines jeden Menschen ernst nimmt, formulieren die Verantwortlichen des Lernhauses die folgende pädagogische Basis: »Jeder Mensch ist ein Original, ein Unikat. Und jeder Mensch hat demzufolge das Recht und die Verantwortung, er selbst zu sein und er selbst zu werden. Unsere Entwicklung unterliegt biologischen, psychologischen und sozialen Gesetzen. Wir alle sind soziale Wesen, die in der Beziehung zu anderen wachsen. Entwicklung braucht Kommunikation und Resonanz der Innenwelt mit dem äußeren Umfeld« (www.sbw.edu). Damit sind starke Impulse zur Entwicklung einer Lernkultur gegeben, die mittlerweile in anderen schulischen Kontexten aufgenommen werden. Mehr und mehr wird auch in staatlichen Schulen gesehen, wie produktiv und menschlich die Entwicklung einer Lernkultur ist. So gibt es z.B. in manchen Schulen inzwischen Lernateliers bzw. Lernlandschaften, in denen Schülerinnen und Schüler eigenständig arbeiten können.

Neben diesen äußeren Bedingungen einer entwickelten Lernkultur sind vor allem die inneren Haltungen wichtig. Der Initiator des Lernhauses, Peter Fratton, unterscheidet hier den konventionellen 7-G-Unterricht von der V-8-Begleitung:

7-G-Unterricht	V-8-Begleitung
Alle	Kinder und Jugendliche sind auf
1. gleichaltrigen Kinder haben beim	1. vielfältigen Wegen mit
2. gleichen Lehrer mit dem	2. vielfältigen Menschen an
3. gleichen Lehrmittel im	3. vielfältigen Orten zu
4. gleichen Tempo das	4. vielfältigsten Zeiten mit
5. gleiche Ziel zur	5. vielfältigen Materialien in
6. gleichen Zeit	6. vielfältigen Schritten mit
7. gleich gut zu erreichen.	7. vielfältigen Ideen in
	8. vielfältigen Rhythmen zu gemeinsamen Zielen unterwegs.

Ein kompetenzorientierter Unterricht wird sich mehr und mehr dem Modell der V-8-Begleitung annähern, ganz im Sinne einer kulturellen Einübung. Dazu müssen Schule und Unterricht nicht neu erfunden, wohl aber neu empfunden bzw. gedacht werden. Das Entscheidende spielt sich im Rahmen der eigenen Unterrichtsplanung ab. Inwieweit sind mir als Lehrerin oder Lehrer die Schülerinnen und Schüler mit ihrem Bedürfnis nach Selbstbestimmung und mit ihrer Fähigkeit dazu wichtig? Welche Schritte kann und will ich unternehmen, in dem von mir verantworteten Unterrichtssetting die Möglichkeiten selbstständigen Lernens auszuweiten? Welche Rahmenbedingungen kann und will ich setzen, damit Schülerinnen und Schüler darüber mit entscheiden können, welche Lernwege sie gehen? Nicht alles wird sofort und auf Anhieb anders oder neu werden. Der Unterricht wird jedoch in dem Maße zunehmend kompetenzorientiert, in dem sich Lehrerinnen und Lehrer diesen Fragen bereitwillig stellen und ihren Unterricht öffnen.

	Grad der Öffnung	Inhaltlicher Spielraum	Beispiele für mögliche Arbeitsanweisungen
5	weitestgehend	Primär auf selbstbestimmtem/interessegeleitetem, fachübergreifendem Arbeiten basierender Unterricht	Was machst du?
4	schwerpunktmäßig	Inhaltlich offene Vorgaben von Rahmenthemen oder Fachbereichen	Du kannst in den Fachstunden frei arbeiten. Nimm dir/nehmt euch selbst etwas im Fach vor.
3	teils – teils	In Teilbereichen stärkere Öffnung der inhaltlichen Vorgaben zu vorgegebener Form	Überlege dir/überlegt euch einen eigenen Beitrag zu unserer Einheit.
2	erste Schritte	Schülerinnen und Schüler können aus festem Arrangement frei auswählen oder Inhalte zu vorgegebenen Aufgaben selbst bestimmen.	Such dir/sucht euch eines der vorgegebenen Teilthemen zu unserer Einheit ... aus und arbeite/arbeitet dazu.

(handschriftliche Notiz: Offener Unterricht)

1	ansatzweise	Einzelne inhaltliche Alternativen ohne große Abweichung werden zugelassen, verschiedene Unterthemen stehen zur Wahl.	Du kannst dir aus diesen Aufgaben eine aussuchen oder das gestellte Thema auch etwas verändern.
0	nicht vorhanden	Vorgaben von Arbeitsaufgaben/-inhalten durch Lehrkraft oder Arbeitsmittel	Bearbeite die Aufgaben x, y, z.

Stufen der inhaltlichen Offenheit von Unterricht (Peschel 2005b, S. 80, 85), zitiert nach: Bohl/Kucharz 2010, S. 85.

Damit ist ein pädagogisch-didaktischer Ansatz beschrieben, der in letzter Konsequenz auf eine Unterrichtskultur hinausläuft, die seit einigen Jahren unter dem Begriff »Offener Unterricht« firmiert (vgl. Jürgens 1994). Diese Unterrichtskultur ist gekennzeichnet durch eine größtmögliche organisatorische, methodische, inhaltliche, soziale und persönliche Selbstbestimmung der Schülerinnen und Schüler. Die vielfältigen Konzepte gehen zum Teil weit auseinander (vgl. Bohl/Kucharz 2010). Der entscheidende Wendepunkt vom »nur ansatzweise geöffneten« bis hin zum »weitestgehend offenen« Unterricht wird meist an der Frage festgemacht, ob und inwieweit Schülerinnen und Schüler im Blick auf die Inhalte selbstbestimmt entscheiden können.

Im Zusammenhang des in diesem Praxisbuch vorgestellten kompetenzorientierten Unterrichts wird wohl eher von einem Unterricht gesprochen werden können, der in ersten Schritten oder teils – teils geöffnet ist, da hier ein explizit niederschwelliges Vorgehen bevorzugt wird, das sowohl die Lehrerinnen und Lehrer als auch die Schülerinnen und Schüler nicht überfordern, sondern zu ersten Schritten hin zu mehr Öffnung ermutigen möchte (vgl. Peschel 2006).

Erkenntnisse der Lernforschung

Die angeführten Merkmale eines kompetenzorientierten Unterrichts finden ihre Begründungen nicht nur in den Einsichten einer humanistischen Pädagogik. Auch die Erkenntnisse der Lernforschung sprechen eine deutliche Sprache (vgl. Bauer 2007 und Hüther 2009). Von Konfuzius (551–479 v. Chr.), dem altchinesischen Lehrer und Meister, wird eine Weisheit überliefert, die in diesem Zusammenhang von großer Bedeutung ist: »Sage es mir, und ich vergesse es. Zeige es mir, und ich erinnere mich. Lass es mich tun, und ich behalte es.«

Menschen setzen beim Lernen ihre verschiedenen Sinne auf unterschiedliche Weise ein. Wichtig sind das Sehen, das Hören, das Sprechen und das Tun. Die Psychologie unterscheidet Lernende danach, welchen ihrer Sinne sie bevorzugt benutzen. Um erfolgreich lernen zu können, ist es hilfreich, den persönlichen Lernstil zu kennen und entsprechend zu berücksichtigen.

Lernerfolg bei Verbindung der verschiedenen Sinne	
Lernwege	% des Gelernten
hören	10 bis 20
sehen	15 bis 30
hören + sehen	25 bis 40
hören + sehen + reden	30 bis 50
hören + sehen + reden + tun	80 bis 90

Allerdings lässt sich in der Regel meist nicht eindeutig ein bevorzugter Lernstil bestimmen. Fast alle Menschen sind Mischtypen. Genau das bringt Konfuzius auf den Punkt. Beim Lernen ist eine Verbindung der verschiedenen Sinne am günstigsten. Die Ergebnisse der Lernforschung zeigen, dass der Lernerfolg wächst, wenn Schülerinnen und Schüler ihre Sinne beim Lernen sinnvoll zusammenarbeiten lassen. Ein kompetenzorientierter Unterricht wird daher immer ein Lernen mit allen Sinnen ermöglichen.

Auch Gefühle haben einen enormen Einfluss auf den Lernvorgang. Negative Gefühle wie Angst, Unlust oder Sorge behindern das Lernen deutlich. Ebenso mindert Lernen unter Stress den Erfolg. Gefühle entstehen in einem Teil des Gehirns, der limbisches System genannt wird. Dieses hat die Aufgabe, eintreffende Informationen zu bewerten, ihre Relevanz zu prüfen und somit eine adäquate Reaktion des Menschen auf den entsprechenden Reiz sicherzustellen. Mit dieser Bewertung ist eine emotionale Einfärbung der Informationen verbunden. Eine positive emotionale Besetzung des Lerngegenstandes ist für das Lernen wichtig. Er wird dann besonders gut aufgenommen, wenn er mit positiven Gefühlen verbunden ist.

Lernerfolg bei Selbststeuerung	
Übermittlungsart	Erinnerbarkeit
Vortrag (nur hören)	Ca. 20 %
Bilder/Filme (nur sehen)	Ca. 30 %
Vortrag und Bilder (hören und sehen)	Ca. 40 %
Gemeinsames Lernen, Kooperation und eigenes Handeln	Ca. 70 %
Mitentscheidung über Auswahl und Inhalt des Sachverhaltes	Ca. 90 %

Schließlich ist der Aspekt der Selbststeuerung der Lernprozesse bedeutsam. Aktives Interesse an den gegebenen Themen und die aktive Auseinandersetzung mit anstehenden Problemen bewirken initiatives Handeln als Motor in jedem Veränderungsprozess. So ist z.B. ein spielendes Kind derart in sein Spiel vertieft, dass es sich selbst und seine Umwelt völlig vergisst. Oder Jugendliche, die von einer Sache (z.B. eine PC-Anwendung) fasziniert sind, können sich darin verlieren. Und welche Erwachsenen kennen nicht die Erfahrung, dass die Beschäftigung mit einem Gegenstand sie in seinen Bann zieht. Hier zeigt sich ein enormes Potenzial. Dieses Engagement bewirkt oft, dass Müdigkeit verschwunden ist, Konzentration wie selbstverständlich vorhanden ist, spontane und kreative Fragen und Antworten entstehen und forschendes Lernen zu Handlungen drängt.

Zusammenfassend kann gesagt werden, dass die Kompetenzorientierung des Unterrichts in dem Maße zunimmt, wie Schülerinnen und Schüler Lernprozesse selbsttätig steuern können (Selbstkompetenz), den Lerngegenstand als für sich selbst wichtig erfahren (Bedeutsamkeit) und die Rahmenbedingungen des Lernens von einer positiven und wertschätzenden Atmosphäre geprägt sind.

Erweiterter Lernbegriff

Die Einführung des Kompetenzbegriffs in die Bildungspläne und Kerncurricula bringt eine deutliche Erweiterung des Lernbegriffs mit sich. Dass sich das Lernen auf weitaus mehr als lediglich die kognitiven oder fachlich-inhaltlichen Bereiche bezieht, ist seit Langem die Basis pädagogischen Handelns. Immer schon haben Lehrerinnen und Lehrer im Blick, dass Schülerinnen und Schüler nicht einfach nur Faktenwissen anhäufen, sondern dass sie sich dazu verhalten, dass sie damit verantwortlich umgehen oder dass sie in der Lage sind, auf der Basis eines erworbenen Orientierungswissens lebensrelevante Entscheidungen zu treffen.

inhaltlich-fachlicher Lernbereich	methodisch-strategischer Lernbereich	sozial-kommunikativer Lernbereich	persönlicher Lernbereich
- wissen (Fakten, Begriffe, Definitionen ...) - verstehen (Phänomene, Argumente ...) - erkennen (Zusammenhänge ...) - urteilen (Thesen, Themen ... beurteilen)	- exzerpieren - nachschlagen - strukturieren - organisieren - planen - entscheiden - gestalten - Ordnung halten - visualisieren	- einfühlsam wahrnehmen - zuhören - argumentieren - fragen - diskutieren - kooperieren - integrieren - Gespräche leiten - präsentieren - Konflikte lösen	- Selbstvertrauen entwickeln - ein realistisches Selbstbild entwickeln - Identifikation und Engagement entwickeln - Werthaltungen aufbauen - Kritikfähigkeit entwickeln

Erweiterter Lernbegriff nach Klippert 1994ff.

Durch die Bildungsplanreform erfahren diese Einsichten endlich eine deutliche Aufwertung. Die verschiedenen Lernbereiche stehen jetzt tatsächlich paritätisch nebeneinander, sodass es nicht mehr möglich ist, methodische, kommunikative oder persönliche Dimensionen des Lernens auszublenden. Im Gegenteil, ein kompetenzorientierter Unterricht wird immer alle vier Lernbereiche, wie sie z.B. von Heinz Klippert beschrieben wurden, gleichermaßen berücksichtigen. Darin zeigt sich eine der wesentlichen Stärken dieses Konzepts. Zugleich ist damit auch eine Basis gelegt, auf der die verschiedenen Formen des selbstgesteuerten und offenen Unterrichts sich entfalten können.

Konstruktion und Instruktion

Aus dem Kontext der Erlebnispädagogik ist die folgende Redewendung bekannt: »Gib Kindern (und Jugendlichen) eine Hütte, und sie machen Kleinholz daraus. Gib ihnen Holz, und sie bauen daraus eine Hütte.« Lernen ist ein aktiver Konstruktionsprozess. Jegliches Wissen von der Welt stellt ein »Konstrukt« dar, das jedes erkennende Subjekt selber herstellt (vgl. Voß 2005). Das bedeutet konsequenterweise, dass die Vorstellung einer »objektiven Wirklichkeit« nicht aufrechtzuerhalten ist. Individuelle Konzepte und Theorien können und müssen sich in der Bewältigung der Realität und im Austausch mit anderen bewähren. Schülerinnen und Schüler sind demnach die Akteure ihres eigenen Lernens. Dieses subjektorientierte Paradigma wird mit dem Konzept des pädagogischen Konstruktivismus resp. der konstruktivistischen Didaktik begründet (vgl. Mendl 2005).
So weit die Theorie in äußerst knapper und sicherlich auch holzschnittartiger Beschreibung. Die philosophisch-pädagogischen Einsichten werden seit einigen Jahren durch die Ergebnisse der neurobiologischen Forschung deutlich gestützt. Auf der anderen Seite ist aus der Perspektive der Praxis allen Lehrerinnen und Lehrern klar, dass es in jedem Lehr-Lern-Prozess immer ein gewisses Maß an Instruktion braucht. Schülerinnen und Schüler – so die Erfahrung – können eben doch nicht alle Kompetenzen aus sich selbst heraus generieren. Sie brauchen Impulse und zuweilen deutliche Hinweise, die es ihnen ermöglichen, eigene Lernwege zu gehen. Ein kompetenzorientierter Unterricht wird daher nach geeigneten Formen suchen, Konstruktion und Instruktion in ein angemessenes Verhältnis zu setzen. Die ersten Erfahrungen zeigen, dass in dieser Frage tatsächlich die größten Unsicherheiten bestehen. Zumal es ja auch darum geht, dass Schülerinnen und Schüler im Kontext des schulischen Bildungssystems am Ende eines Bildungsabschnitts oder -zeitraumes einen zuvor definierten Bildungsstandard erreicht haben sollen. Hier werden sicherlich noch manche Wege gegangen und ausprobiert werden müssen. Das Arbeitsbuch möchte dazu ausdrücklich ermutigen und zugleich Hilfestellungen geben.

Lernvorhaben

Nach wie vor gibt es große Missverständnisse, wenn es um die Bedeutung und den Stellenwert der Bildungsstandards bzw. Kompetenzbeschreibungen geht. Die grundlegende Unterscheidung zwischen Inhalten und Kompetenzen, also zwischen dem, was in den Lehr-Lern-Prozess hineingegeben wird, und dem, was am Ende als dessen Ergebnis erwartet wird, ist in letzter Konsequenz vielerorts noch nicht wahrgenommen worden. Das zeigt sich zum Beispiel darin, dass manche Kritiker des Konzepts gerne behaupten, die Bildungsstandards seien doch im Grunde genau das Gleiche wie die Zielformulierungen der Curriculum-Theorie. Bildungsstandards jedoch sind keine Ziele in diesem curricularen Sinne. Auf der anderen Seite ist nicht selten die Auffassung zu hören, Bildungsstandards seien letztlich Inhalte, die durch die Kompetenzformulierung lediglich eine andere Verpackung erfahren hätten. Dieses Missverständnis führt meist dazu, dass der Bildungsplan dann doch als inhaltsbestimmte Vorgabe interpretiert wird, die das Lehren der Lehrerinnen und Lehrer normiert. Entsprechend gehen diese bei ihrer Planung von den Kompetenzformulierungen aus. Um diesen beiden, aber auch anderen Missverständnissen entgegenzuwirken, wird im vorliegenden Praxisbuch der Begriff des Lernvorhabens eingeführt. Was damit gemeint ist, kann mit einem Verweis auf das Ende eines Bildungsgangs bzw. eines Bildungszeitraumes verdeutlicht werden.

Für Schülerinnen und Schüler der Sek I steht an deren Ende der mittlere Bildungsabschluss, für die der Sek II das Abitur. Die Etappen dorthin sind die Versetzungszeugnisse am Ende der einzelnen Klassen. Sowohl die jeweiligen Zeugnisse als auch die genannten Abschlüsse können als Vorhaben im Sinne von Projekten verstanden werden, die mit einer Leistungsziffer (Note) qualifiziert werden. Diese Lernvorhaben der Schülerinnen und Schüler können auf unterschiedlichen Niveaus angestrebt werden. Während die einen den Abschluss lediglich irgendwie erreichen wollen, streben die anderen ein möglichst exzellentes Ergebnis an. Um diese Ergebnisse geht es in den Bildungsstandards bzw. der Kompetenzbeschreibung. Ihre Steuerungskraft liegt also nicht darin, dass sie etwas vorschreiben, so als ob eine bestimmte Kompetenz wie ein gewisses Pensum abgearbeitet werden müsste. Das können sie genauso wenig, wie es möglich ist vorzuschreiben, alle Schülerinnen und Schüler müssten am Ende die Note gut oder sehr gut erreichen – wie sollte das auch gehen? Bildungsstandards bzw. Kompetenzbeschreibung steuern die Qualität von Unterricht, indem sie Maßstäbe (Standards) bereitstellen, mit deren Hilfe die Leistungen gemessen werden. Dabei formulieren sie allerdings weder Minimal- noch Exzellenzstandards, sondern als sogenannte Regelstandards ein mittleres Niveau.

Daraus folgt zweierlei: Auf der einen Seite rücken die Bildungspläne bzw. Kerncurricula gewissermaßen weiter weg von der Planung des unterrichtlichen Geschehens als die Bildungspläne der früheren Jahre, die klar und deutlich Inhalte festgeschrieben haben, die in den Unterricht einzubringen waren. Das gerade tun die Bildungsstandards nicht. Auf der anderen Seite rücken die Bildungspläne bzw. Kerncurricula auf bisher nie da gewesene Weise in das Zentrum der Unterrichtsplanung, da sie die Lehrerinnen und Lehrer permanent mit der Frage konfrontieren, inwieweit ihre Unterrichtsplanung es den Schülerinnen und Schülern ermöglicht, die erwarteten Kompetenzen zu erwerben bzw. zu vertiefen. Genau darin gründet ihre didaktische Dignität. Das Konzept eines kompetenzorientierten Unterrichts, wie es im vorliegenden Praxisbuch vertreten wird, bringt dies zum Ausdruck, indem die jeweiligen Kompetenzformulierungen der einzelnen Unterrichtssequenzen, die im zweiten Teil vorgestellt werden, mit dem Begriff des Lernvorhabens überschrieben werden.

Literatur

Bauer, Joachim, Lob der Schule. Sieben Perspektiven für Schüler, Lehrer und Eltern, Hamburg 2007.
Bohl, Thorsten/Kucharz, Diemut, Offener Unterricht heute. Konzeptionelle und didaktische Weiterentwicklung, Weinheim 2010.
Hüther, Gerald, Bedienungsanleitung für ein menschliches Gehirn, Göttingen ^{8}2009.
Jürgens, Eiko, Die »neue« Reformpädagogik und die Bewegung Offener Unterricht. Theorie, Praxis und Forschungslage, Sankt Augustin 1994 (^{6}2004).
Klippert, Heinz, Methoden-Training, Weinheim 1994 (^{14}2004).
Mendl, Hans (Hg.), Konstruktivistische Religionspädagogik. Ein Arbeitsbuch, Münster 2005.
Meyer, Hilbert, Was ist guter Unterricht?, Berlin 2004 (^{7}2010).
Peschel, Falko, Offener Unterricht. Bd. 1: Allgemeindidaktische Überlegungen, Baltmannsweiler ^{4}2006.
Voß, Reinhard (Hg.), Unterricht aus konstruktivistischer Sicht. Die Welten in den Köpfen der Kinder, Weinheim ^{2}2005.

Wolfgang Michalke-Leicht

Lehrerinnen und Lehrer

Die Einführung der Bildungsstandards hat bei Lehrerinnen und Lehrern entweder hohe oder gar keine Wellen geschlagen. Manche sehen in den Standards eine Chance für effektiven und nachhaltigen Unterricht und versuchen, den Unterricht an den von den Schülerinnen und Schülern zu erreichenden Kompetenzen auszurichten. Andere ignorieren sie und machen genau das, was sie schon immer im Unterricht gemacht haben. Sie argumentieren, die neben den fachlichen jetzt so aufgewerteten personalen und sozialen Kompetenzen seien doch seit jeher implizites Ziel des Unterrichtens gewesen. Die bei vielen Lehrerinnen und Lehrern wahrnehmbare Unzufriedenheit hinsichtlich ihres Unterrichtserfolgs gibt jedoch zu denken. Eine neuere Studie ergab, dass »deutsche Lehrer ... hohe Erziehungsziele [verfolgen]. Bei ihnen stehen Sozialtugenden wie Gerechtigkeit, Verantwortungsbewusstsein und Ehrlichkeit hoch im Kurs ... Diese Ziele klingen zwar besonders ambitioniert, doch statistische Analysen haben gezeigt, dass die Korrelation zwischen der Wichtigkeit eines Ziels und seiner Umsetzbarkeit in hohem Maße negativ ist. Je wichtiger einem Lehrer also ein bestimmtes Ziel erscheint, desto unklarer ist ihm der Weg dahin« (Psychologie heute, März 2010). Es ist also durchaus so, dass das Gros der Lehrerinnen und Lehrer bei den Schülerinnen und Schülern mehr als einen Wissenszuwachs erreichen will; viele wissen nur nicht, wie.

Der Bildungsplan von 2004

Neu ist am aktuellen Bildungsplan, dass die oben genannten »Erziehungsziele« erstmals als soziale bzw. personale Kompetenzen in einem Bildungsplan gleichwertig neben den fachlichen stehen. Vor den ausgewiesenen evaluierbaren Standards werden zu erreichende Kompetenzen genannt, die – so die Hoffnung – das Unterrichten bzw. Lernen der Schülerinnen und Schüler effektiv und nachhaltig machen. Im Folgenden wird es darum gehen, dass die konsequente Realisierung eines kompetenzorientierten Religionsunterrichts eine Einstellungsänderung bei den Lehrerinnen und Lehrern und daraus folgend eine Änderung ihrer Rolle mit sich bringt. Zunächst wird aufgezeigt, wie sich dies im konkreten Unterrichtsgeschehen auswirkt, anschließend geht es allgemein um Facetten der Lehrerrolle.

Der Paradigmenwechsel des Bildungsplans 2004

Was eher selbstverständlich und schon oft gehört erscheint, der Wechsel von der Input- zur Outcome-Orientierung in Verbindung mit Kompetenzen, von denen die fachliche als eine neben anderen beobachtet wird, ist bahnbrechend. Erstmals steht nicht der Stoff, das, was den Schülerinnen und Schülern verabreicht werden muss, im Zentrum des Interesses, sondern, was diese nach einer bestimmten Zeit wissen, können, beherrschen sollen. Die Schülerinnen und Schüler stehen im Fokus, von ihnen ist auszugehen, es geht um ihr Lernen, auf sie hin ist zu unterrichten und im Hinblick auf sie ist der Unterricht zu arrangieren. Ziel ist neben der nachhaltigen Erweiterung ihres Wissens auch eine Modifizierung ihrer Einstellungen und idealerweise eine Vergrößerung ihres Verhaltensspektrums. Wenn die Schülerinnen und Schüler derart ins Zentrum des Lehr-Lern-Geschehens rücken, zieht dies automatisch eine veränderte Position der Lehrerinnen und Lehrer nach sich: Nicht mehr von dem, was diese wollen und für unbedingt wissenswert halten, ist auszugehen, sondern sie unterrichten immer mit dem Blick auf das Lernen der Schülerinnen und Schüler; die Lehrerinnen und Lehrer treten zurück, hören zu und schauen genau hin.

Der Unterricht

Bei der Planung des Unterrichts sollte sich die Orientierung an den Schülerinnen und Schülern schon beim Thema und der Anlage der Lernsequenz zeigen. Bereits hier wird die Zielrichtung des Unterrichts deutlich. Das didaktische Prinzip der Elementarisierung mit der permanenten Frage nach den elementaren Erfahrungen und der elementaren Wahrheit bietet eine gute Richtschnur für das Planen und Unterrichten. So besteht ein großer Unterschied – nicht nur in der Formulierung – zwischen einem Thema »Die fünf Säulen des Islam« und »Richtlinien für das Handeln!? – die fünf Säulen des Islam« oder »Das Weinberggleichnis« und »Ist das wirklich gerecht? – Das Weinberggleichnis«.
Die Lernsequenzen mit der jeweils zweiten Themenformulierung haben nun einen »roten Faden«, an dem die Inhalte auszurichten und angesichts dessen die Unterrichtsmethoden auszuwählen sind. Außerdem zeigen sie das Bemühen und die Intention der Lehrenden, die Vermittlung der neuen Inhalte mit

deren Problematisierung für die Schülerinnen und Schüler zu verbinden. Auf diese Weise geben Lehrerinnen und Lehrer vor sich selbst permanent Rechenschaft darüber ab, was an diesem Thema für Schülerinnen und Schüler relevant, bedeutsam sein könnte. Ihre Aufgabe beschränkt sich nicht mehr vorrangig auf die möglichst spannende Aufbereitung des Themas, vielmehr müssen sie überlegen, wie der Inhalt mit der konkreten Lerngruppe verbunden werden kann, um diese in einen Dialog, in eine Auseinandersetzung mit dem Thema zu bringen.

Es ist unbestritten, dass dies Zeit kostet. Zeit, während der Lernsequenz immer wieder innezuhalten und Phasen zuzulassen, in denen die Schülerinnen und Schüler mit den neuen Inhalten umgehen, sie vertiefen und sich dazu positionieren können. Eine konventionelle Unterrichtsstunde, bestehend aus einem Feuerwerk von unterschiedlichen Medien und Methoden steht dem diametral gegenüber. Hier werden die Schülerinnen und Schüler in eine Konsumentenrolle gedrängt, sie haben Anweisungen auszuführen, die auf ein von den Lehrenden definiertes Ziel hinführen. Ihre Mitbestimmung des Unterrichtsgeschehens ist dabei sehr gering, ihre Motivation oft eine eher extrinsische. Wie wirkt sich nun der genannte Perspektivenwechsel auf das Verhalten der Lehrerinnen und Lehrer im Unterricht aus?

Lehrerinnen und Lehrer fragen – Unterrichtsplanung

Lehrerinnen und Lehrer sind es gewohnt, dass im Unterricht getan wird, was sie geplant haben und erreichen wollen. Stoffverteilungspläne zu Beginn des Schuljahres bzw. einer neuen Unterrichtssequenz sowie vorformulierte Unterrichtsziele und Merksätze, die zum Stundenende an der Tafel stehen sollten, geben dabei die nötige Handlungssicherheit. Demgegenüber fordert es heraus und verunsichert, erhöht jedoch die Motivation und das Engagement der Schülerinnen und Schüler enorm, wenn diese den gemeinsamen Unterricht mit planen können. So bietet es sich an, zu Beginn von neuen Unterrichtssequenzen, in einer Einstiegsstunde das Vorwissen und das Interesse der Schülerinnen und Schüler zu eruieren und mit ihnen gemeinsam einen möglichen Verlauf der folgenden Sequenz zu besprechen. Je ausführlicher Lehrende sich mit der jeweiligen Gruppe im Hinblick auf ein neues Thema beschäftigen, desto leichter wird danach der Unterricht fallen, weil die Planung auf die Interessenslage der Gruppe abgestimmt ist. Die Wahl von (Teil-)Themen durch die Schülerinnen und Schüler sowie das Aufgreifen der von ihnen geäußerten Probleme nehmen die Kinder und Jugendlichen mit ins Boot und relativieren ihre Konsumentenrolle. Dies ist keineswegs ein didaktischer »Trick«; vielmehr sollte das Interesse der Lehrerinnen und Lehrer an den Schülerinnen und Schülern und deren Lebenswelt ein echtes sein – immerhin geht es ja um sie als Lernende und nicht um eine bestmögliche Performance der Lehrenden.

Lehrerinnen und Lehrer üben – Lernformen

Viele – besonders die offenen – Methoden werden von den Lehrenden wie auch von den Lernenden entweder als ineffektiv abgetan oder exzessiv als Selbstzweck eingesetzt. So häuft sich beispielsweise – gerade auf Seite der Schülerinnen und Schüler – die Ablehnung von Gruppenarbeit, die »ja sowieso nichts bringt, weil ein – und meist dasselbe – Gruppenmitglied arbeitet und der Rest nichts tut«. Oft werden Methoden auch von den Lehrenden perfekt durchgezogen, zeitlich und in ästhetischer Hinsicht stimmt alles, nur die Lernenden bleiben bisweilen auf der Strecke und sind mehr oder weniger Statisten in einem gut inszenierten Stück. Der Einsatz von Methoden stellt Lehrende immer vor die Frage, wie die Schülerinnen und Schüler dadurch so »mitgenommen« werden, dass das Unterrichtsgeschehen als effektiv erlebt werden kann und Nachklang bei ihnen findet. Häufig werden bestimmte Lernformen, wie ein offenes Unterrichtsgespräch oder die Arbeit in Projekten, in bestimmten Lerngruppen auch vermieden, weil diese in der konkreten – als schwierig erachteten – Gruppe als nicht möglich erscheinen. Doch damit ein ergiebiges Unterrichtsgespräch oder das selbstständige Erarbeiten eines Themas durch die Schülerinnen und Schüler »funktionieren«, bedarf es eines längeren Übungsweges. Auch im Hinblick auf die Lernformen sollten die Lehrenden die Lernenden ernst nehmen. Sie können mit einer Lerngruppe Unterrichtsformen beispielsweise einüben. Ein Methodencurriculum, das neben der Vermittlung von Inhalten und sachbezogenen Fertigkeiten mit den Schülerinnen und Schülern auch das Einüben unterschiedlicher Unterrichtsformen anleitet und begleitet, könnte hier sehr hilfreich sein. Die gemeinsame Reflexion eines soeben erfolgten Unterrichtsgesprächs oder einer gerade durchgeführten Methode verdeutlicht den Schülerinnen und Schülern zweierlei: Wie Unterricht verläuft, hängt in hohem Maße von uns selbst ab. Und: Es gibt bestimmte Kriterien, an denen die Qualität von Unterrichtsformen zu messen ist. Indem den Schülerinnen und Schülern diese Kriterien transparent gemacht werden, haben sie eine Handhabe, ihr eigenes und das Verhalten ihrer Lerngruppe daran zu messen und daraufhin zu reflektieren. So können z.B. nach einer Unterrichtsphase mit Standbildarbeit, Präsentation von Gruppenergebnissen oder der Arbeit an einem Bibeltext die Lernenden mit oder ohne Hilfe der Lehrerinnen und Lehrer über Verlauf und Ergebnisse dieses Unterrichtsschritts sprechen und daraus Schlüsse für ähnliche zukünftige Methoden ziehen. Das heißt aber auch, dass Lehrerinnen und Lehrer sich in die Karten schauen lassen, dass sie den Schülerinnen und Schülern vermitteln, was ihnen selbst für das Unterrichten wichtig ist; so kommunizieren sie ihre eigenen Werte, damit beispielsweise Kommunikation gelingt. Dadurch liefern sich Lehrerinnen und Lehrer aus, sie werden vielleicht sogar ein wenig »angreifbar«, auf jeden Fall aber sind sie besser einzuschätzen. Dies initiiert und begleitet im Idealfall einen Lernprozess, an dessen Ende ein größeres Methodenrepertoire der Lerngruppe steht sowie eine kommunikative Atmosphäre, die von interessiertem Austausch, dem Tolerieren sehr andersartig wirkender Redebeiträge und gegenseitigem Respekt geprägt ist.

Lehrerinnen und Lehrer moderieren – Sozialformen

Häufig – und durchaus zu Recht – planen und beurteilen Lehrerinnen und Lehrer Sozialformen im Hinblick auf ihre mögliche Effektivität. Am effektivsten, weil am zielstrebigsten, erscheinen der Lehrervortrag und das gelenkte Unterrichtsgespräch. Schülerinnen und Schüler sind es gewohnt, dass die Lehrenden im Zentrum des Geschehens stehen, dass auf sie hin jeder Unterrichtsbeitrag erfolgt. Ein häufiges Argument für eine starke Unterrichtslenkung ist die Schnelligkeit, mit der sehr viel Stoff in relativ kurzer Zeit durchgenommen werden kann. Wie jedoch sollen die Schülerinnen und Schüler auf diese Weise soziale und personale Kompetenz erwerben? Im Religionsunterricht geht es besonders auch um Einstellungen und Haltungen. Lehrerinnen und Lehrer sollen ermöglichen, dass diese eingenommen werden können, indem im Unterricht Prozesse initiiert werden, in denen die Kinder und Jugendlichen mit dem Erlernten im Gespräch umgehen, sich zu den Inhalten positionieren und Neues problematisieren können. Die Rolle der Lehrerinnen und Lehrer ist hierbei die der Begleiter, die herausfordern und dann moderieren. Ob es sich um einen Bibeltext oder ein gesellschaftspolitisches Thema handelt, die Schülerinnen und Schüler müssen nach deren Kenntnisnahme eine eigene Position dazu finden. Dafür brauchen sie Zeit. Diese ist nicht etwa ineffektiv, weil scheinbar keine reine Lernzeit; vielmehr benötigen die Lernenden diese Zeit, um mit dem Neuen umzugehen. Unterrichtsgespräche sollten so von den Lehrenden moderiert werden, dass die Schülerinnen und Schüler eine Chance haben, ihre eigenen Sichtweisen einzubringen sowie andere Sichtweisen kennenzulernen und sich mit ihnen auseinanderzusetzen. Die Aufgabe der Lehrerinnen und Lehrer ist es, die Lernenden miteinander ins Gespräch zu bringen, ohne dabei die eigene Position bzw. Wertung ins Spiel zu bringen. Selbstverständlich ist auch diese gefragt, aber deren Platzierung erfordert Fingerspitzengefühl und Achtung vor den Beiträgen der Schülerinnen und Schüler.

Lehrerinnen und Lehrer unterstützen – Einsatz von Medien

Die Erarbeitung und Auswertung von Medien stellt immer eine Gratwanderung zwischen Offenheit und Ergebnisorientierung dar. Die Besprechung eines Bildes oder eines literarischen Textes erschöpft sich häufig in der Erarbeitung von deren Grundaussagen. Ergebnisse sind – in Form von Sekundärliteratur oder Interpretationen – den Lehrenden bekannt. Die Schülerinnen und Schüler werden zwar nach ihren Eindrücken befragt, am Schluss kommt jedoch meistens die »richtige« Interpretation (der Lehrenden). Nur selten machen sich alle gemeinsam auf die Suche nach möglichen Bedeutungen eines Mediums. Zu laut ist der Ruf der Schülerinnen und Schüler nach dem, was jetzt eigentlich »richtig« ist, und zu groß die Angst der Lehrerinnen und Lehrer, nicht mehr als Allwissende dazustehen. Nehmen jedoch die Lehrenden den hermeneutischen Verstehensprozess ernst, so begeben sie sich zusammen mit den Schülerinnen und Schülern auf eine Suche. Gemeinsam umkreisen sie das Medium und schildern einander ihre persönliche Sicht des Textes oder Bildes. Zusätzliche Informationen können allmählich einfließen. So kann gelernt werden, dass Interpretation immer ein Prozess ist, dessen Ergebnis zu Beginn noch nicht feststeht und an dessen Ende auch mehrere »richtige« Deutungen nebeneinander stehen können. Es liegt auf der Hand, dass ein solches Vorgehen Zeit kostet; Zeit, die sich darin auszahlt, dass die Schülerinnen und Schüler angeregt und angespornt werden, sich selbst mit eigenen Eindrücken zu äußern, und dass ihre methodische Kompetenz im Umgang mit einem Bild oder Text deutlich wächst.

Lehrerinnen und Lehrer fordern heraus – Aufgabenstellung

Aufgaben sollten stets so gestellt und inszeniert werden, dass sie zu einer grundlegenden Aktivierung der Lernenden führen. Dies geschieht dann, wenn im Vorfeld genau überlegt wird, womit Problembewusstsein erzeugt werden kann, bei welchen Erfahrungen und Interessen anzuknüpfen ist, sodass die Schülerinnen und Schüler daran weiterdenken wollen. Immer sollte dabei im Blick bleiben, dass mit den Aufgaben auch an vorhandenes Wissen und Können anzuknüpfen ist und dieses integrierbar sein sollte. Mit Arbeitsaufträgen, die sich auf eine Reproduktion von Inhalten beschränken, werden die Lernenden zu wenig ernst genommen. In wirklichkeitsnahen und anwendungsbezogenen »Anforderungssituationen« kann den Lernenden im Unterricht die Möglichkeit eröffnet werden, vorhandene Kompetenzen zur Lösung bestimmter Probleme anzuwenden und neue Kompetenzen zu erwerben. Hierbei ist der Rahmen zwar klar vorgegeben, doch die Lösung des gestellten Problems obliegt den Lernenden; hier sollte ihnen die nötige Offenheit eingeräumt werden, einen eigenen Lern- bzw. Lösungsweg zu finden. Dies ist angesichts immer heterogenerer Lerngruppen eminent wichtig. Ein Beispiel für eine solche Anforderungssituation wäre folgende Aufgabenstellung in einer 9. Klasse (gesehen in einer Beratungsstunde zum Thema »Diakonie – der Dienst am Nächsten«): »Stelle dir vor, du bist schon 18 Jahre alt und erbst einen größeren Geldbetrag (50 000 Euro) mit der Auflage, davon einen Teil (10 000 Euro) an eine der drei vorliegenden kirchlichen Hilfsorganisationen (Informationsmaterial dazu ist vorhanden) zu spenden. Welcher Organisation würdest du das Geld spenden?« Kein Vergleich zu der eher üblichen Aufgabe: »Lies die Informationen über die Hilfsorganisationen durch und arbeite heraus, wie sie ihren ›Dienst am Nächsten‹

realisieren.« Wie wirken sich obige Überlegungen zum kompetenzorientierten Unterrichten nun auf die Beziehung zwischen Lehrenden und Lernenden aus? Welche Facetten einer neuen Rolle lassen sich für Lehrerinnen und Lehrer daraus ableiten?

Lehrerinnen und Lehrer begleiten

Die bisherige Rolle der Lehrenden als Anleitende und Führende verlagert sich deutlich auf die der Lernbegleiterinnen und Lernbegleiter. Während der Lernprozesse gilt es, zu beobachten, wahrzunehmen und flexibel auf neu Entstehendes zu reagieren. Dies erfordert ein hohes Maß an Spontaneität und authentischem Interesse an den Kindern und Jugendlichen. Lernbegleiterinnen und Lernbegleiter müssen die Balance halten zwischen Loslassen und Bündeln – eine Fähigkeit, die sich eher im Tun als im Planen ausbilden kann. Im Sinne eines nachhaltigen Unterrichts werden die Schülerinnen und Schüler beim Erwerb verschiedener Kompetenzen begleitet, gemeinsam mit ihnen wird der Lernfortschritt reflektiert. Hierbei sind individuelle Lernwege möglich. Da die Lernenden zwischen verschiedenen Wegen wählen können, benötigen sie bei der Auswahl ihres Lernweges und des passenden Arbeitsmaterials Beratung. Die Lernbegleiterinnen und Lernbegleiter machen ihnen transparent, welche Kompetenzen sie wie erreichen können. Auch bei der Evaluation werden die einzelnen Lernenden unterstützt, sie erhalten Kriterien, sich selbst und sich gegenseitig zu evaluieren bzw. ihren Kompetenzerwerb zu überprüfen. Die Lehrenden fördern die Selbstständigkeit der Schülerinnen und Schüler, indem sie ihnen etwas zutrauen und sie ermutigen, etwas zu wagen. Eine solche Grundhaltung erfordert die Bevorzugung bestimmter Methoden und Sozialformen vor solchen, die die Lernenden eher entmündigen; denn schon in der Art der Aufgabenstellung zeigt sich, ob die Lehrenden den Schülerinnen und Schülern zutrauen, selbstständig und mündig an ihrem Lernfortschritt mitzuwirken.

Lehrerinnen und Lehrer geben Rückmeldung

Angesichts äußerst heterogener Religionsgruppen, sowohl hinsichtlich des Leistungsstands als auch der religiösen Sozialisation der Lernenden, gerät die diagnostische Fähigkeit der Lehrenden mehr und mehr in den Blick. Diese müssen in der Lage sein, die Schülerinnen und Schüler im Zusammenhang mit dem jeweiligen Unterrichtsgegenstand hinsichtlich ihrer Lernvoraussetzungen sowie ihrer Lernergebnisse zutreffend einzuschätzen. Daraus folgen die nächsten didaktischen Entscheidungen und die Gestaltung der unterschiedlichen Lernwege. Dies erfordert genaues Hinschauen und ein achtsames Hinhören auf die Lernenden. Immer wieder sollten die Lehrerinnen und Lehrer auch während des Unterrichts Rückmeldungen einfordern und auswerten. Portfolios, Unterrichtstagebücher oder Aufschriebe, mit denen die Lernenden ihre Schwierigkeiten mit dem Unterrichtsgegenstand oder bestimmten Lernschritten darlegen, können durchaus hilfreich sein. Die Lehrenden ermuntern die Lernenden, ihre Lösungswege eigenständig zu erläutern, und sie helfen ihnen, ihr eigenes Lernen zu reflektieren sowie aus ihren Fehlern zu lernen. Dass solche diagnostischen Tätigkeiten in einem vorwiegend lehrerzentrierten Unterricht kaum möglich sind, liegt klar auf der Hand.

Lehrerinnen und Lehrer sind Vorbild

Lehrerinnen und Lehrer werden zunehmend an ihrem persönlichen Verhalten und Tun im Unterricht gemessen. Wie sie mit Schülerinnen und Schülern, mit anderen Meinungen oder unerwarteten Situationen umgehen, das macht sie glaubhaft und vorbildlich. Die Schülerinnen und Schüler brauchen zum Erwerb von personaler und sozialer Kompetenz auch gelebte, nicht nur theoretische Beispiele. Guter Religionsunterricht kann nicht mit autoritären Strukturen gehalten werden, ein gegenseitiges Interesse der Lernenden aneinander wird es nicht geben können, wenn die Lehrenden sich nicht für die Schülerinnen und Schüler interessieren. Für Religionslehrerinnen und Religionslehrer bedeutet dies darüber hinaus, dass ihre eigene Glaubensposition für die Schülerinnen und Schüler sehr wichtig ist. An ihr können sie sich »abarbeiten«, sie kann für sie Vorbild sein oder auch Anregung, sich davon abzugrenzen. Dies bedeutet für Religionslehrerinnen und Religionslehrer, dass sie bereit sein sollten, Persönliches von sich »preiszugeben«, ihre (Glaubens-)Biografie dar- und zur Disposition zu stellen. Denn religiöses Lernen, das meist »Lernen an Biografien« ist, hat heutzutage oft nur noch im Religionsunterricht Raum. War es früher selbstverständlich, Christ oder Christin zu sein und dies im alltäglichen Leben zum Ausdruck zu bringen, so haben bekennende Christinnen und Christen heute fast Exotenstatus. Es erfordert Mut, aber auch Sinn für Angemessenheit, in den richtigen Momenten die eigene – christliche – Position zum Ausdruck zu bringen, immer eingedenk dessen, dass dies nur Angebotscharakter hat und für die meisten Schülerinnen und Schüler keineswegs selbstverständlich ist. Doch indem Lehrerinnen und Lehrer ihre eigenen (Lebens-)Entscheidungen und deren Entlastungscharakter darlegen, ermutigen sie die Schülerinnen und Schüler ihrerseits zu eigenen Entscheidungen.

Lehrerinnen und Lehrer geben Impulse

Die oben beschriebene Rolle bedeutet jedoch nicht, dass die Religionslehrerinnen und Religionslehrer nicht auch immer wieder Anstöße geben müssen. Sollen die Lernenden religiöse Kompetenz erlangen, müssen im Religionsunterricht Situationen erzeugt werden, in denen die Wirklichkeit hinterfragt werden kann und es den Schülerinnen und Schülern ermöglicht wird, zu Einstellungen zu gelangen und Haltungen einzunehmen. Dazu gehören auch Unterrichtssituationen, in denen ansatzweise »religiöse« Erfahrungen nachvollzogen und anschließend reflektiert werden können. Die Lehrenden müssen also neben der Vermittlung und Verarbeitung neuer Inhalte im Unterricht immer wieder Erfahrungsräume eröffnen und das »Sprechen über« durch ein gemeinsames Tun und Erleben ergänzen. Solche Situationen bedürfen einer regelrechten »Inszenierung«, sie haben eine gewisse Dramaturgie. Hier sind Lehrende auf ihre Art Regisseure, die anmoderieren, einführen und die Gruppe begleiten. Inwieweit Lehrerinnen und Lehrer in einer solchen Phase selbst Beteiligte sind oder am Rande bleiben, muss im Einzelfall entschieden werden. Doch es empfiehlt sich eher das Beibehalten einer Außenposition, da die anschließende Reflexion moderiert werden muss; hierbei ist eine gewisse Distanz hilfreich. Ein solcher Religionsunterricht erfordert Risikobereitschaft und die Fähigkeit, eine Lerngruppe so einzuschätzen, dass das Unterrichtsarrangement zu der jeweiligen Gruppe passt und gewinnbringend ist. Wettgemacht wird die Unsicherheit durch die Erfahrung, dass die Schülerinnen und Schüler im Unterricht persönlich berührt werden und sie die darin aufgebrochenen Fragen über das Unterrichtsgeschehen hinaus besprechen.

Viele der angeführten Aspekte zur (neuen) Rolle der Lehrerinnen und Lehrer werden bereits in zahlreichen Unterrichtssituationen und Schulen realisiert. Manches ist nicht unbedingt neu und gehört seit Langem zu den Kriterien für einen guten Unterricht. Neu dagegen ist der Perspektivenwechsel weg von der Vermittlung der Unterrichtsinhalte und der sich daraus ergebenden Unterrichtsziele, hin zu den Kompetenzen der Schülerinnen und Schüler. Daraus ergibt sich eine radikale Hinwendung der Lehrenden zu den Lernenden. Dies ist angesichts heterogener Lerngruppen und höchst individualisierter Kinder und Jugendlicher das Gebot der Stunde.

Literatur

Feindt, Andreas (Hg.), Kompetenzorientierung im Religionsunterricht, Münster 2009.
Obst, Gabriele, Kompetenzorientiertes Lehren und Lernen im Religionsunterricht, Göttingen 2008.
Westerhoff, Nikolas, Mission impossible. Auf der Suche nach dem perfekten Lehrer, in: Psychologie heute, 3/2010, S. 66–69.

Cornelia Patrzek-Raabe

Bildungspläne – Bildungsstandards – Kompetenzen

Mit dem Begriff »Bildungsplan« wird ein bildungspolitisches Gesamtkonzept bezeichnet, in dem durch das für Schule und Unterricht zuständige Landesministerium festgeschrieben wird, welche Fähigkeiten Schülerinnen und Schüler am Ende von festgelegten Lernzeiträumen (Ende Klasse 2 und 4, im Weiteren dann Ende Klasse 6, 8, 9 sowie ggf. 10 und 12) beherrschen müssen (= Standards). Zugleich werden im Bildungsplan Inhalte verbindlich festgeschrieben, an denen Schülerinnen und Schüler diese Kompetenzen erwerben sollen (= Themenfelder). Der Bildungsplan formuliert somit einen Gesamtrahmen von Standards und Themen für das schulische Lehren und Lernen, die ein möglichst hohes Maß an gleichwertiger Erziehung und Bildung sichern wollen. Ein Bildungsplan integriert den gesamten Fächerkanon der Schule und wird in der Regel spezifisch für jede Schulart (Grundschule, Hauptschule, Realschule, Gesamtschule, Gymnasium, Berufsbildende Schulen) entwickelt und veröffentlicht. Der Bildungsplan Baden-Württemberg wird ca. alle 10 Jahre einer gründlichen Revision unterzogen und neu herausgegeben. In den einzelnen Bundesländern werden verschiedene Begriffe für ein solches Instrument verwendet, u.a. Rahmenplan (Rheinland-Pfalz), Kernlehrplan (Nordrhein-Westfalen) und Kerncurriculum (Niedersachsen).

In Bildungs- und Kernlehrplänen finden sich also jene Kompetenzen beschrieben, die Schülerinnen und Schüler in einem bestimmten Fach innerhalb eines bestimmten Lernzeitraums erwerben und entwickeln sollen. Dies ist der entscheidende Unterschied zu den klassischen Lehrplänen, in denen lediglich Lernziele, Inhalte und bestenfalls auch Lernwege beschrieben waren, die Lehrerinnen und Lehrer im Blick zu behalten hatten. In diesem Sinne zeigt sich am Instrument des Bildungsplans exemplarisch der Paradigmenwechsel vom inhaltsbezogenen hin zum kompetenzorientierten Lernen: Im Bildungsplan sind Kompetenzen von Schülerinnen und Schülern in Form von Bildungsstandards ausformuliert und für den Bildungsprozess verbindlich gemacht worden.

Bildungsstandards beschreiben notwendige Kompetenzen

Bildungsstandards sind Vorgaben der Ständigen Konferenz der Kultusminister der Länder in der Bundesrepublik Deutschland (KMK). Mithilfe dieses neuen Instruments werden Kompetenzen beschrieben, die am Ende eines Bildungsabschnitts von Schülerinnen und Schülern beherrscht werden sollen. So heißt es in den Bildungsstandards der KMK für das Fach Deutsch am Ende der Grundschulzeit: Schülerinnen und Schüler können »rechtschreibwichtige Wörter normgerecht schreiben, Rechtschreibstrategien verwenden ... Zeichensetzung beachten« und »Texte auf orthographische Richtigkeit überprüfen und korrigieren« (Bildungsstandards im Fach Deutsch für den Primarbereich, S. 10). Bundesweit gelten Bildungsstandards derzeit für den Primarbereich (Jahrgangsstufe 4) und zwar für die Fächer Deutsch und Mathematik, für den Hauptschulabschluss (Jahrgangsstufe 9) für die Fächer Deutsch, Mathematik und erste Fremdsprache sowie für den mittleren Schulabschluss (Jahrgangsstufe 10) für die Fächer Deutsch, Mathematik, die erste Fremdsprache, Biologie, Chemie und Physik. Im Oktober 2007 hat die KMK außerdem die Entwicklung von Bildungsstandards und Aufgaben-Pools für die gymnasiale Oberstufe in den Fächern Deutsch, Mathematik, Englisch, Französisch, Biologie, Chemie und Physik beschlossen. Diese befinden sich zurzeit aber noch in Erarbeitung.

In der Regel wird der Unterschied zwischen Lehrplänen und Bildungsstandards als ein Wechsel von der Input- zur Outcome-Steuerung beschrieben: Lehrpläne geben in der Regel vor, was Lehrerinnen und Lehrer in einem bestimmten Zeitabschnitt Schülerinnen und Schüler eines bestimmten Schuljahres an Inhalten und Themen »lehren« sollen. Lehrpläne formulieren einen Input, der in den Unterricht hineingetragen wird. Bildungsstandards dagegen sollen ein Outcome, also Ergebnisse von Unterricht, formulieren. Sie sind also streng genommen Lernpläne, denn sie weisen aus, was Schülerinnen und Schüler »lernen« sollen. In der Sprache der Kultusminister der deutschen Bundesländer: Lehrerinnen und Lehrern wird nicht mehr vorgegeben, was sie mit den Schülerinnen und Schülern in der Schule erarbeiten sollen, sondern es wird vielmehr vorgegeben, was Schülerinnen und Schüler am Ende der Schulzeit können sollen.

Was steckt hinter diesem Paradigmenwechsel? Die großen internationalen Schulleistungsvergleiche (TIMMS, PISA, IGLU), die seit Beginn dieses Jahrtausends regelmäßig veröffentlicht werden, haben transparent gemacht, dass es in den 16 deutschen Bundesländern zwar eine schier unübersehbare Fülle von inhaltsreichen Lehrplänen gab, diese aber in der Praxis kaum genutzt wurden. Deutsche Schülerinnen und Schüler besitzen aber im Vergleich zu anderen europäischen Kindern und Jugendlichen nur mittelmäßig ausgeprägte Kompetenzen in den Bereichen von Lesen, Schreiben und Rechnen. Daher versuchen die Bundesländer nun durch die Einführung von Standards, also verpflichtenden Abschlussprofilen für die Grundschule, die Hauptschule, die Realschule und das Gymnasium die »Educational Governance«, also die Kontrolle im Bildungssystem, wieder verstärkt an sich zu ziehen. Ob diese Erwartungen an Bildungsstandards der konkreten Praxis in den deutschen Schulen gerecht werden, ist eine ganz andere Frage. Tatsache ist, dass durch die Einführung von Bildungsstandards, also umfangreichen Kompetenzbeschreibungen für Schülerinnen und Schüler, das Bildungssystem in der Bundesrepublik Deutschland in den letzten fünf Jahren nachhaltig verändert worden ist. Dies betrifft auch den Religionsunterricht.

Was genau Bildungsstandards sind, beschreibt die sogenannte Klieme-Expertise, ein von den wichtigsten deutschen Bildungsforschern für die Kultusministerkonferenz (KMK) erstelltes Grundlagenpapier. In dieser Expertise heißt es: »Bildungsstandards legen fest, welche Kompetenzen die Kinder und Jugendlichen bis zu einer bestimmten Jahrgangsstufe erworben haben sollen.« Und weiter heißt es dort: »Bildungsstandards legen zudem fest, über welche Kompetenzen ein Schüler/eine Schülerin verfügen muss, wenn wichtige Ziele der Schule als erreicht gelten sollen« (beide Zitate: Klieme 2003, S. 9). Damit wird deutlich, Bildungsstandards wollen kontrollieren: zum einen was Schülerinnen und Schüler nach einem bestimmten Schulabschnitt können, zum anderen aber eben auch wie Lehrerinnen und Lehrer in der Schule gearbeitet haben. Ihr Erfolg wird nun mit den erhobenen Fähigkeiten von Schülerinnen und Schülern verbunden.

Wie aber sind Kompetenzen genauer zu definieren? Kompetenzen sind laut Klieme-Expertise »die bei Individuen verfügbaren und durch sie erlernbaren kognitiven Fähigkeiten und Fertigkeiten, um bestimmte Probleme zu lösen, sowie die damit verbundenen motivationalen, volitionalen und sozialen Bereitschaften und Fähigkeiten, um Problemlösungen in variablen Situationen erfolgreich und verantwortungsvoll nutzen zu können« (ebd., S. 15 – hier als Zitat von Franz E. Weinert). Zusammengefasst: Kompetenzen beschreiben Problemlösefähigkeiten von Schülerinnen und Schülern in bestimmten Bereichen, also z.B. die Lesefähigkeit im Fach Deutsch, die Fähigkeit des Modulierens mit Zahlen im Fach Mathematik oder eben die Fähigkeit zur Deutung von symbolischer Sprache im Fach Religion.

Die von der KMK erstellten Bildungsstandards weisen alle die gleiche Struktur auf. Einer allgemeinen Einleitung, in der die Bedeutung des jeweiligen Faches für das schulische Lernen entfaltet wird, folgt ein fachspezifisches Kompetenzmodell, in dem Kompetenzbereiche benannt werden, in denen Schülerinnen und Schüler fachspezifische Fähigkeiten erwerben sollen.

Der Religionsunterricht wurde bei der Erarbeitung von länderübergreifenden Bildungsstandards – wie eine Reihe anderer Fächer auch – vonseiten der KMK zunächst nicht mit in den Blick genommen. Dies hängt sowohl mit unterschwelligen oder auch öffentlichen Einschätzungen im Hinblick auf die Relevanz von Fächern als auch mit der Tatsache zusammen, dass der Religionsunterricht als gemeinsame Angelegenheit zwischen Staat und Kirche einer besonderen Absprache bedarf. Um ihrer Regelungspflicht im Rahmen dieser »Res mixta« (= gemeinsame Sache) zu entsprechen, hat auf katholischer Seite die für die Erziehung und Schule verantwortliche Kommission VII der Deutschen Bischofskonferenz (DBK) – das Gremium, das auf katholischer Seite für Schule und Erziehung verantwortlich ist – im Herbst 2003 eine Arbeitsgruppe beauftragt, in Anlehnung an die von der KMK vorgelegten Bildungsstandards Richtlinien für Standards im Fach Katholische Religion für den Mittleren Bildungsabschluss in Klasse 10 zu erarbeiten. Eine weitere Arbeitsgruppe hat in Folge Richtlinien zu Bildungsstandards für den Katholischen Religionsunterricht in der Grundschule entwickelt, die ebenfalls von den deutschen Bischöfen diskutiert, beschlossen und in Kraft gesetzt worden sind. Was aber hat die deutschen Bischöfe bewogen, den Paradigmenwechsel von Lehrplänen hin zu Bildungsstandards mit zu vollziehen?

Die bildungspolitischen Diskussionen nach dem PISA-Schock im Jahr 2003 haben auch die deutschen Bischöfe beschäftigt. Dies zeigt sich u.a. daran, dass die deutsche Bischofskonferenz zwischen 2004 und 2006 eine ganze Reihe von Dokumenten zum schulischen Religionsunterricht in der durch die bildungspolitischen Krisen veränderten Schule vorgelegt hat. Diese Dokumente sind das bischöfliche Schreiben »Der Religionsunterricht vor neuen Herausforderungen« vom 16. Februar 2005, »Kirchliche Richtlinien zu Bildungsstandards für den katholischen Religionsunterricht in der Jahrgangsstufe 5–10/Sekundarstufe I« vom 23. September 2004 und »Kirchliche Richtlinien zu Bildungsstandards für den katholischen Religionsunterricht in der Grundschule/Primarstufe« vom 24. April 2006. Die Reihenfolge der Dokumente erscheint im Nachhinein etwas merkwürdig: Von der Logik der bischöflichen Papiere wäre es sicher hilfreicher gewesen, das Grundsatzpapier »Der Religionsunterricht vor neuen Herausforderungen« an den Anfang der Dokumentenreihe zu stellen, denn diese Erklärung enthält wichtige Rahmendaten und ein neues Konzept für den RU in einer veränderten Gesellschaft. Danach wäre es dann sinnvoll gewesen, Bildungsstandards für den RU in der Grundschule vorzuschlagen, um auf diese dann Bildungsstandards für den Abschluss der Mittelstufe zu passen. Die Publikationsdaten der Dokumente zeigen, dass der Entstehungsprozess nicht so logisch und linear verlaufen ist. Trotzdem bieten alle drei Dokumente insgesamt ein schlüssiges Konzept für den katholischen RU in der Schule nach PISA. In der Erklärung »Der Religionsunterricht vor neuen Herausforderungen« skizzieren die Bischöfe mit aller Deutlichkeit, wie schwierig sich die Situation für Religionslehrerinnen und Religionslehrer in einer Gesellschaft gestaltet, in der es kaum noch religiöse Sozialisation der Kinder gibt und in der in einer autonomen Schule, die wie alle gesellschaftlichen Institutionen unter dem Effizienzdruck der Ökonomie steht, der RU immer mehr an den Rand gedrängt wird. Die Bischöfe sind sich dieser Schwierigkeiten bewusst, wenn sie drei Aufgaben skizzieren, die für den RU heute von entscheidender Bedeutung sind:

– der RU soll stärker als bisher strukturiertes und lebensbedeutsames Grundwissen über den Glauben der Kirche vermitteln;
– der RU soll mit Formen gelebten Glaubens vertraut machen und mögliche Erfahrungen mit Glaube und Kirche eröffnen;
– der RU soll die religiöse Dialog- und Urteilsfähigkeit von Schülerinnen und Schülern fördern (vgl. Der Religionsunterricht vor neuen Herausforderungen, S. 18 u.ö.).

Die kirchlichen Richtlinien, die nun Bildungsstandards, also Kompetenzen am Ende der Grundschule und der Mittelstufe beschreiben, sind im Kontext dieser drei Globalziele von RU heute zu verstehen.

Das Kompetenzmodell der »Einheitlichen Prüfungsanforderungen« für das Abitur

Für den katholischen Religionsunterricht in der gymnasialen Oberstufe haben die deutschen Bischöfe im Zuge ihrer Neukonzeption des Religionsunterrichts kein eigenes Papier vorgelegt. Das hat seinen Grund darin, dass in der Oberstufe schon seit über 20 Jahren, nämlich seit Dezember 1989, sogenannte »einheitliche Prüfungsanforderungen für das Abitur« (EPA) in allen Fächern gelten. Das heißt, dass in der Oberstufe schon lange Unterricht auf konkrete

Kompetenzen hin ausgerichtet ist. In diesem Sinne vollziehen Sek I und Grundschule eigentlich nur nach, was im Unterricht der Oberstufe mit Blick auf die Problemlöseanforderungen von Abituraufgaben schon länger mit Schülerinnen und Schülern eingeübt und entwickelt worden ist. Dies gilt auch für das Fach Katholische Religionslehre: Am 16. November 2006 hat die Kultusministerkonferenz nach Zustimmung der deutschen Bischöfe überarbeitete einheitliche Prüfungsanforderungen für die Abiturprüfung in Katholischer Religionslehre verabschiedet. Diese sind ähnlich aufgebaut wie die kirchlichen Richtlinien für die Mittelstufe und die Primarstufe. Auch die EPA gliedern sich in ein Kompetenzmodell mit entsprechenden Kompetenzauflistungen und einer Übersicht über bestimmte fachliche Inhalte, die im Unterricht der Oberstufe erarbeitet werden müssen. Dabei finden sich in diesen Inhaltsbereichen die Gegenstandsbereiche der kirchlichen Richtlinien für die Mittelstufe wieder. Sie heißen hier

- das christliche Bild des Menschen,
- das Evangelium von Jesus Christus,
- die christliche Rede von Gott,
- der Wahrheitsanspruch der Kirche,
- Ethik im christlichen Kontext,
- die christliche Hoffnung auf Vollendung (vgl. EPA, S. 8f.).

Außerdem finden sich in den EPA ausführliche Listen von Operatoren und die in der Oberstufe üblichen drei Anforderungsniveaus, in denen Aufgaben gelöst werden können: Reproduktion/Anforderungsbereich 1, Reorganisation/Anforderungsbereich 2 und Beurteilung/Anforderungsbereich 3 (ebd., S. 12–14):

Anforderungsbereich 1	
Operatoren	**Definitionen**
Nennen Benennen	ausgewählte Elemente, Aspekte, Merkmale, Begriffe, Personen etc. unkommentiert angeben
Skizzieren	einen bekannten oder erkannten Sachverhalt oder Gedankengang in seinen Grundzügen ausdrücken
Formulieren Darstellen Aufzeigen	den Gedankengang oder die Hauptaussage eines Textes oder einer Position mit eigenen Worten darlegen

Operatoren	Definitionen
Wiedergeben	einen bekannten oder erkannten Sachverhalt oder den Inhalt eines Textes unter Verwendung der Fachsprache mit eigenen Worten ausdrücken
Beschreiben	die Merkmale eines Bildes oder eines anderen Materials mit Worten in Einzelheiten schildern
Zusammenfassen	die Kernaussagen eines Textes komprimiert und strukturiert darlegen

Anforderungsbereich 2

Operatoren	Definitionen
Einordnen Zuordnen	einen bekannten oder erkannten Sachverhalt in einen neuen oder anderen Zusammenhang stellen oder die Position eines Verfassers bezüglich einer bestimmten Religion, Konfession, Denkrichtung etc. unter Verweis auf Textstellen und in Verbindung mit Vorwissen bestimmen
Anwenden	einen bekannten Sachverhalt oder eine bekannte Methode auf etwas Neues beziehen
Belegen Nachweisen	Aussagen durch Textstellen oder bekannte Sachverhalte stützen
Begründen	Aussagen durch Argumente stützen
Erläutern Erklären Entfalten	einen Sachverhalt, eine These etc. ggf. mit zusätzlichen Informationen und Beispielen nachvollziehbar veranschaulichen
Herausarbeiten	aus Aussagen eines Textes einen Sachverhalt oder eine Position erkennen und darstellen
Vergleichen	nach vorgegebenen oder selbst gewählten Gesichtspunkten Gemeinsamkeiten, Ähnlichkeiten und Unterschiede ermitteln und darstellen
Analysieren Untersuchen	unter gezielter Fragestellung Elemente, Strukturmerkmale und Zusammenhänge systematisch erschließen und darstellen
In Beziehung setzen	Zusammenhänge unter vorgegebenen oder selbst gewählten Gesichtspunkten begründet herstellen

Anforderungsbereich 3

Operatoren	Definitionen
Sich auseinandersetzen mit	ein begründetes eigenes Urteil zu einer Position oder einem dargestellten Sachverhalt entwickeln
Beurteilen Bewerten Stellung nehmen einen begründeten Standpunkt einnehmen	zu einem Sachverhalt unter Verwendung von Fachwissen und Fachmethoden sich begründet positionieren (Sach- bzw. Werturteil)
Erörtern	die Vielschichtigkeit eines Beurteilungsproblems erkennen und darstellen, dazu Thesen erfassen bzw. aufstellen, Argumente formulieren, nachvollziehbare Zusammenhänge herstellen und dabei eine begründete Schlussfolgerung erarbeiten (dialektische Erörterung)
Prüfen Überprüfen	eine Meinung, Aussage, These, Argumentation nachvollziehen, kritisch befragen und auf der Grundlage erworbener Fachkenntnisse begründet beurteilen
Interpretieren	einen Text oder ein anderes Material (Bild, Karikatur, Tondokument, Film etc.) sachgemäß analysieren und auf der Basis methodisch reflektierten Deutens zu einer schlüssigen Gesamtauslegung gelangen
Gestalten Entwerfen	sich textbezogen kreativ mit einer Fragestellung auseinandersetzen
Stellung nehmen aus der Sicht von ... Eine Erwiderung formulieren aus der Sicht von ...	eine unbekannte Position, Argumentation oder Theorie aus der Perspektive einer bekannten Position beleuchten oder infrage stellen und ein begründetes Urteil abgeben
Konsequenzen aufzeigen Perspektiven entwickeln	Schlussfolgerungen ziehen; Perspektiven, Modelle, Handlungsmöglichkeiten, Konzepte u.a. entfalten

Die aufgelisteten Operatoren beschreiben Fertigkeiten und Fähigkeiten, die für die Arbeit in der gymnasialen Oberstufe notwendig sind. Allerdings ist es sehr hilfreich, wenn diese Operatoren bereits in der Unter- und Mittelstufe eingeführt und eingeübt werden, um so eine kontinuierliche Arbeit an der Kompetenzentwicklung gewährleisten zu können.

Kompetenzen werden an Inhalten erworben

Die beiden kirchlichen Richtlinien zu Bildungsstandards für den Religionsunterricht in Grundschule und Sek I weisen eine verbindende Struktur und ein gemeinsames fachdidaktisches Kompetenzmodell auf. Dies ist wichtig, denn nur wenn die Kompetenzentwicklung in der weiterführenden Schule auf das Kompetenzmodell und die Kompetenzen der Grundschule wirklich aufbaut, ist die sinnvolle Entwicklung von Problemlösefähigkeiten durch die Schuljahre hindurch möglich, die dann im Rahmen der EPA in der gymnasialen Oberstufe genutzt werden kann. Entsprechend sind beide Richtlinien analog aufgebaut. Einer bildungstheoretischen Grundlegung, welche die Bedeutung des katholischen Religionsunterrichts in der Grundschule bzw. in der Sek I beschreibt, folgt das fachdidaktische Kompetenzmodell für den katholischen Religionsunterricht.

Kompetenzmodell katholische Religion

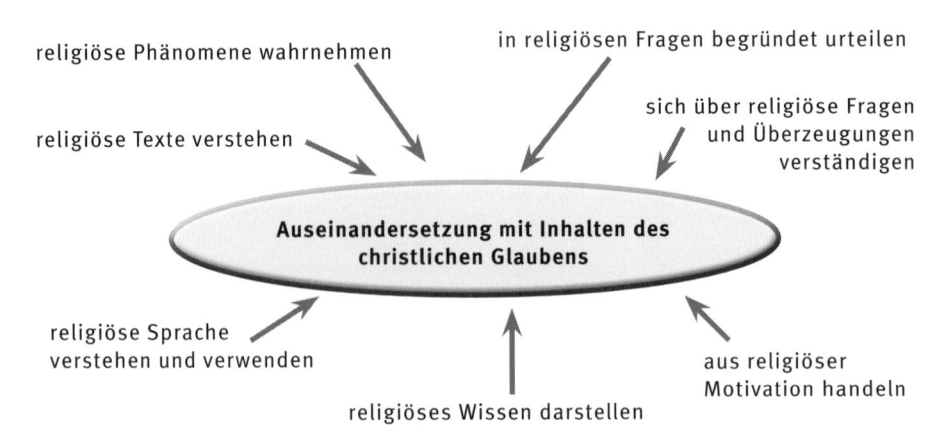

- religiöse Phänomene wahrnehmen
- in religiösen Fragen begründet urteilen
- religiöse Texte verstehen
- sich über religiöse Fragen und Überzeugungen verständigen

Auseinandersetzung mit Inhalten des christlichen Glaubens

- religiöse Sprache verstehen und verwenden
- religiöses Wissen darstellen
- aus religiöser Motivation handeln

Die allgemeinen Kompetenzen, die das Wesentliche religiöser Bildung ausmachen, werden im RU an bestimmten Inhalten erworben.

Dieses Modell gliedert sich in allgemeine religiöse Kompetenzen und inhaltsbezogene religiöse Kompetenzen (vgl. Kirchliche Richtlinien zu Bildungsstandards für den katholischen Religionsunterricht in den Jahrgangsstufen 5–10/ Sekundarstufe I, S. 9 u.ö.). Als allgemeine Kompetenzen werden genannt:
- religiöse Phänomene wahrnehmen,
- in religiösen Fragen begründet urteilen,
- sich über religiöse Fragen und Überzeugungen verständigen,
- aus religiöser Motivation handeln,
- religiöses Wissen darstellen,
- religiöse Zeugnisse verstehen,
- religiöse Sprache verstehen und verwenden (vgl. ebd., S. 13).

In der Anwendung dieser allgemeinen Kompetenzen auf bestimmte theologische Inhalte des Unterrichts entwickeln sich sogenannte inhaltsbezogene Kompetenzen, die wiederum in sechs Gegenstandsbereichen angeordnet sind. Die Gegenstandsbereiche, in denen noch die klassisch fundamentaltheologische Fragestellung der traditionellen Traktatenlehre erkennbar ist, lauten für die Sek I:
- Mensch und Welt
- Die Frage nach Gott
- Bibel und Tradition
- Jesus Christus
- Kirche
- Religionen und Weltanschauungen (vgl. ebd., S. 16).

Wie allgemeine Kompetenzen in inhaltsbezogenen Kompetenzen konkret werden, wenn sie auf bestimmte Themen bezogen sind, kann abschließend am Beispiel des Gegenstandsbereiches »Die Schülerinnen und Schüler können die Bedeutung von Leiden, Tod und Auferstehung Jesu für das eigene Leben erläutern« gezeigt werden. Folgende inhaltsbezogene Kompetenzen sind gefordert (ebd., S. 24f.):

Die Schülerinnen und Schüler
- kennen die Passionsgeschichte des Markus-Evangeliums;
- kennen das Auferstehungszeugnis des Apostels Paulus (1 Kor 15);
- verstehen ansatzweise, dass Jesus Christus »für unsere Sünden« gestorben ist;
- wissen, dass »Auferstehung« Leben bei Gott meint;

- unterscheiden das christliche Verständnis von Auferstehung von anderen Vorstellungen über ein Leben nach dem Tod (z.B. Reinkarnation);
- legen an biblischen Erzählungen (z.B. Lk 24,13–35) dar, dass die Jünger Jesu insbesondere bei der Mahlfeier die Erfahrung der Gegenwart Christi machten (und machen) [Gegenstandsbereich »Kirche«, Nr. 1];
- zeigen an Beispielen, welche Bedeutung Kreuz und Auferstehung Jesu für die Lebensgestaltung heute haben.

Gemäß der Richtlinienkompetenz der deutschen Bischöfe für den Katholischen Religionsunterricht in der Bundesrepublik Deutschland sind sowohl die allgemeinen religiösen Kompetenzen als auch die Themenbereiche mit den hier ausgewiesenen inhaltsbezogenen Kompetenzen als Referenzrahmen zu verwenden, wenn in den einzelnen Bundesländern nun kompetenzorientierte Bildungs- oder Kernlehrpläne erstellt werden.

Literatur

Bildungsplan Baden-Württemberg 2004, unter: www.bildung-staerkt-menschen.de.
Bildungsstandards im Fach Deutsch für den Primarbereich, hg. v. Sekretariat der Ständigen Konferenz der Kultusminister der Länder in der Bundesrepublik Deutschland, München 2005.
Einheitliche Prüfungsanforderungen in der Abiturprüfung Katholische Religion, hg. v. Sekretariat der Ständigen Konferenz der Kultusminister der Länder in der Bundesrepublik Deutschland, Bonn 2005.
Kirchliche Richtlinien zu Bildungsstandards für den katholischen Religionsunterricht in den Jahrgangsstufen 5–10/Sek I (Mittlerer Schulabschluss), hg. v. Sekretariat der Deutschen Bischofskonferenz (= Die deutschen Bischöfe 78), Bonn 2004.
Kirchliche Richtlinien zu Bildungsstandards für den katholischen Religionsunterricht in der Grundschule/Primarstufe, hg. v. Sekretariat der Deutschen Bischofskonferenz (= Die deutschen Bischöfe 85), Bonn 2006.
Klieme, Eckhard u.a., Zur Entwicklung nationaler Bildungsstandards. Eine Expertise, Berlin ²2003.
Der Religionsunterricht vor neuen Herausforderungen, hg. v. Sekretariat der Deutschen Bischofskonferenz (= Die deutschen Bischöfe 80), Bonn 2005.

Clauß Peter Sajak

Anforderungssituationen und Lernanlässe

Kompetenz ist die Disposition, mit Wissen sachgerecht und situationsgerecht – deshalb auch mit einer gewissen Routine – so handelnd umzugehen, dass Probleme gelöst werden. Diese Definition beinhaltet verschiedene Aspekte, die – unterrichtspraktisch weitergedacht – veränderte Akzentsetzungen in der Planung und Durchführung von Religionsunterricht zur Folge haben. Zielt der Kompetenzansatz letztlich auf Handlung, so verrät er damit seine Herkunft aus dem berufsbildenden Bereich und dem Bereich der Fremdsprachen. Damit ist die Sache für den Religionsunterricht aber nicht abgetan. Denn der Handlungsbegriff muss nicht allein auf produktorientierte Verfahren begrenzt bleiben. Fasst man z.B. im Anschluss an John Erpenbeck den Begriff weiter – neben instrumentellen Handlungen (manuelle Verrichtungen, Produktionsaufgaben) listet er auch geistige Handlungen (Problemlösungsprozesse, kreative Denkprozesse, Wertungsprozesse), kommunikative Handlungen (Gespräche, Beratungen) und reflexive Handlungen (Selbsteinschätzungen, Selbstveränderungen) auf –, dann gewinnt das Ziel »Handlungskompetenz« durchaus auch Relevanz für die neue Konzeption des Religionsunterrichts (vgl. Erpenbeck 2007).

Kompetenzangereicherter und kompetenzorientierter Unterricht

Es gibt keinen Unterricht, der Schülerinnen und Schüler nicht darin fördert, Kompetenzen zu erwerben oder auszubauen. Im Anschluss an Josef Leisen kann aber zu Recht zwischen »kompetenzangereichertem« und »kompetenzorientiertem« Unterricht unterschieden werden (vgl. Leisen 2010; siehe Abb. S. 46). Kompetenzorientierter Religionsunterricht will Schülerinnen und Schüler dazu befähigen, zu handeln und Probleme zu lösen. Eine entscheidende Akzentverlagerung besteht deshalb darin, die Lehr-Lern-Prozesse immer wieder schülerorientiert von Anforderungssituationen und daraus abgeleiteten Lernanlässen her zu konzipieren. Andererseits soll Unterricht nicht generell verzweckt werden. Die Zielsetzung »problemlösendes Handeln« stößt auch auf Kritik und lässt bedenkenswerte Einwände gegen die Kompetenzorientierung laut werden: Handelt es sich dabei nicht um einen utilitaristischen Ansatz? Führt das nicht dazu, dass nur noch für die Überprüfung gelernt wird (teaching/learning to the test) oder für die Anwendung? Solche Kritik ist ernst zu nehmen. Allerdings gehört die Frage, warum sich die Schülerinnen und Schüler mit einer Frage/einem Gegenstand beschäftigen sollen, immer schon zur didaktischen Analyse und zu den Prinzipien einer Korrelationsdidaktik und ist damit nicht gänzlich neu. Der Zielsetzung »Problemlösung« ist das Positive abzugewinnen, dass sie dazu zwingt, immer wieder zu klären, welche (außerschulische) Relevanz Inhalte und Fragestellungen des katholischen Religionsunterrichts für Jugendliche und junge Erwachsene haben und wo sich Gelegenheiten bieten, Wissen und Können zu zeigen (Performanz). Im Religionsunterricht muss die Bedeutsamkeit des christlichen Glaubens deutlich werden, muss Glaubenswissen zu Lebenswissen werden.

Kompetenzangereicherter Unterricht	Kompetenzorientierter Unterricht
– wird von der fachstrukturellen Abfolge der Inhalte her konzipiert, vom Fach ausgehend geplant; – bewirkt, dass Inhalte mit Kompetenzen angereichert werden; – zielt auf Bewältigung fachlicher Problemstellungen.	– wird von den kompetenzfördernden Lernprozessen her konzipiert; – ist so angelegt, dass Kompetenzen im »handelnden« Umgang mit Inhalten erworben werden; – stellt die Bewältigung (authentischer) Anforderungssituationen ins Zentrum; – wird vom Lernprozess ausgehend geplant.

Unterricht ausgehend von Anforderungssituationen und Lernanlässen

Für die Beschäftigung mit dem Thema »Religionskritik« hat Gabriele Obst exemplarisch aufgezeigt, wie Lehr-Lern-Prozesse ausgehend von einer Anforderungssituation und einem Lernanlass zu planen sind, der gehaltene Unterricht wurde sorgfältig reflektiert (Keymer/Obst 2010). Ihrer Meinung nach eignet sich der »Begriff der ›Anforderungssituation‹ ... als didaktischer Widerhaken für die Planung des Unterrichts in besonderer Weise. Er unterstellt die allgemeine Erfahrung, dass sich jeder Mensch zeit seines Lebens unterschiedlichen Aufgaben ausgesetzt sieht, für deren Bewältigung er sich gezielt und systematisch – also nicht nur auf dem Wege impliziten, beiläufigen Lernens – bestimmte Fähigkeiten und Fertigkeiten angeeignet haben muss« (Obst 2008, S. 136). Die Planung von Unterricht, der von Anforderungssituationen ausgeht, berücksichtigt die Stufen in folgendem Beispiel (vgl. Obst 2008, S. 136–143):

1. Anforderungssituationen identifizieren – und daraus einen Lernanlass ableiten

Anforderungssituation: Z.B. das Erscheinen des Kinderbuches (Schmidt-Salomon, Michael/Nyncke, Helge, Wo bitte geht's zu Gott? fragte das kleine Ferkel. Ein Buch für alle, die sich nichts vormachen lassen, Aschaffenburg 2007) und die sich anschließende öffentliche Diskussion. Davon abgeleiteter Lernanlass: »Stell dir vor, du hättest ein Patenkind, das in diesem Monat seinen achten Geburtstag feiert. Du weißt noch nicht ganz genau, was du ihm schenken könntest. Ein Freund erzählt dir, dass er neulich ein interessantes Kinderbuch im Buchladen entdeckt habe: ›Wo bitte geht's zu Gott?, fragte das kleine Ferkel.‹ Du bedankst dich für den Tipp, willst aber noch nicht sofort Geld ausgeben, sondern dich erst einmal erkundigen« (Keymer/Obst 2010, S. 48).

2. Die Bedeutung für die Lebens- und Lerngeschichte der Schülerinnen und Schüler analysieren

Die Relevanz der Anforderungssituation und des Lernanlasses wird geprüft; denn nur dann, wenn der Lernanlass Lebensrelevanz für die Schülerinnen und Schüler hat, sie diesen wahrnehmen und einschätzen können, werden sie sich auf die Lernprozesse einlassen.

3. Lernausgangslage erheben
Erfahrungen, Kenntnisse, Fähigkeiten und Einstellungen der Schülerinnen und Schüler in Bezug auf den Lernanlass werden erfasst.

4. Erforderliche Kompetenzen bestimmen
Geklärt wird, welches Wissen und welches Können die Schülerinnen und Schüler benötigen, um mit der Anforderungssituation/dem Lernanlass sachgemäß umgehen zu können.

5. Kompetenzförderliche Lehr- und Lernprozesse planen
Schließlich werden Lehr-Lern-Prozesse so gestaltet, dass sie zum Aufbau der notwendigen Kompetenzen beitragen können.

Zur Qualität von Anforderungssituationen

Anforderungssituationen, also Problemstellungen oder offene Fragestellungen, zu deren Bewältigung Kompetenzen nötig sind, die im Religionsunterricht erworben werden, finden sich im Leben – nicht in der Schule. Es gilt, als Religionslehrerin und Religionslehrer wach und mit offenen Augen durch die Welt zu gehen. Es bieten sich Situationen für die Auswahl an, die eine Affinität zur Lebenswirklichkeit und zu Haltungen der Schülerinnen und Schüler aufweisen. Zugleich müssen sie einen Bezug zu den Inhalten und Aufgaben des Religionsunterrichts haben. Eine Situation muss aber nicht völlig außergewöhnlich oder neu sein, um sich als Anforderungssituation zu eignen.
Gute Anforderungssituationen sind dadurch gekennzeichnet, dass sie Lösungen fordern, für die Leistungen aus möglichst allen drei Anforderungsbereichen einzubringen sind: Reproduktion, Reorganisation/Transfer und selbstständige systematische Reflexion/Problemlösung/eigenes Urteil. Zum anderen ist es ideal, wenn durchaus unterschiedliche Lösungswege gegangen werden können, wobei die Kriterien »Sachgerechtigkeit« und »Situationsgerechtigkeit« der Beliebigkeit Grenzen setzen. Aus der Anforderungssituation muss sich ein Lernanlass ableiten lassen, der in der Regel im unterrichtlichen Kontext und schulischen Rahmen verortet ist. Dabei ist insbesondere auf eine stimmige Passung zu achten, d.h. darauf, dass die gestellte Aufgabe die Schülerinnen und Schüler weder unter- noch überfordert.
Kompetenzorientierter Unterricht, der so von Anforderungssituationen und Lernanlässen her konzipiert ist, unterscheidet sich von herkömmlichem Un-

terricht vor allem dadurch, dass der Lehr-Lern-Prozess nicht primär an der Bezugswissenschaft orientiert ist, »Containerwissen« (Freinet) entsteht und Fachprobleme gelöst werden, sondern grundsätzlich mithilfe von Fachwissen und -können auf die Lösung authentischer Probleme und Fragestellungen zielt.

Kompetenzerwerb für den Umgang mit Anforderungssituationen und Lernanlässen

Was muss gegeben sein, damit Probleme gelöst werden und damit mit Anforderungssituationen und Lernanlässen sach- und situationsgerecht umgegangen werden kann? Oder anders gefragt: Wie erwirbt eine Schülerin oder ein Schüler die dafür notwendigen Kompetenzen? Damit im Religionsunterricht Kompetenzen erworben und/oder gefördert werden, mit denen Probleme gelöst werden, sind notwendig: 1. eine Kompetenzexegese, 2. Vormachen und (reflektiertes) Nachmachen, 3. Selbstständiges Handeln mit Selbst- und Fremdkritik, 4. Üben, Wiederholen und Vernetzen.

1. Kompetenzexegese

Will ein ambitionierter junger Hochspringer im kommenden Jahr die Höhe von 1,80 Metern meistern, so wird die Übung nicht darin bestehen, sich täglich an dieser Höhe zu versuchen. Ein verantwortungsvoller Trainer wird vielmehr mit Weitblick und orientiert an der individuellen Ausgangslage den Sportler Schnelligkeit, Sprungkraft und Technik – also einzelne Bewegungsabläufe – mit geeigneten Methoden üben lassen. Um Mozarts Violinkonzert G-Dur Nr. 3, KV 216 aufführen zu können, sind über Jahre hinweg Fingersätze und Lagenwechsel zu lernen, Etüden, Tonleitern, Stricharten zu üben. Der Instrumentallehrer wird all das im Blick haben und – gelegentlich mit Nachdruck – einfordern, weiß er doch, dass das komplexe technische Können, das in zahlreichen Einzelschritten erarbeitet und in vielen Stunden eingeübt wird, *conditio sine qua non* ist für die musikalische Interpretation. Analog ist zu entschlüsseln, was eine Schülerin/ein Schüler wissen und können muss, um mit für den Religionsunterricht spezifischen (lebens-)relevanten Anforderungssituationen sachgerecht umgehen zu können. Besonders effektiv ist es, wenn diese Exegese bereits gemeinsam erfolgt und nicht Einzelarbeit der Lehrkraft bleibt.

2. Vormachen und (reflektiertes) Nachmachen

»Viele Fähigkeiten lernt man besser, wenn man sieht, wie sie von anderen, die sie schon beherrschen, ausgeführt werden ... Spiele lernen wir selten allein durch die Lektüre der Regeln; meist gucken wir ein neues Spiel von Leuten ab, die es von anderen Leuten abgeguckt haben. Im Unterricht ist es sinnvoll, dass den Schülern ein Lied, das sie lernen sollen, zunächst einmal vorgesungen – ›vorgemacht‹ – wird ... Lehrer können ihren Schülern demonstrieren, wie man sich zu einem Text Notizen macht, und sie können ihnen vormachen, wie man bei einem Vortrag mitschreibt, damit man nicht gleich alles wieder vergisst und hinterher über den Inhalt diskutieren kann ... Noch unbekannter ist, dass man auch Modelle für solche Handlungsweisen bieten kann, die normalerweise unsichtbar sind, weil sie im Gehirn des Individuums ablaufen und keine Geräusche, sondern höchstens Denkfalten erzeugen. Tatsächlich kann man aber Denkvorgänge ganz einfach demonstrieren, indem man laut denkt, damit die Zuschauer hören können, was der Kopf eigentlich macht, wenn er denkt« (Grell/Grell 1996, S. 191).

3. Selbstständiges Handeln mit Selbst- und Fremdkritik

Kompetenzen werden erworben und ausgebaut durch den permanenten und individuellen Lernkreislauf von selbstständigem Handeln → Reflexion/Analyse/Kritik in Eigen- und Fremdtätigkeit → Feedback mit Zielvereinbarungen → erneutes selbstständiges Handeln:

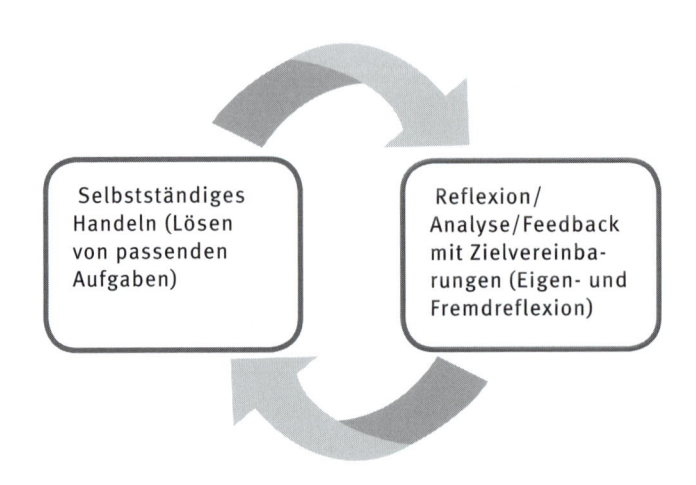

Selbstständiges Handeln (Lösen von passenden Aufgaben) ⇄ Reflexion/Analyse/Feedback mit Zielvereinbarungen (Eigen- und Fremdreflexion)

Dafür ist es notwendig, an den Schulen eine Feedbackkultur zu entwickeln, die ressourcenorientiert und nicht defizitorientiert ist, und zwischen Lern- und Leistungssituationen deutlich zu trennen. Kompetenzerwerb – Lernen überhaupt – braucht die Möglichkeiten, unbedarft Fehler machen zu dürfen.

4. Üben, Wiederholen und Vernetzen

Für einen kompetenzorientierten Religionsunterricht wird intensiv und neu darüber nachzudenken sein, wie Nachhaltigkeit erworben werden kann, wie sinnvolles Üben und Wiederholen in die Planung und Gestaltung des Unterrichts einzubauen sind und wie dem oft empfundenen Patchwork-Eindruck dadurch entgegengewirkt werden kann, dass Vernetzungen verdeutlicht werden und Zusammenhänge erkannt werden können.

Merkmale guten kompetenzorientierten Unterrichts

Diese Überlegungen werden gestützt durch Ergebnisse von Andreas Feindt (vgl. Feindt u.a. 2009; Feindt 2010). Auf die berechtigte Frage von Lehrkräften »Wie geht kompetenzorientierter Unterricht?« antwortet er mit sechs Gütemerkmalen von Unterricht, die er beim Blick in vorliegende Veröffentlichungen über Fächergrenzen hinweg entdeckt. Demnach ist kompetenzorientierter Unterricht gekennzeichnet durch: 1. Individuelle Lernbegleitung, 2. Metakognition, 3. Vernetzung von Wissen und Fertigkeiten, 4. Übung und Überarbeitung, 5. Kognitive Aktivierung, 6. lebensweltliche Anwendung. Zum letztgenannten Merkmal führt Andreas Feindt aus: »Didaktische Anregungen werden sich ... daran messen lassen müssen, ob es mit ihnen gelingt, den Kompetenzerwerb der Schülerinnen und Schüler tatsächlich zu befördern. Um diese Frage zu beantworten, braucht es im Unterricht immer wieder Anforderungssituationen, die zugleich Anwendungssituationen sind, in denen die Schülerinnen und Schüler Kompetenz zeigen müssen. Kompetenz zeigt sich als Performanz, wenn Wissen, Können und Wollen aktiviert werden, um Anforderungssituationen selbstständig und kreativ zu bearbeiten ... Hinsichtlich der Qualität der Anwendungssituationen wird in der Literatur immer wieder darauf verwiesen, dass die unmittelbare Umwelt der Schüler/-innen eine Vielzahl von Anforderungssituationen bereithält. Bei der Konzeption entsprechender Aufgaben kann man sich daher gut durch die in der Lebenswelt anzutreffende Religion inspirieren lassen« (Feindt 2009, S. 15f.).

Ein Beispiel für Anforderungssituationen und Lernanlässe
Zum Themenkanon des katholischen Religionsunterrichts gehört selbstverständlich die Beschäftigung mit den Weltreligionen. Der Islam wird in der Regel in den Klassenstufen 7 oder 8 thematisiert. Unterrichtswerke leiten die Inhalte einer entsprechenden Einheit von der religionsgeschichtlichen Bezugswissenschaft her ab und gängig ist es, dass sich Schülerinnen und Schüler mit dem Leben Muhammads, dem Koran und den fünf Säulen des Islam beschäftigen, vielleicht auch in Berührung kommen mit der Frage nach der Bedeutung des Dschihads oder der Stellung der Frau in islamischen Gemeinschaften. Für einen kompetenzorientierten Religionsunterricht ist es interessant, einen deutlich anderen Zugang zu wählen, indem nach schülernahen Anforderungssituationen Ausschau gehalten wird, um von daher Lehr-Lern-Prozesse zu organisieren. Solche Anforderungssituationen im Kontext des Themas »Islam« können z.B. Ausschnitte aus Einzelsendungen der Fernsehreihe »Türkisch für Anfänger« sein. Damit im Unterricht zu arbeiten und daraus unterrichtsrelevante Lernanlässe abzuleiten, hat zunächst naheliegende Vorteile: Zum einen zielen die Sendungen bewusst auf jugendliche Adressaten und bieten mit den Hauptdarstellern/-innen im Teenager-Alter Identifikationsmöglichkeiten. Zum anderen verpacken sie durchaus ernsthafte und komplexe Fragestellungen in ansprechend-witziger Form. Globalziel wäre dann: Die Schülerinnen und Schüler können sachkompetent mit ausgewählten Sequenzen der Reihe »Türkisch für Anfänger« umgehen, d.h. im vermittelten Islam-Bild Ernsthaftes, aber ebenso Klischees und Vorurteile erkennen. Sie können beurteilen, wie weit die Fernsehreihe zu einer Verständigung über Religionsgrenzen hinweg beitragen kann. Im Unterrichtsgang sind dazu durchaus ähnliche Inhalte zu erarbeiten wie in einer herkömmlichen Einheit »Islam«. Schülerinnen und Schüler können aber methodische Kompetenzen ausbauen, weil der Arbeitsprozess miteinander geplant und immer wieder reflektiert wird. Sie erfahren zudem unmittelbar die Erweiterung ihrer Fachkompetenzen, wenn sie Wissen anzuwenden haben, u.a. indem sie auf der Basis der erarbeiteten Sachkenntnis Kritiken verfassen, indem sie sich mit der im Internet abzurufenden Wirkungsgeschichte der Serie oder mit der umfangreichen Stellungnahme der Hauptdarstellerin Pegah Ferydoni kreativ auseinandersetzen müssen. Schülerinnen und Schüler lernen so exemplarisch, im Rahmen religiöser Fragestellung ein Problem angemessen zu lösen.

Literatur

Erpenbeck, John, Die Kompetenzbiographie. Strategien der Kompetenzentwicklung durch selbstorganisiertes Lernen und multimediale Kommunikation, Münster u.a. ²2007.

Feindt, Andreas, Kompetenzorientierter Unterricht – wie geht das? Didaktische Herausforderungen im Zentrum der Lehrerarbeit, in: Friedrich Jahreshefte XXVIII, 2010, S. 85–89.

Feindt, Andreas/Elsenbast, Volker/Schreiner, Peter/Schöll, Albrecht (Hg.), Kompetenzorientierung im Religionsunterricht. Befunde und Perspektiven, Münster u.a. 2009.

Grell, Jochen/Grell, Monika, Unterrichtsrezepte, Weinheim/Basel ¹¹1996.

Keymer, Stefan/Obst, Gabriele, Für alle, die sich nichts vormachen lassen wollen ... Ein Unterrichtsvorhaben zum fundamentalistischen Atheismus aus theologischer und philosophischer Perspektive: entwurf 1/2010, S. 45–49.

Leisen, Josef, Die Kompetenzorientierung – die doppelte Aufgabe der Ausbildung, in: Seminar 1/2010, S. 40–57.

Obst, Gabriele, Kompetenzorientiertes Lehren und Lernen im Religionsunterricht, Göttingen 2008.

Georg Gnandt

Selbstorganisiertes Lernen

Das selbstorganisierte Lernen stellt ein zentrales Paradigma des Wandels der Lernkultur dar. Wie, wo, wann und oft auch was und wozu gelernt wird, entscheiden die Lernenden selbst. Mit dem Begriff »selbstorganisiertes Lernen« werden demnach Lernformen bezeichnet, die den Lernenden gegenüber traditionellen Unterrichtsverfahren ein erhöhtes Maß an Selbstbestimmung einräumen. Bestand bisher eine der Hauptaufgaben der Lehrenden darin, Wissen didaktisch aufzuarbeiten und zu vermitteln, so besteht bei selbstorganisierten Lernprozessen die Aufgabe hauptsächlich darin, Lernsituationen zu schaffen und die Lernprozesse zu begleiten sowie zu evaluieren.

Grundlegung

Überlegungen zu selbstorganisiertem Lernen sind deutlich älter als der u.a. durch den PISA-Schock beschriebene Wandel der Lernkulturen. Die Konzeption weist weit zurück ins 19. Jahrhundert, in dem bereits die Pädagogen Johann Heinrich Pestalozzi (1746–1827) und Adolf Diesterweg (1790–1866) die Selbsttätigkeit von Schülerinnen und Schülern als pädagogischen Grundsatz forderten. Für Diesterweg galt dabei als oberstes Ziel die Heranbildung eines mündigen und kritischen Staatsbürgers, was ihn im Übrigen in Konflikte mit der damaligen staatlichen Obrigkeit brachte und seine Entfernung aus dem Staatsdienst zur Folge hatte. Sein Grundsatz lautete: »Was der Schüler nicht selbst erarbeitet und erwirkt, das ist er nicht und das hat er nicht!«
Ähnliches formulierte zu Beginn des 20. Jahrhunderts auch der amerikanische Pädagoge und Philosoph John Dewey (1859–1952). Seine Grundthese lautete, dass ein Gramm Erfahrung besser sei als eine Tonne Theorie. Auch in dem Grundsatz der italienischen Ärztin und Pädagogin Maria Montessori (1870–1952) »Hilf mir, es selbst zu tun« steckt die Forderung nach Selbsttätigkeit beim Lernen. Die pädagogischen Leitlinien der Montessori-Pädagogik verlangen, die Schülerinnen und Schüler in ihrer Persönlichkeit zu achten und als ganze, vollwertige Menschen zu sehen, ihren Willen entwickeln zu helfen, indem man Raum für freie Entscheidungen gibt; ihnen zu helfen, selbstständig zu denken und zu handeln, ihnen Gelegenheit zu bieten, den eigenen Lernbedürfnissen zu folgen. Die Aufgabe der Lehrkräfte besteht vornehmlich darin,

zu helfen, Schwierigkeiten zu überwinden, statt ihnen auszuweichen. Kernstück der reformpädagogischen Bildung Montessoris ist die Freiarbeit. Die Schülerinnen und Schüler wählen nach eigener Entscheidung, womit sie sich beschäftigen. Entscheidend ist das Material, das schülergerecht aufgearbeitet und dargeboten werden muss.

Ähnliche Vorstellungen stehen hinter dem Begriff des »self-directed learning«, den der amerikanische Bildungstheoretiker Malcom Knowles (1913–1997) prägte. Darunter versteht er einen Lernprozess, bei dem die lernenden Individuen selbst die Initiative ergreifen, ihre eigenen Lernbedürfnisse diagnostizieren, ihre Lernziele formulieren, Ressourcen organisieren, passende Lernstrategien auswählen und ihren Lernprozess selbst evaluieren. »Nur was in tätiger Weise erarbeitet wurde, ist auch begriffen«, so sein Lehrsatz.

Seit der PISA-Studie wurde auch in Deutschland offensichtlich, dass Schülerinnen und Schüler zwar kein Wissens-, aber ein Können-Defizit haben. Seitdem wachsen die Forderungen, dass Schülerinnen und Schüler angehalten werden müssen, Fachwissen auch anzuwenden und problemorientiert zu durchdenken und weiterzuverarbeiten. Kompetenzorientierung lautet die Forderung der Bildungspläne. Darunter werden kognitive Fähigkeiten und Fertigkeiten zur Lösung bestimmter Probleme verstanden sowie die damit verbundene Bereitschaft und Fähigkeit, diese Problemlösungen in variablen Situationen erfolgreich und verantwortungsvoll nutzen zu können. Für das konkrete Erlernen von Kompetenzen gilt selbstorganisiertes und eigenverantwortliches Arbeiten und Lernen als Grundvoraussetzung.

Eine einheitliche, allgemein akzeptierte Begriffsverwendung für selbstorganisierte Lernkonzepte existiert allerdings nicht. Das Konzept speist sich aus verschiedenen pädagogischen, lern- und sozialpsychologischen sowie didaktischen Quellen. So existieren auch zahlreiche synonym verwandte Begriffe, die oft verschwimmen, wie selbst gesteuertes, selbstbestimmtes oder selbst reguliertes Lernen. Die Bezeichnungen für die konkreten Modelle der Umsetzung solchen Unterrichts variieren ebenso zwischen »Arbeitsunterricht«, »Schülerunterricht«, »selbstorganisiertes Lernen« (= SOL), »self-organization« (= SELF), »eigenverantwortliches Arbeiten« (= EVA), »Projektmanagement« u.v.m. Auch sind viele Formen des »offenen Unterrichts« selbstorganisierten Lernprozessen unterworfen (vgl. Bohl/Kucharz 2010).

Zudem wird selbstorganisiertes Lernen oft fremdorganisiertem Lernen gegenübergestellt und bisweilen dabei als das »bessere Lernen« charakterisiert. Im Sinne einer integrativen Didaktik ist es jedoch von entscheidender Bedeutung, nicht die beiden Lernformen gegeneinander auszuspielen, sondern zu überlegen, wie selbst- und fremdorganisiertes Lernen einander zugeordnet werden können. Beide Lernformen haben ihre jeweilige Berechtigung und sollten als einander ergänzende Lehr- und Lernstrategien verstanden werden, z.B. dadurch, dass fremdorganisierte Lernsituationen durch gezieltes Methodentraining mehr und mehr zum selbstorganisierten Lernen hinführen.

==Das Leitziel selbstorganisierten Lernens ist es also, Schülerinnen und Schüler zur Selbsttätigkeit zu ermutigen und zu befähigen, d.h. Verantwortung für den Lernprozess zu übernehmen.== Dabei liegt die Vorstellung zugrunde, dass sich Bildung (auch) durch Selbstbildung vollzieht, als aktiver Prozess der Aneignung und Ausübung von Wissen und Können. Im Mittelpunkt steht daher stets der fachlich und überfachlich qualifizierte Lernende, der zu Handlungskompetenz angeleitet werden soll.

Da selbstorganisiertes Lernen ein ungewohntes und zudem sehr komplexes Geschehen ist, bedarf es der unterstützenden Hilfe der Lehrkräfte als »professionelle Lernbegleiter«. Die Gesamtverantwortung des Lerngeschehens liegt sogar in besonderer Weise in den Händen der Lehrkräfte. Die Person der Lehrerin bzw. des Lehrers tritt jedoch so weit wie möglich in den Hintergrund und bereitet lediglich die Lernarrangements vor, die den Schülerinnen und Schülern die Selbstorganisation ermöglichen. Solche Lernarrangements werden einerseits methodische Verfahren beinhalten, die die eigenständige Bearbeitung von Aufgaben ermöglichen. Zugleich aber werden es inhaltliche Impulse sein, die die Schülerinnen und Schüler befähigen, an komplexe Sachgebiete eigenständig heranzugehen. Dies kann durch Bereitstellen geeigneter Lernmaterialien geschehen, in der Beratung bei der Auswahl von Materialien oder bei auftauchenden Widersprüchen, durch die Vermittlung geeigneter Expertenhilfe oder den Hinweis auf vorhandene Lernmedien bis hin zur Hilfe bei Gliederung und Strukturierung u.v.m.

In der Praxis wird die Rolle der Lehrkraft häufig auch darauf hinauslaufen, fehlende Belege oder Begründungen einzufordern, dazu anzuleiten, über die rein deskriptive Ebene hinauszugehen, und zu kritischen Stellungnahmen zu ermutigen. Auch auf den Zusammenhang zwischen dem ursprünglichen Thema und dem aktuellen Stand der Arbeit muss immer wieder aufmerksam gemacht werden und gegebenenfalls zu Korrekturen bzw. zur Veränderung der Lernstrategie aufgefordert werden. Dabei wird es nicht immer leichtfallen, die Balance zwischen Selbstregulierung und Fremdkorrektur zu bewahren. Vieles, was ursprünglich als selbstreguliertes Lernen angedacht war, entwickelt sich in der Realität oft mehr und mehr zu instruiertem Lernen. Umgekehrt droht jedoch auch die Gefahr der Überforderung bei zu ungenauen und offenen Lernprozessen.

Zur Gesamtverantwortung der Lehrerinnen und Lehrer bei selbstorganisierten Lernprozessen gehört schließlich auch die Leistungsbewertung. Sie dient dabei zum einen der Rückmeldung und Würdigung der Leistung der Schülerinnen und Schüler (»Feedback«). Zum anderen dient sie der weiteren Lernentwicklung und soll motivieren. Sie muss dabei fachliche und überfachliche Kompetenzen erfassen.

Selbstorganisiertes Lernen ermöglicht die Förderung und Stärkung der Schülerinnen und Schüler in einem unfassenden Sinn und ist damit kein Spezifikum des Religionsunterrichtes. Ebenso ist selbstorganisiertes Lernen ungeeignet als einmalige methodische Abwechslung, sondern entfaltet seine Wirkung erst durch dauerhafte, langfristige Anwendung. Deswegen gilt es, zusammen mit anderen Fächern in der schulinternen Bildungsplangestaltung, z.B. in Form eines Methodencurriculums, fächerübergreifend selbstorganisierte Lernprozesse zu verankern.

Methodische Vorgehensweise

Selbstorganisiertes Lernen stellt hohe Anforderungen an die Lernenden. Grundvoraussetzung ist ein Bewusstsein der eigenen (Lebens- und) Lernziele sowie die Bereitschaft, sich dem Lernen offen zu stellen. Ein bewusstes Akzeptieren der eigenen Verantwortung gehört ebenso dazu wie Kreativität und Problemlösefähigkeit, Motivation, Konzentration und Arbeitsdisziplin. Methodisch sind Strategien der Informationsrecherche, -aufnahme und -verarbeitung notwendig. Individuelle Lerntätigkeit verlangt einen systematischen Aufbau von Methoden- und Lernkompetenzen. Die folgenden Fragen bzw. Aspekte können bei selbstorganisierten Lernprozessen als Leitfaden für die konkrete Vorgehensweise herangezogen werden. Sie verstehen sich dabei als Kreislauf, der immer wieder von vorne anfangen kann:

1. Zielformulierung: Was will ich generell erreichen? Gibt es dabei Teilziele, und wenn ja, welche?
2. Motivation: Warum möchte ich das Ziel erreichen?
3. Zeitbedarf: Wie viel Zeit habe ich, um das Ziel zu erreichen? Welche Freiräume kann ich mir dabei schaffen? Bis wann will ich welches Teilziel erreicht haben (Zeitplan erstellen)?
4. Vorwissen: Was weiß ich schon zu dem Thema? Woran kann ich anknüpfen?
5. Methoden/Lernstrategien: Wie will ich das Ziel erreichen? Welche metho-

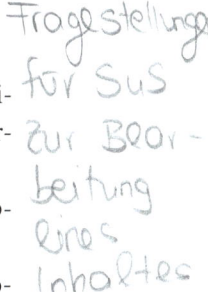

dischen Fähigkeiten besitze ich? Welche Medien gibt es zu meinem Thema? Mit welchen Medien will ich arbeiten?
6. Lernhilfen: Wer kann mir bei der Erarbeitung helfen? Wer kann mir Hinweise auf weitere Informationen geben? Mit wem will ich zusammenarbeiten?
7. Kontrolle: Wie kann ich feststellen, ob ich meine Ziele erreicht habe? Was habe ich aus dem Ergebnis gelernt? Wem zeige ich mein Ergebnis? Was wird mit dem Ergebnis gemacht?
8. Weiteres Vorgehen: Was kann ich beim nächsten Mal anders, vielleicht besser machen?

Formen selbstorganisierten Lernens

Als Formen selbstorganisierten Lernens bieten sich zahlreiche Möglichkeiten an. Gruppenpuzzle, Stationenlernen, Formen der Projektarbeit oder Freiarbeit, Referate, Rollen- und Planspiele oder Lernen durch Lehren sind beispielsweise zu nennen. Einige Formen sollen im Folgenden ausführlicher vorgestellt werden.

Advance Organizer

Unter Advance Organizer versteht man einen kurzen Überblick über Struktur, Zusammenhänge und verschiedene Aspekte eines Themas. Der Advance Organizer versucht durch eine allgemeine gedankliche Struktur (»organizer«) das Lernen zu fördern (»advance«). Advance Organizer werden als vorbereitende Organisationshilfe für selbstorganisierte Lernprozesse eingesetzt, denen keine lineare Abfolge zu eigen ist. Sie können zu Beginn helfen, einen Überblick über die Themenbreite zu erhalten und Vorwissen in schon vorhandene Strukturen einzuordnen, ohne jedoch bereits notwendige Lernprozesse vorwegzunehmen. Dazu stellt der Advance Organizer als Art »Lernlandkarte« in abstrakter Form durch Visualisierungen, Bilder, Begriffe, Strukturen usw. wesentliche Aspekte auf einem Blatt übersichtlich dar. Oft steht dabei eine offen gestaltete Problemfrage im Zentrum, um die sich mögliche Schritte (Methoden und Inhalte) der Problemlösung gruppieren. Als Gedankengerüst und Orientierungshilfe hilft der Advance Organizer während der Themenbearbeitung, die neuen Erkenntnisse und Detailinformationen sinnvoll einzufügen und zu verbinden. So gesehen ist der Advance Organizer weder eine bloße Zusammenfassung noch ein Inhaltsverzeichnis, sondern eine dem selbstorganisierten Lernprozess vorausgehende, Impulse setzende und begleitende Lernhilfe. Sein didaktischer Einsatz ist darin begründet, dass er den Lernprozess vorab transparenter erscheinen lässt und dadurch das Interesse der Schülerinnen und Schüler wecken möchte. Zudem lässt er die Relevanz eines Themas von Anfang an erkennen, bietet durch den Aufweis von Teilthemen interessenfundierte Auswahlmöglichkeiten an, verbessert die Orientierung über den Lernprozess und begünstigt durch den Fokus auf den Gesamtzusammenhang den nachhaltigen Lernerfolg.

Arbeitsunterricht mit Lernaufgaben
Hierbei bearbeiten die Schülerinnen und Schüler individuell oder in kleinen Gruppen Lernaufgaben, die meist schriftlich formuliert sind und nach Möglichkeit mehrere Aspekte integrieren, um Kenntnisse und Fertigkeiten zu üben und anzuwenden. Die Lernaufgaben dürfen sich dabei nicht auf rein reproduktive Tätigkeiten beschränken und nicht als vorgefertigte Aufträge die Selbstständigkeit unterbinden, sondern sollten vielmehr eine herausfordernde, komplexe Problemlage beinhalten, die auf die Erfahrungs- und Vorstellungswelt der Schülerinnen und Schüler bezogen ist. Sie sind so gestellt, dass die Schülerinnen und Schüler die Aufgaben möglichst eigenständig erarbeiten können und eine Binnendifferenzierung möglich ist, d.h. auch Schülerinnen und Schüler unterschiedlicher Leistungsniveaus die Aufgaben bearbeiten können. Ferner sollten bei ihrer Bearbeitung fachspezifische Kompetenzen erworben bzw. eingeübt werden. Besondere Funktion kommt schließlich auch der abschließenden Kontrolle und Beurteilung zu, die für die Schülerinnen und Schüler deutlich machen muss, ob sie bei der Bearbeitung erfolgreich gewesen sind. Wichtig ist, dass zu Beginn der Prozess transparent gemacht wird. Folgende Phasen sind dabei zu bedenken:
1. Vorphase bzw. Vorstellung der Aufgabe: Die gesamte Aufgabe und die mit ihr verbundenen (inhaltlichen, aber auch raum-zeitlichen) Bedingungen werden vorgestellt und die Möglichkeit zu Rückfragen wird gegeben.
2. Vorbereitungsphase: Die Schülerinnen und Schüler vergewissern sich ihres Vorwissens und überlegen Strategien zur Lösung der Aufgabe, wobei die Lehrkraft beratend und unterstützend herangezogen werden kann.
3. Erarbeitungsphase: Die Schülerinnen und Schüler beschaffen sich die zur Lösung notwendigen Kenntnisse und setzen sie methodisch reflektiert um, wobei Zurückhaltung seitens der Lehrkraft angebracht ist, um die eigenständigen Ideen nicht aufgrund eines Erfahrungsvorsprungs zu unterbinden.

4. Vertiefungsphase: Die Schülerinnen und Schüler überprüfen kritisch ihre bisherige Vorgehensweise und ergänzen bzw. verändern gegebenenfalls ihr Vorgehen, wobei jetzt die Lehrkraft mit Ergänzungen und Anregungen unterstützen kann.
5. Sicherungsphase: Die Schülerinnen und Schüler sichern das Erarbeitete (gegebenenfalls durch Präsentationen oder Übungsformen), wobei die Lehrkraft ein wie auch immer geartetes Feedback (nicht unbedingt durch Noten) geben sollte, das kritisch rückmeldet, was gelungen ist und was weniger.

Als besonders geeignet erweisen sich zum einen Aufgaben mit komplexen Entscheidungsfällen, bei denen zunächst gemeinsam inhaltliche Grundlagen erarbeitet werden, um daran anschließend unter Berücksichtigung verschiedener Kriterien Beurteilungen zu treffen. Zum anderen sind produktorientierte Aufgaben geeignet, bei denen verschiedene Entscheidungen (inhaltlich, aber auch methodisch) zu überprüfen sind. Arbeitsunterricht mit Lernaufgaben eignet sich sowohl für Einzel- bzw. Doppelstunden wie auch für längerfristigen Projektunterricht.

Schülerunterricht
Im Gegensatz zum konventionellen Unterricht, in dem Schülerinnen und Schüler als Rezipienten den von der Lehrkraft vermittelten Stoff bearbeiten, werden im Schülerunterricht die Lernenden herausgefordert, selbstständig zu bestimmen, wie und was erarbeitet wird. Durch die Selbstbestimmung sollen neben der Zielbestimmung auch angemessene Techniken und Strategien zur Problemlösung entwickelt werden. Dabei wird von einer motivationalen Verstärkung der Lernbereitschaft ausgegangen. Schülerunterricht kann sich dabei an folgenden Stufen orientieren:
1. Analyse der Aufgabe bzw. Problemstellung: Die Frage lautet, was geleistet werden soll, welche Herausforderungen anstehen und welche Voraussetzungen vorhanden sind. Aus früheren Lernprozessen ist das Vorwissen zu aktivieren und als Problembewusstsein nutzbar zu machen. Ebenso ist es notwendig, dass die Schülerinnen und Schüler sich selbst einschätzen können (Was ist realistisch leistbar?).
2. Entwicklung von Lernstrategien: Die Frage lautet hier, wie vorgegangen werden soll, um zur Erreichung der Problemlösung zu gelangen. Auch hier kann in der Regel auf ein Repertoire bereits bekannter Vorgehensweisen zurückgegriffen werden, die ggf. aber weiterentwickelt bzw. angepasst werden den müssen (Stichwort »Methodenprogression«).

3. Kritische Reflexion des Lernprozesses: Die Frage lautet jetzt, ob Zielsetzung und Methode übereinstimmen. Mit Blick auf die Zielsetzung wird die Vorgehensweise kritisch reflektiert und bei auftauchenden Abweichungen bzw. Schwierigkeiten entsprechend angepasst.
4. Präsentation des Ergebnisses: Die Frage lautet, wie die erarbeiteten Ergebnisse präsentiert, d.h. anderen zugänglich gemacht werden können. Inwieweit eine Präsentation der Ergebnisse zum Schülerunterricht zwingend dazugehört, ist von Fall zu Fall neu zu entscheiden. In der Regel ist es aber befriedigender, einen Lernprozess durch eine Präsentation abzuschließen und dabei ein wie auch immer geartetes Feedback zu erhalten.

Gleichwertige Feststellung von Schülerleistungen (GFS)

Seit der Einführung des Bildungsplanes 2004 gibt es an baden-württembergischen Gymnasien eine neue Form der Leistungsbewertung, die sogenannte »Gleichwertige Feststellung von Schülerleistungen« (GFS). Der Begriff erklärt sich dadurch, dass die Benotung der GFS mit der traditionellen Form der Leistungserhebung, der schriftlichen Klausur, gleichwertig ist, d.h. eine GFS hat bei der Benotung den Stellenwert einer Klassenarbeit bzw. Klausur und wird zum schriftlichen Teil der Gesamtnote gezählt. Bei der Berechnung der Endnote wird sie als zusätzliche Klassenarbeit gewertet. Daraus leiten sich auch die Anforderungen ab. Der Arbeitsaufwand für eine GFS sollte dem der Vorbereitung auf eine Klausur entsprechen. Die Dauer und Form der GFS kann variieren und ist grundsätzlich nicht definiert. Oft wird sie als – medienunterstütztes – Referat von ca. 15–20 Minuten erbracht, dem sich ein Prüfungsgespräch (»Kolloquium«) anschließt. Sie kann aber auch als schriftliche Hausarbeit erfolgen, als Durchführung einer Unterrichtsstunde oder einer Exkursion u.v.a.m. Im Fach Religionslehre werden gelegentlich auch die Planung, Organisation und Durchführung von Schülergottesdiensten als GFS durchgeführt. In den Klassenstufen 7–10 müssen eine GFS pro Schuljahr in einem beliebigen Fach gehalten werden, in der Kursstufe insgesamt drei in jeweils verschiedenen Fächern. Um sich vor Plagiaten aus dem Internet oder anderen Täuschungsversuchen zu schützen, empfiehlt es sich, eine Eigenständigkeitserklärung zu verlangen. Die Benotung erfolgt durch die Fachlehrkraft, meist später in einer Nachbesprechung. Unbedingt sinnvoll ist es, in dieser Nachbesprechung neben der Benotung auch eine Lernberatung einzubauen. Folgendes Schema kann dazu herangezogen werden:

Sehr gut war ...	Gut war ...	Befriedigend war ...	Nicht gelungen war ...

Verbesserungsideen:

Entscheidend bei der Durchführung der GFS ist die Transparenz der Anforderungen, vor allem in Bezug auf die Leistungsbewertung und die inhaltlichen sowie zeitlichen Vorstellungen. Wenn hier nicht klar im Voraus definiert wird, was verlangt wird, ist der Unmut bei Lehrenden und Lernenden vorprogrammiert. Damit verbunden ist eine gezielte Vorbereitung der Schülerinnen und Schüler, die durch eine spezielle Zuständigkeit innerhalb der Klasse erfolgen kann. Auch ist es wichtig, dass der Aufwand hierfür die Vorbereitung auf eine Klassenarbeit nicht unverhältnismäßig überschreitet.

Die GFS fördert konkret die Fähigkeit, Inhalte in einem vorgegebenen Rahmen erarbeiten und präsentieren zu können. Zudem dient sie dem individualisierten Lernen, denn sie ermöglicht Schülerinnen und Schülern, interessengesteuert durch die Auswahl eines Themas das Unterrichtsgeschehen mitgestalten zu können. So besteht bereits die Auswahl eines Themas darin, aus einem in der Regel zunächst recht offenen Themenfeld durch Strukturierung eine Spezifizierung und die Relevanz des Themas aufzuzeigen. Des Weiteren verlangt die GFS eine mediale Unterstützung, d.h. durch die GFS wird die Medienkompetenz gefördert. Generell kann gesagt werden, dass die GFS auf Studium und Beruf vorbereitet.

Seminarkurs

Ziel des Seminarkurses ist Wissenschaftspropädeutik, d.h. das selbstständige wissenschaftliche Arbeiten soll erlernt und ausprobiert werden. Dazu wird eine fächerübergreifende, oft auch projektorientierte Seminararbeit als Jahresarbeit angefertigt, die in den meisten Fällen die Form einer schriftlichen Hausarbeit von ca. 15–20 Seiten umfasst. Die Jahresarbeit muss sich jedoch nicht auf Schriftliches beschränken; wie auch im Seminarkurs selbst sind unterschiedliche Formen und Medien möglich, z.B. auch Videos, künstlerische Gestaltungen, Plakate u.v.m. Voraussetzung ist, dass die Seminararbeit an wissenschaftlichen Ansprüchen orientiert ist. Zusätzlich zur Seminararbeit präsentieren die Schülerinnen und Schüler analog zur mündlichen Präsentationsprüfung ihre Ergebnisse einer aus drei Lehrkräften bestehenden Prüfungskommission, von denen ein Mitglied der Schulleitung angehört bzw. von dieser zum Vorsitz, der die grundsätzlichen Ansprüche kontrolliert, bestimmt wird, und stellen sich in einem anschließenden Kolloquium den Fragen der Kommission.

Die konkreten Arbeitsweisen im Seminarkurs wechseln meistens zwischen Fremdorganisation und Selbstorganisation. Eher input-orientierte thematische Blöcke, bei denen die Lehrkräfte Spezifika des Themas beleuchten, wechseln sich mit Phasen ab, in denen die Schülerinnen und Schüler selbstständig an ihren Themen arbeiten. Zudem wird die Präsentation der Arbeit eingeübt. Folgendes Schema, bei dem es zeitliche Überschneidungen gibt, kann Orientierung bieten:

1. Phase (bis Herbstferien): Annäherung an das Themenfeld – Recherchemethoden (Internet, Bibliothek, Archiv, Sonstige) – Themenfindung (Moderationsmethode)
2. Phase (bis Faschingsferien): Selbstständiges Arbeiten an einem selbst gewählten Thema – Einübung in wissenschaftliches Arbeiten/Formalia einer Seminararbeit – Zwischenbericht
3. Phase (ab Weihnachten bis Osterferien): Einübung von Präsentationstechniken – Überdenken und Konkretisierung der Themenwahl – Weiterführen der schriftlichen Seminararbeit
4. Phase (bis Pfingstferien): Ausarbeitung und Abschluss der Seminararbeit – Vorbereitung einer Präsentation
5. Phase (bis Sommerferien): Abgabe der schriftlichen Seminararbeit – Kolloquium – Gemeinschaftspräsentation in der Schule

Der Seminarkurs ist grundsätzlich fächerübergreifend angelegt, d.h. die beteiligten Lehrkräfte bringen alle ihre Fächer mit ein. Für Lehrkräfte mit Religionslehre bietet sich einerseits ein eher geistes- und gesellschaftswissenschaftliches Thema an, bei dem Religion die kirchen- und kulturgeschichtliche Seite abdeckt und zugleich aber auch die Relevanz des Themas für die zukünftige Gesellschaft reflektieren kann. Ebenso bietet sich eine Zusammenarbeit mit naturwissenschaftlichen Fächern an, wobei hier Religion die ethischen Aspekte moderner

Wissenschaft kritisch beleuchten wird. Letztlich sind den Möglichkeiten der Zusammenarbeit mit anderen Fächern aber keine Grenzen gesetzt.

Wettbewerbe

Nachdem die Regelungen für die Abiturprüfung die Möglichkeit eröffnen, im Rahmen einer »besonderen Lernleistung« an außerschulischen Wettbewerben teilzunehmen und die dabei entstehenden Arbeiten in die Abiturwertung anstelle der mündlichen Präsentationsprüfung einzubringen, gibt es zahlreiche Angebote zu Wettbewerben. Auch von den vier Kirchen in Baden-Württemberg wird ein Wettbewerb zum Themenbereich »Christentum und Kultur« angeboten. Die Teilnahme am Wettbewerb ermöglicht Schülerinnen und Schülern auf zweifache Weise – schulextern und schulintern – von ihrer Arbeit zu profitieren. Zum einen können sie schulextern ein Preisgeld gewinnen. Darüber entscheidet eine unabhängige Jury. Zum anderen ist der Wettbewerb anerkannt als »von den Ländern oder vom Bund geförderter oder veranstalteter Wettbewerb« und kann daher unter Beachtung der hierzu geltenden Bedingungen als »besondere Lernleistung« in die Abiturprüfung eingebracht werden. Für die Teilnahme am Wettbewerb melden sich die Schülerinnen und Schüler mit ihrem Vorhaben beim Religionspädagogischen Institut Karlsruhe an. Die Themenauswahl ist dem bewusst sehr weit gefassten Grundthema des Wettbewerbs »Christentum und Kultur« zuzuordnen. Zur Orientierung werden fünf Themenfelder vorgestellt, und zwar:
› Christliche Motive in Kunst, Musik, Literatur, Medien und Jugendkultur
› Christliches Handeln in Wissenschaft, Wirtschaft, Politik, sozialem Leben
› Kirchliches Leben und Handeln als kulturprägender Faktor in Vergangenheit und Gegenwart in der Region
› Die künftige Rolle des Christentums in einer religiös pluralen Kultur
› Der Zusammenhang von Religion und Kultur

Des Weiteren werden jedes Jahr drei wechselnde, oft aktuellen Bedürfnissen angepasste Themen vorgeschlagen. Aber auch darüber hinausgehende Themen sind möglich, soweit eine Zuordnung zum Kontext »Christentum und Kultur« spürbar wird. Die betreuende Lehrkraft überprüft, ob die für die »besondere Lernleistung« geltenden Kriterien bestehen und eingehalten werden können. Diese sind im »Leitfaden Abitur Baden-Württemberg« folgendermaßen definiert:

- oberstufen- und abiturgerechtes Niveau,
- studienvorbereitende Arbeitsweisen,
- fachübergreifende Ansätze,
- schriftliche Dokumentation,
- zeitlicher Aufwand und methodische Ansätze in etwa dem Seminarkurs entsprechend,
- Präsentation im Rahmen eines Kolloquiums,
- bei Teamarbeiten Bewertung der individuellen Schülerleistung.

Wenn diese Kriterien erfüllt sind, erlaubt die betreuende Lehrkraft – sinnvoll ist in Absprache mit der Schulleitung und den Oberstufenberatern – die Anerkennung als »besondere Lernleistung« innerhalb der Abiturprüfung.

Für Lehrkräfte bedeutet die Betreuung von Wettbewerbsarbeiten konkret die Bereitschaft, sich in etwa 4–8 Wochenabständen mit den teilnehmenden Schülerinnen und Schülern zu kurzen Besprechungen zu treffen, bei denen diese Einblick in den Stand ihrer Arbeiten geben, Gliederungsentwürfe und Zwischenberichte vorlegen und vonseiten der betreuenden Lehrkraft beratende Hinweise zur weiteren Vorgehensweise erhalten. Ebenso können bei den Beratungsgesprächen methodische Hinweise, z.B. auf die formelle Erstellung von Seminararbeiten mit Fußnoten, Literaturverzeichnis etc., gegeben werden. Solche Hinweise werden auch vom Wettbewerbsveranstalter zentral allen angemeldeten Schülerinnen und Schülern zugeschickt. Außerdem gibt es ein – freiwilliges – Teilnehmerwochenende, bei dem ebenfalls beratende Gespräche geführt werden.

Nach Abgabe der Arbeit wird – vergleichbar dem Seminarkurs – schulintern die schriftliche Arbeit benotet und ergänzend dazu eine Präsentationsprüfung mit Kolloquium durchgeführt, in dem zunächst die Arbeit bzw. Teile derselben mediengestützt durch die Schülerinnen und Schüler präsentiert werden. Direkt anschließend werden in einem Prüfungsgespräch nochmals wesentliche Aspekte der Präsentation reflektiert. Bei diesem Prüfungsgespräch sind analog zur mündlichen Abiturprüfung und dem Seminarkurs drei Lehrkräfte anwesend: die betreuende Lehrkraft, die das Prüfungsgespräch leitet, ein Mitglied der Schulleitung oder eine von der Schulleitung beauftragte Lehrkraft, die den Vorsitz einnimmt, und eine protokollierende Lehrkraft. Die Gesamtnote kann dann in die Abiturprüfung als »besondere Lernleistung« anstelle der mündlichen Prüfung (sogenannte »Präsentationsprüfung«) eingebracht werden. Auf die Vergabe der Preise durch eine unabhängige Jury hat die schulinterne Notengebung keinen Einfluss.

Literatur

Bohl, Thorsten/Kucharz, Diemut, Offener Unterricht heute. Konzeptionelle Weiterentwicklung, Weinheim 2010.

Dubs, Rolf, Lehrerverhalten. Ein Beitrag zur Interaktion von Lehrenden und Lernenden im Unterricht, Stuttgart ²2009.

Herold, Martin/Landherr, Birgit, Selbst organisiertes Lernen (SOL). Ein systematischer Ansatz für Unterricht, hg. vom Ministerium für Kultus, Jugend und Sport, Baden-Württemberg 2003 (als Download unter: http://lehrerfortbildung-bw.de/unterricht/sol/08_download/sol.pdf, 15.12.2010).

Herold, Martin/Herold, Cindy, Selbst organisiertes Lernen in Schule und Beruf. Gestaltung wirksamer und nachhaltiger Lernumgebungen, Weinheim 2010.

Klippert, Heinz, Eigenverantwortliches Arbeiten und Lernen: Bausteine für den Fachunterricht, Weinheim und Basel 2001.

Obst, Gabriele, Kompetenzorientiertes Lehren und Lernen im Religionsunterricht, Göttingen 2008.

Das systemische Unterrichtskonzept SOL, unter: http://lehrerfortbildung-bw.de/unterricht/sol/index.html (15.12.2010).

Stefan Schipperges

Kultur der Wertschätzung

Ein kompetenzorientierter Unterricht – so viel ist deutlich geworden – ist in erster Linie bestimmt durch eine Lernkultur, die Schülerinnen und Schüler als Subjekte des Lernens ernst nimmt und ihnen Räume und Möglichkeiten eröffnet, auf eigenen Wegen Kompetenzen zu erwerben und diese zu entfalten. Eine solche Lernkultur ist zugleich geprägt durch eine Beziehungskultur, in der Lehrende und Lernende wertschätzend miteinander umgehen. Das gilt auch in Bezug auf Evaluation und Leistungsbewertung. Sachlich gesehen folgen die beiden Anliegen unterschiedlichen Absichten. Während Evaluation primär systemisch ausgerichtet ist, zielt Leistungsbewertung auf die individuelle Kompetenz der Schülerinnen und Schüler. Aus diesem Grund müssen die beiden Anliegen klar und deutlich voneinander getrennt werden. Im Konzept eines kompetenzorientierten Unterrichts hängen sie jedoch eng miteinander zusammen. Ohne eine Kultur der Wertschätzung wären Evaluation und Leistungsmessung im schulischen Kontext ihrer pädagogischen Dimension beraubt. Damit wären sie reduziert auf lediglich technokratische Verfahren, die dem pädagogischen Anliegen der Schule diametral entgegenstünden. Das aber wäre fatal. Vermutlich wird die vielfach zu beobachtende Skepsis sowohl gegenüber der Notengebung als auch gegenüber den unterschiedlichen Evaluationsverfahren hierin begründet sein. Wer möchte schon in einer Schule zu Hause sein, in der Menschen und deren Kompetenzen und Leistungen reduziert werden auf Ziffern und Verrechnungspunkte? Deswegen ist es umso wichtiger, auch in Bezug auf Evaluation und Leistungsbewertung eine **Kultur der Wertschätzung zu entfalten und zu pflegen**. Wie das aussehen kann, soll im Folgenden dargestellt werden.

Evaluation

Evaluationsverfahren stellen ein konstitutives Element des Konzeptes der Bildungsstandards dar. Oder, um es noch deutlicher zu formulieren: Bildungsstandards machen nur dann Sinn, wenn sie in Evaluationsverfahren eingebunden sind. Die in Aussicht gestellten Vorzüge dieses Konzeptes bestehen ja gerade darin, dass nachgewiesen werden kann, dass Schülerinnen und Schüler tatsächlich Kompetenzen erworben haben. Im Fokus der Aufmerksamkeit stehen dabei aber nicht die Schülerinnen und Schüler als Individuen mit ihren persönlichen Leistungen. Vielmehr bezieht sich Evaluation stets auf die Systeme Schule oder Unterricht. Gefragt wird danach, was diese Systeme Schule bzw. Unterricht leisten, damit Schülerinnen und Schüler Kompetenzen erwerben können.

Evaluation im schulischen Kontext meint zunächst einmal die Organisation und Durchführung solcher Verfahren, mit denen Lernzuwächse festgestellt werden können. Genauerhin wird danach gefragt, welche Veränderungen sich am Ende eines Lernprozesses im Vergleich zum zuvor erhobenen Status quo des Ausgangspunktes eingestellt haben. Dies geschieht mit der Zielsetzung der Qualitätsentwicklung von Schule und Unterricht. Im Blick auf die Unterrichtspraxis meint Evaluation in erster Linie wertschätzende Wahrnehmung und unterstützende Hilfestellung. Sie ist eher im Bereich der Beratung angesiedelt und von der Schul- und Fachaufsicht abgekoppelt. Ausgangspunkt eines solchen Evaluationskonzeptes ist der Ansatz der Selbstevaluation. Dieser ist von der Einsicht geleitet, dass bei der Etablierung von Evaluationskonzepten in schulischen Kontexten die Formen der Selbstevaluation weitaus produktiver und zielführender sind als solche der Fremdevaluation. Ein Bottom-up-Modell wie das der Selbstevaluation (auch interne Evaluation genannt) ist insofern geeigneter, als es den Lehrerinnen und Lehrern wie auch der Schulgemeinschaft als Ganzer Zeit lässt, sich auf dieses Modell einzulassen und es in kleinen Schritten einzuüben. Externe Evaluationsverfahren (Fremdevaluation) werden von den am schulischen Bildungsprozess Beteiligten schnell als Instrumente der kontrollierenden Schulaufsicht und -inspektion verstanden und rufen nicht selten entsprechende Ängste und in deren Folge bisweilen hartnäckige Widerstände hervor.

Zugleich muss betont werden, dass schulische Evaluation in diesem beschriebenen Sinne deutlich zu unterscheiden ist von wissenschaftlichen Testverfahren. Die freilich gibt es zuhauf. Die empirische Unterrichtsforschung mit ihren elaborierten Studien liefert bedeutende Ergebnisse für die pädagogische Lehr-Lern-Forschung. Tatsächlich lässt sich im Bildungskontext nahezu alles messen. Selbst so heikle »Gegenstände« wie Einstellungen und Haltungen von Schülerinnen und Schülern sowie deren Veränderungen in Lehr-Lern-Prozessen lassen sich mit sozialpsychologischen Testverfahren erfassen, allerdings mit meist sehr großem empirischem Aufwand. Unabhängig von den ideologiekritischen Anfragen an ein solches Vorgehen stellt sich in diesem Zusammenhang die Frage nach den Ressourcen ganz massiv, vor allem auch dann, wenn auf diese Weise flächendeckend gearbeitet werden sollte. Schulische

Evaluation kann und will dies alles nicht leisten. Es muss nicht alles gemessen werden, was gemessen werden kann. Die Erfahrungen haben gezeigt, dass hier andere Wege beschritten werden können, die für die alltägliche Schul- und Unterrichtspraxis weitaus produktiver und zielführender sind als exakte empirische Studien mit wissenschaftlichem Anspruch. Der Ansatzpunkt hierfür ist zunächst die Entwicklung einer Feedbackkultur; kurz gesagt: die Wertschätzung geht der Evaluation voraus.

Feedbackkultur

Hartmut von Hentig hat in seinem Grundsatzbeitrag zur Bildungsplanreform in Baden-Württemberg darauf aufmerksam gemacht, dass es bei schulischen Bildungsprozessen immer um ein komplexes Mit- und Ineinander von Einstellungen, Fähigkeiten und Kenntnissen geht. Dabei kommt den Einstellungen eine besondere Bedeutung zu. »Einstellungen gibt es nicht ›absolut‹. Sie sind immer von Fähigkeiten abhängig und mit Sachverstand verbunden, wenn sie wirksam sein sollen. Sie dürfen diesen aber nicht nachgestellt oder geopfert werden, nur weil sie sich nicht in gleicher Weise ›operationalisieren‹ lassen. Sie stehen darum hier an erster Stelle« (Bildungsplan 2004, S. 12).
Es geht also in schulischen Bildungsprozessen immer zuerst um die beteiligten Menschen. Schülerinnen und Schüler machen sich zusammen mit ihren Lehrerinnen und Lehrern auf den Weg eines wechselseitigen Lehr-Lern-Prozesses. Dabei spielen die Lerngegenstände zwar auch eine Rolle, diese sind jedoch nachgeordnet. Die Menschen stärken und die Sachen klären, darin kann mit Hartmut von Hentig vorrangig die Aufgabe der Schule gesehen werden. Dies gilt entsprechend auch für die Evaluation. Zum Zweiten ist die Blickrichtung auf die Ergebnisse des schulischen Lehrens und Lernens zu wechseln. Nicht die Defizite – klassischerweise die Fehler – stehen im Mittelpunkt des Interesses, sondern die Ressourcen. In Bezug auf die Evaluation der Kompetenzen von Schülerinnen und Schülern heißt das: »Nicht das, was du noch nicht kannst, wird angeschaut, sondern vielmehr das, was du bereits schon kannst.« Fehler erhalten in dieser ressourcenorientierten Sicht eine besondere didaktische Qualität, da sie in produktiver Weise zum notwendigen Lernanlass werden.
Am Beginn eines jeden Evaluationsbemühens im schulischen Kontext steht also die Entwicklung einer nachhaltigen Feedbackkultur auf der Basis wech-

selseitiger wertschätzender Wahrnehmung und unterstützender Hilfestellung. Dieses Bemühen hat auch propädeutische Funktion. Dabei ist die Idee leitend, dass die Fähigkeit (und Bereitschaft) zum konstruktiven Umgang mit Evaluation in dem Maße steigt, in dem die positive und produktive Kraft gegenseitigen Feedbacks erfahren wird. Lehrerinnen und Lehrer sind eingeladen, im geschützten Rahmen ihres eigenen Unterrichts zusammen mit ihren Schülerinnen und Schülern eine solche Feedbackkultur zu entwickeln. Zugleich werden auf dieser sehr niederschwelligen Ebene erste Schritte zur Evaluation von Lernzuwächsen eingeübt. Die produktive Kraft dieses Ansatzes liegt in der Freiwilligkeit sowie in der Vertraulichkeit, die der geschützte Raum des Klassenzimmers den Beteiligten gibt. Lehrerinnen und Lehrer können mit ihren Schülerinnen und Schülern in Offenheit, Wertschätzung und Respekt die gemeinsame unterrichtliche Praxis in den Blick nehmen und verändern. Dazu gibt es inzwischen eine Reihe von einfachen und niederschwelligen Instrumenten (vgl. Ziener 2005). Gelingt dies gut, so die Annahme, stellt sich ein Rückkopplungseffekt ein, der zur Qualitätsentwicklung des Unterrichts beiträgt. Wenn die Beteiligten bei zunehmender Übung konkret erfahren, dass evaluative Instrumente tatsächlich hilfreich und produktiv sind, werden sie sich darüber hinaus auch den komplexeren Verfahren gegenüber aufgeschlossen verhalten.

Für den Religionsunterricht öffnet sich in diesem Zusammenhang darüber hinaus eine theologische Perspektive, die auf ihre Weise die spezifische Plausibilität des beschriebenen Evaluationskonzeptes deutlich macht. Zum Grundbestand christlicher Theologie zählt die seitens der Reformation pointiert formulierte Zusage, dass der Mensch allein aus Gnade und eben nicht durch Leistung vor Gott gerechtfertigt ist. Diese Gnade Gottes geht jedwedem menschlichen Bemühen voraus. Im Blick auf den gegebenen Kontext des schulischen Religionsunterrichts bedeutet dies, dass dieser, der Evaluation vorausgehenden Wertschätzung aus christlicher Perspektive eine theologische Dimension zugesprochen werden kann. Indem Lehrerinnen und Lehrer wie auch Schülerinnen und Schüler es lernen, in der Schule und insbesondere im Unterricht wohlwollend und wertschätzend miteinander umzugehen, geben sie diesem Unterricht wie auch der Schule als ganzer ein christliches Profil. Neben manch anderem tragen sie in das System Schule ein besonderes Kennzeichen ein, das mit guten Gründen unverzichtbar genannt werden kann.

Leistungsbewertung

Leistungsbewertung in der Schule ist ein anspruchsvolles Unterfangen. Aus vielen guten Gründen sind nicht nur pädagogisch sensible Lehrerinnen und Lehrer skeptisch gegenüber einem Anspruch, primär auf dem Wege über die Vergabe von Noten der vielschichtigen Wirklichkeit des Lernens von Schülerinnen und Schülern gerecht werden zu wollen. Eine »Vermessung der Lernwelt« – auch wenn sie möglich scheint – kann und darf es nicht geben. Andererseits lehren die Erfahrungen aus der Schulpraxis, dass Leistung für alle Beteiligten, nicht zuletzt für die Schülerinnen und Schüler eine bedeutsame und wichtige Kategorie ist, die zu würdigen und wertzuschätzen eine zentrale pädagogische Aufgabe ist. Es wäre pädagogisch fatal und sachlich nicht redlich, sich an dieser Stelle aus der Verantwortung zu stehlen. Zwei pädagogische Grundsätze gilt es zu beachten.

Pädagogische Grundsätze
Schulische Leistungsbewertung ist erstens immer ein pädagogisches Unterfangen. Die klassischen empirischen Gütekriterien Validität, Reliabilität und Objektivität greifen hier nicht oder nur sehr bedingt. Auch wenn bisweilen der Eindruck erweckt wird, empirische Verfahren könnten im Lehr-Lern-Prozess Tatbestände objektiv abbilden und damit entsprechende Geltung beanspruchen, muss gesagt werden, dass eine solche Sicht reduktionistisch ist und einem Trugbild aufsitzt. Das bedeutet im Umkehrschluss allerdings nicht, es handle sich bei schulischer Leistungsbewertung um subjektive Willkür, vielmehr geht es um ein hohes Maß an Transparenz. Schülerinnen und Schüler haben ein Recht darauf zu erfahren, auf welche Weise ihre Leistungen bewertet werden.
Schulische Leistungsbewertung ist zweitens stets in die persönliche Verantwortung der Lehrerinnen und Lehrer gelegt. Deren pädagogische Kompetenz und Praxis ist im Rahmen der rechtlichen Bestimmungen die entscheidende Basis. Schülerinnen und Schüler verbinden mit der Leistungsbewertung immer einen Beziehungsaspekt. Umso dringlicher ist es, dass ihnen die Chance gegeben wird, zwischen Sachurteil und Person zu unterscheiden; auch wenn das für alle Beteiligten nicht einfach ist. Die persönliche Verantwortung der Lehrerinnen und Lehrer kennzeichnet auf besondere Weise die pädagogische Dignität der schulischen Leistungsbewertung.

Fairness
Die geforderte Transparenz bei der Leistungsbewertung bedeutet, dass Lehrerinnen und Lehrer diagnostisch kompetent sind, dass sie also bereit und in der Lage sind, präzise Auskunft zu geben über den jeweiligen Leistungsstand der Schülerinnen und Schüler. Vor allem die Verlässlichkeit spielt eine zentrale Rolle. Schülerinnen und Schüler müssen wissen, woran sie sind. Sie müssen vor allem das sichere Gefühl haben, dass sie in guten Händen sind. Dazu gehören klare Kriterien, eindeutige Absprachen und Regeln, am besten auf der Basis von Partizipation. Wenn Schülerinnen und Schüler in adäquater Weise die Möglichkeit haben, sich einzubringen und die Absprachen und Regeln der Leistungsbewertung mitzugestalten, kann das zur geforderten Verlässlichkeit beitragen. Die leitende Kategorie hierbei ist nicht so sehr die der Gerechtigkeit, sondern vielmehr die der Fairness. Faire Leistungsbewertung macht deutlich, was wichtig ist und was nicht; sie fördert und unterstützt das Lernen und trägt so zur Chancengerechtigkeit bei. Ein faires Verfahren ist in sich stimmig und nachvollziehbar, dabei ist es auch auf langfristige Bildungsziele abgestimmt. Schließlich versteht es sich als ein offener Prozess, in dem im gemeinsamen Gespräch Absprachen und Vereinbarungen modifiziert und optimiert werden können. Sind die Verfahren der Leistungsbewertung durch diese Qualitätsmerkmale geprägt, werden sie von den Schülerinnen und Schülern große Akzeptanz erfahren.

Formate der Leistungsbewertung

Bereits im ersten Abschnitt des Praxisbuches (Perspektivenwechsel) war darauf hingewiesen worden, dass kompetenzorientiertes Unterrichten nur vor dem Hintergrund eines erweiterten Lernbegriffs sinnvoll und überzeugend ist. Lernen ist vieldimensional und geschieht stets auf mehreren Ebenen. Neben der kognitiven oder fachlich-inhaltlichen Dimension des Lernens sind immer auch die methodische, kommunikative oder persönliche Dimensionen zu berücksichtigen. Das gilt selbstverständlich auch im Blick auf die Leistungsbewertung. Es kann ja nicht sein, dass lediglich die inhaltlich-fachlichen Leistungen der Schülerinnen und Schüler bewertet werden, während sie in einem kompetenzorientierten Unterricht angehalten werden Lernwege zu gehen, die allen vier Dimensionen des Lernens entsprechen. Deswegen kommt es darauf an, bereits zu Beginn der Lernsequenzen zu prüfen bzw. gemeinsam mit den Schülerinnen und Schülern zu verabreden, welches Format der Leistungsbewertung dem Lernvorhaben bzw. dem Lernarrangement am besten entspricht. Die Erfahrungen zeigen, dass es eine ganze Reihe kreativer und neuer Formen der Leistungsbewertung gibt (Bohl 2009). Den Einsichten der Lehr-Lern-Forschung folgend gilt auch hier: **Menschen lernen unterschiedlich, sie brauchen daher auch unterschiedliche Formate der Leistungsbewertung.** Es lässt sich eben nicht alles über einen Kamm scheren. Für einen kompetenzorientierten Unterricht, wie er im vorliegenden Praxisbuch vertreten wird, werden die folgenden Formate vorgeschlagen. Sie wurden in der Praxis geprüft und haben sich bewährt. Grundsätzlich gilt: Es ist immer gut und hilfreich, zusammen mit den Schülerinnen und Schülern zu überlegen, welches Format am besten geeignet ist. Je transparenter und partizipativer das Vorgehen ist, umso besser.

Portfolio
Der Einsatz von Portfolios ist mittlerweile nahezu zum Markenzeichen schlechthin für eine kompetenzorientierte Unterrichtskultur geworden (vgl. Brunner 2006). Kaum ein Verfahren scheint derart gut geeignet, weil überaus vielfältig und differenziert einsetzbar. Ein Portfolio ist ganz allgemein gesprochen **eine Sammlung von Objekten eines bestimmten Typs.** Ursprünglich stammt der Begriff aus dem Bereich der Kunst. Dort bezeichnet er Mappen, in denen Künstlerinnen und Künstler ihre Werke zusammengestellt haben. Im Bildungsbereich **steht Portfolio für eine Mappe, in der Blätter bzw. Dokumente zusammengetragen und aufbewahrt werden können.** Schülerinnen und Schüler können ihren Lernweg (**Prozessportfolio**) oder ihre Lernergebnisse (**Ergebnisportfolio**) dokumentieren und reflektieren. Es kann an dieser Stelle nicht darum gehen, den Einsatz von Portfolios detailliert darzustellen und anzuleiten. Dazu gibt es eine Fülle von Hilfestellungen und Ratgebern (vgl. z.B. Engel/Wiedenhorn 2010). Im Interesse eines niederschwelligen und praxisnahen Vorgehens ist es jedoch wichtig, im konkreten Fall genau zu prüfen, wie viel an Zeit und Ressourcen sowohl den Lernenden als auch den Lehrenden zur Verfügung steht, denn die Arbeit mit Portfolios kann sehr umfänglich gestaltet und aufwendig sein.

Lernplakat
Das Lernplakat stellt in Schrift und Bild Informationen zu einem Thema in **strukturierter und akzentuierter Form** dar. Deswegen eignet sich das Lernplakat in besonderer Weise für **kurze und überschaubare Lernsequenzen.** Da ein Plakat (DIN A1 oder A2) einen engen Rahmen vorgibt, sind bei dessen

Anfertigung hohe Reduktions-, Rezeptions- und Systematisierungskompetenzen der Schülerinnen und Schüler gefordert. Auf den ersten Blick erscheint es relativ einfach zu sein, ein Lernplakat zu einem Thema bzw. einer Lernsequenz zu erstellen. In dem Maße jedoch, in dem Schülerinnen und Schüler sich mit den Qualitätsmerkmalen eines Lernplakats auseinandersetzen, wird ihnen schnell deutlich, wie anspruchsvoll es sein kann, ein Lernplakat zu erstellen.

Das individuelle oder persönliche Lernplakat wird von den Schülerinnen und Schülern individuell gestaltet und orientiert sich daher an den besonderen Lernerfahrungen und Lernumständen einer bestimmten Person. Die Gestaltung eines persönlichen Lernplakates ist daher von Lerntypen abhängig. Wer auf textliche Informationen besonders gut anspricht, wird ein Schriftplakat bevorzugen, bei dem die allgemeine Seitengestaltung (z.B. Seitenrand, Spaltenaufteilung) sowie die Schriftgestaltung (z.B. Schriftart, Schriftgröße etc.) die wichtigsten Gestaltungselemente sind. Daneben können natürlich auch gestalterische Objekte wie Unterstreichungen, Markierungen, Tabellen, Kästchen oder Umrahmungen eingesetzt sein, die bestimmte textliche Informationen im Ganzen hervorheben und die Aufmerksamkeit steigern sollen. Wer dagegen bildliche Informationen in besonders guter Weise verarbeiten kann, wird vor allem bildliche Darstellungen als gestalterisches Mittel für das Lernplakat wählen. Dabei umfasst der Begriff Bild in diesem Zusammenhang nicht nur Bilder im engeren Sinne, sondern auch Grafiken, Cluster, Mindmaps, Strukturbilder und -skizzen, Diagramme, Kartendarstellungen usw.

Flyer

Ein Flyer ist eine Art Handzettel, der z.B. eine Einrichtung vorstellt, eine Veranstaltung ankündigt oder ein Projekt bzw. eine Initiative beschreibt. Das Wort Flyer kommt aus dem Englischen und kann mit »Flugblatt« übersetzt werden. Bis 1990 war im deutschsprachigen Raum die Bezeichnung Flugblatt üblich. Mittlerweile ist der Flyer zu einem der beliebtesten Mittel der Werbung geworden. Für Schülerinnen und Schüler sind Flyer bestens vertraute mediale Formate, die ihnen allerorten begegnen und an die sie anknüpfen können.

Flyer eignen sich für solche Lernsequenzen, in denen kompakte Kenntnisse zu einem bestimmten Lerngegenstand erworben werden. Haben sich Schülerinnen und Schüler z.B. mit der Gemeinschaft von Taizé beschäftigt, so ist es überaus reizvoll und angemessen, diese mit einem Flyer vorzustellen. Dieses Verfahren erfordert neben den für ein Lernplakat genannten Kompetenzen (Reduktions-, Rezeptions- und Systematisierungskompetenzen) auch die Fähigkeit zur Empathie, geht es doch darum, sich in eine bestimmte Zielgruppe, für die ein Flyer gemacht wird, hineinzuversetzen.

Frequently Asked Questions (FAQ)
Die Bezeichnung »Frequently Asked Questions« (FAQ) kommt aus dem Englischen und heißt wörtlich übersetzt »häufig gestellte Fragen«. Damit ist eine Zusammenstellung von oft gestellten Fragen und den dazugehörigen Antworten zu einem Thema gemeint. FAQ stammen aus der Informationstechnologie. Weil sich das Prinzip der FAQ bewährt hat, gibt es diese inzwischen in vielen Bereichen. Insbesondere im Internet finden sich unzählige FAQ-Sammlungen zu allen möglichen Themen. Andreas Stiller übertrug die Abkürzung ins Deutsche als »Fragen, Antworten, Quintessenzen«. Eine andere Übertragung lautet »Fragen-Antworten-Quelle«. Mitunter ist die wörtlich übersetzte Abkürzungsvariante HGF für »häufig gestellte Fragen« zu sehen. Da meist auch die Antworten aufgeführt werden, wird bisweilen auch die Abkürzung F&A (Fragen und Antworten) beziehungsweise die englische Entsprechung Q&A (Questions and Answers) verwendet.

Frequently Asked Questions sind den Schülerinnen und Schülern vor allem wegen der großen Affinität zur Informationstechnologie (Smartphone, iPhone, BlackBerry etc.) bestens vertraut. Wegen der sehr knappen und anwendungsorientierten Ausrichtung von FAQ – meist ist es sinnvoll, deren Zahl zu begrenzen (z.B. 5 FAQ) – erfordert dieses Format zur Leistungsbewertung von den Schülerinnen und Schülern in besonderer Weise die bereits genannten Reduktions-, Rezeptions- und Systematisierungskompetenzen. Hier müssen die Lerngegenstände wirklich auf den Punkt gebracht werden. Die Schülerinnen und Schüler können (und müssen) bei der Auswahl der Aspekte Entscheidungen treffen, die eine hohe Sachkompetenz voraussetzen. Je nach Wahl ist eine komplexere und somit anspruchsvollere Bearbeitung erforderlich.

Handbuch
Ein Handbuch oder eine Bedienungsanleitung stellt sinnvollerweise alle wesentlichen bzw. wichtigen Aspekte eines Sachverhaltes, einer Anwendung oder eines technischen Gerätes vollständig zusammen. Es hat in der Regel ein umfangreiches Format. Deswegen eignet sich dieses Verfahren zur Leistungsbewertung nur für ausgewiesene Lerngegenstände. In gewisser Weise ähnelt es dem Portfolio. Während oder nach der entsprechenden Lernsequenz erfolgt die summarische Zusammenfassung der erworbenen oder vertieften Kompe-

tenzen. Denkbar wäre z.B. die Erstellung eines Handbuches zum sachgemäßen Umgang mit der Bibel oder zur Frage, wie das Leben einer Pfarrgemeinde organisiert oder gestaltet wird.

Rückmeldung

Die hier aufgeführten Beispiele kreativer Verfahren zur Leistungsbewertung lassen sich leicht erweitern und modifizieren. So sind nahezu alle Formate auch als digitale Variante denkbar. Ebenso kann es sinnvoll sein, das Ergebnis durch die Schülerinnen und Schüler präsentieren zu lassen. Wobei in solchen Fällen die Bewertung komplexer und damit schwieriger wird. Vor allem für ungeübte Schülerinnen und Schüler ist es sehr hilfreich, wenn sie möglichst regelmäßig Begleitung und Beratung durch die Lehrerinnen und Lehrer erfahren. Es empfiehlt sich, den Einsatz solcher Verfahren kleinschrittig und niederschwellig anzugehen. Schülerinnen und Schüler dürfen nicht überfordert werden. Erst im Laufe der Zeit, wenn die Lernenden im Umgang mit diesen Formen der Leistungsbewertung Routine gewonnen haben, wird es möglich sein, den Grad der Freiheit zu erhöhen und den Spielraum der Schülerinnen und Schüler zu erweitern.

Für alle Formen kreativer Leistungsmessung gilt, dass im Vorfeld sehr genau und verbindlich in der Lerngruppe besprochen und verabredet wird, welche Erwartungen an das Ergebnis bestehen und welche Kriterien zur Bewertung der Leistungen herangezogen werden. Am besten ist es, diese schriftlich zu fixieren und den Schülerinnen und Schülern an die Hand zu geben oder im Klassenraum aufzuhängen. Eine solche Vereinbarung sollte auch Angaben zum zeitlichen Rahmen und zur Verfahrensweise bei Versäumnissen enthalten. Zur Bewertung der Leistungen bieten sich die folgenden Kriterien an:
› die äußere Form (Einteilung, Gestaltung, Sorgfalt, Ausführung);
› der Inhalt (Auswahl, Richtigkeit und Gewichtung der Gegenstände).

Wichtig ist ebenfalls festzulegen, wie die einzelnen Kriterien gewichtet werden und auf welche Weise die Gesamtbewertung erfolgt. Hierfür sollte auf den erweiterten Lernbegriff Bezug genommen werden. Für Schülerinnen und Schüler ist es schließlich nicht damit getan, lediglich eine Abschlussnote zu erhalten. Sie haben ein Recht darauf zu erfahren, was ihre Stärken sind und wo ihre Schwächen liegen, damit sie daran weiterarbeiten können. Insofern bietet es sich an, einen Bewertungsbogen zu entwickeln, auf dem anhand der einzelnen Kriterien kurze Kommentare zu den jeweiligen Leistungen erfolgen.

Literatur

Bohl, Thorsten, Prüfen und Bewerten im offenen Unterricht, Weinheim ⁴2009.
Brunner, Ilse u.a. (Hg.), Handbuch Portfolioarbeit, Seelze 2006 (³2009).
Engel, Anja/Wiedenhorn, Thomas, Stärken fördern – Lernwege individualisieren. Portfolio-Leitfaden für die Praxis, Weinheim 2010.
Gnandt, Georg/Michalke-Leicht, Wolfgang, Leistungsmessung im Religionsunterricht, IRP-Freiburg 2007.
Michalke-Leicht, Wolfgang, Menschen stärken und Sachen klären, in: Herder Korrespondenz 61 (2007), Heft 9, S. 471–476.
Ziener, Gerhard u.a., Qualitätsentwicklung im Religionsunterricht. Handreichung zur Selbstevaluation, Stuttgart 2005.

Wolfgang Michalke-Leicht

Lernsequenzen

Im ersten Teil dieses Praxisbuches wurden bis hierher sechs Aspekte thematisiert, die für das didaktische Konzept eines kompetenzorientierten Religionsunterrichts von Bedeutung sind:
1. Der didaktische Perspektivenwechsel
2. Der Rollenwandel der Lehrerinnen und Lehrer
3. Die Bildungspläne – Bildungsstandards – Kompetenzen
4. Die Anforderungssituationen und Lernanlässe
5. Das selbstorganisierte Lernen
6. Die Kultur der Wertschätzung

Dabei ist an vielen Stellen deutlich geworden, dass es beim kompetenzorientierten Unterrichten nicht darum geht, die bisherige Unterrichtspraxis ganz und gar über Bord zu werfen. Vielmehr kommt es darauf an, die Perspektive zu wechseln, das bisher Gewohnte und die angesprochenen Dinge von einer anderen Seite her zu betrachten und an entscheidenden Stellen eine bescheidene, aber deutliche Akzentverschiebung vorzunehmen. Lehrerinnen und Lehrer wissen aufgrund ihrer meist langjährigen Erfahrung, dass schon kleine Veränderungen im Unterrichtsgeschehen große Wirkungen zeitigen können. Hinzu kommt ein Zweites: Kompetenzorientiertes Unterrichten ist keine zusätzliche Leistung, die Lehrerinnen und Lehrer erbringen müssten. Es geht nicht darum, schon wieder etwas Neues oder Zusätzliches anzufangen und damit die ohnehin schon hohen Belastungen des Alltags noch mehr zu erhöhen. Kompetenzorientiertes Unterrichten im Sinne eines didaktischen Perspektivenwechsels zielt auf die pädagogische Haltung. Diese unterrichtliche Haltung ist geprägt durch ein Lassen und nicht durch ein Tun. Heinz Klippert hat es einmal so formuliert: »Lehrerinnen und Lehrer arbeiten zu viel und Schülerinnen und Schüler lernen zu wenig.« Die pädagogisch-didaktische Aufgabe für die Lehrerinnen und Lehrer bestünde also darin, das Lassen zu üben und nicht immer noch mehr zu tun. In dem Maße, in dem sie sich zurücknehmen, können und werden (sic!) die Schülerinnen und Schüler aktiv und zum Lernen bereit sein. Insofern wird mit dem Praxisbuch »Kompetenzorientiert unterrichten« auch nicht der Entwurf einer neuen Didaktik vorgelegt. Die Betonung der didaktischen Haltung der Lehrerinnen und Lehrer ist explizit ein niederschwelliges, dabei zugleich aber auch effektives Vorgehen, denn Unterricht ist immer ein intentionales Geschehen, bei dem die Haltung der Beteiligten eine zentrale Rolle spielt.

Für die Schülerinnen und Schüler bedeutet dies: Wenn sie offen und bereit sind zur Beschäftigung und Auseinandersetzung mit dem gegebenen Thema, dann ist erfolgreiches Lernen möglich. Ist das (warum auch immer) nicht der Fall, dann geht gar nichts und die Schulzeit wird irgendwie abgesessen. Für die Lehrerinnen und Lehrer bedeutet dies: Es gehört zur Profession, sich immer wieder der eigenen Absichten, Vorstellungen und Ziele des Unterrichts bewusst zu werden; dann werden Planung, Durchführung und Reflexion gelingen. Ist das (warum auch immer) nicht der Fall, dann wird vielleicht das Unterrichtspensum irgendwie absolviert, ein produktiver Lehr-Lern-Prozess jedoch kann nicht entstehen.

Aufbau und Struktur der Lernsequenzen

Planungsschema für eine Lernsequenz

10. Lernquellen

9. Lernerfolg   1. Thema

8. Lernoptionen   2. Lernanlässe

**Kompetenz-
orientierter
Unterricht**

7. Lernaufgaben   3. Lernvorhaben

6. Lernwege   4. Lernarrangement

5. Lerngegenstände

Der Aufbau der im zweiten Teil des Praxisbuches folgenden Lernsequenzen für die Sek I und Sek II nimmt zentrale Elemente aus dem grundlegenden ersten Teil auf. Alle Lernsequenzen haben die gleiche Struktur mit zehn Gliederungspunkten. Deren Formulierungen machen deutlich, dass im Fokus der Aufmerksamkeit das Lernen der Schülerinnen und Schüler steht. Im Gegensatz zu anderen Konzepten wird mit diesem Modell ein roter Faden empfohlen, der die Umsetzung und Anwendung in der Praxis wesentlich erleichtert. Auch das ist der Niederschwelligkeit und dem leichteren Umsetzen in der Praxis geschuldet, bestehen dabei doch vielfältige Anknüpfungspunkte an bisherige Unterrichtskonzepte.

1. Thema

Schülerinnen und Schüler arbeiten immer an Themen orientiert. Werden sie zu ihren tagtäglichen Erfahrungen in der Schule befragt, dann antworten sie: »In Reli beschäftigen wir uns gerade mit Abraham, der Reformation oder mit dem Glaubensbekenntnis.« Ausgehend von diesen Themen erwerben und vertiefen sie ihre Kompetenzen. Deswegen sind Themen für die Planung von Unterricht auch ein guter Anknüpfungspunkt. Das Thema einer Lernsequenz kann frei formuliert sein oder dem Bildungsplan bzw. Kerncurriculum entnommen sein. In jedem Fall sollte es gut abgegrenzt und möglichst genau beschrieben werden. Zudem erfolgt ein Hinweis, in welchem Lernzeitraum (LZR) das Thema bzw. die Lernsequenz platziert ist.

2. Lernanlässe

Der zweite Ausgangspunkt für die Planung der Lernsequenzen sind konkrete Lernanlässe bzw. Anforderungssituationen. Hier werden alltagsrelevante Problemstellungen benannt, die geeignet sind, den Beteiligten aufzuzeigen, welche Kompetenzen im Lernprozess erworben werden können, um eben diese Probleme zu bewältigen. Für die Schülerinnen und Schüler kann auf diese Weise deutlich werden, was sie warum lernen. Als Hilfestellung zur Formulierung können z.B. die Problemstellungen der sogenannten Niveaukonkretisierungen dienen, wie sie in den Bildungsplänen von Baden-Württemberg (www.bildung-staerkt-menschen.de) dokumentiert sind.

3. Lernvorhaben

Als dritter Ausgangspunkt der Planung erfolgt der Hinweis auf den Bildungsplan, indem aufgezeigt wird, welche Standards (Kompetenzen) mit der Lernsequenz bedient werden sollen. Für die Autorinnen und Autoren des Praxisbuches diente meist der baden-württembergische Bildungsplan als Bezugsgröße, da sie alle aus diesem Bundesland kommen. Gleichwohl können ebenso gut andere Bildungspläne oder Kerncurricula herangezogen werden. Auch die Einheitlichen Prüfungsanforderungen für das Abitur (EPA) eignen sich gut. In der Regel sind wenige (2–4) Kompetenzformulierungen (Standards) ausreichend. Entscheidend ist an dieser Stelle, dass es nicht darauf ankommt, die Kompetenzen irgendwie abzuhaken. Vielmehr meint die Sprachregelung »Bedienung der Standards oder Kompetenzen«, dass bei der Planung und Durchführung einer bestimmten Lernsequenz der Erwerb oder die Vertiefung der bezeichneten Kompetenzen oder Standards intendiert wird. Sie zeigen an, in welche Richtung bei den didaktischen Entscheidungen geschaut wird. Damit geben sie einerseits die Perspektive an und andererseits verschaffen sie der Lernsequenz eine normative Orientierung. Zugleich sind sie jedoch von curricularen Zielen zu unterscheiden. Um diese Unterschiede deutlich hervorzuheben und zu markieren, wird in diesem Praxisbuch von Lernvorhaben gesprochen.

4. Lernarrangement

Ausgehend von den benannten Lernanlässen wird zunächst in größeren Linien das daran anknüpfende Lernarrangement beschrieben. Dabei wird die Intention der Lernsequenz als ganzer dargestellt. Im Fokus steht das selbstorganisierte Lernen der Schülerinnen und Schüler; die Lehraktivität der Lehrerinnen und Lehrer ist nachrangig. Das bedeutet keinesfalls, dass jegliche Instruktion mit einem Verdikt belegt wäre. Das ginge an der Wirklichkeit des Lehr-Lern-Prozesses vorbei. Das Verhältnis von Instruktion und Konstruktion muss den jeweiligen Gegebenheiten sachgemäß angepasst werden. Die Leserinnen und Leser gewinnen so einen Überblick darüber, wie die Lernsequenz als ganze gedacht ist. Auch erfahren sie, was sie wie auf den Weg bringen können. Es geht also auch um die ganz konkreten Schritte zur Vorbereitung des Unterrichts bzw. des Lernarrangements.

5. Lerngegenstände

Kompetenzen werden an Inhalten (Lerngegenstände) erworben und vertieft. An dieser Stelle folgen daher die zentralen und unverzichtbaren Inhalte der Lernsequenz. Im Idealfall verständigen sich die Kolleginnen und Kollegen an einer Schule, welche Lerngegenstände für sie diese Bedeutung haben, damit ein konsekutives und nachhaltiges Lernen über die Jahre hinweg unterstützt wird. Die Erfahrung lehrt, dass die meisten Kolleginnen und Kollegen doch recht nahe beieinanderliegen, wenn es darum geht zu beschreiben, was denn die jeweiligen von ihnen erwarteten inhaltlichen »Basics« sind. Diese Inhalte sollten in einer den Schülerinnen und Schülern entsprechenden Sprache und Diktion verfasst sein, damit sie ihnen an geeigneter Stelle transparent gemacht werden können.

6. Lernwege

Viele Wege führen nach Rom. An diesem Punkt der Lernsequenz wird aufgezeigt, welche verschiedenen Lernwege von den Schülerinnen und Schülern gegangen werden können. Nicht alle werden alle Wege gehen. Auch können die Wege offener oder enger gestaltet sein. Auf jeden Fall geht es dabei um die Wege, die Schülerinnen und Schüler zum Kompetenzerwerb gehen. Gleichwohl gilt auch hier: Das Lernen der Schülerinnen und Schüler (Konstruktion) sowie das Lehren der Lehrerinnen und Lehrer (Instruktion) stehen immer in einer wechselseitigen Beziehung. Insofern geht es auch darum, wie die Lehrerinnen und Lehrer diese Wege anbahnen oder vorbereiten können.

7. Lernaufgaben

Lernaufgaben zeichnen sich dadurch aus, dass sie Schülerinnen und Schüler in eine Lernsituation hineinstellen, indem sie von ihnen eine Lernhandlung erwarten. Sie können als offene Handlungsimpulse, interessante Arbeitsanregungen oder präzise Aufgabenstellungen immer unter Verwendung von Operatorverben formuliert sein. Die Operatoren der EPA geben einen Rahmen vor, der im Einzelfall allerdings auch erweitert werden kann. Lernaufgaben können ebenfalls weit oder eng gefasst sein, je nachdem wie es auf dem jeweiligen Lernweg sinnvoll ist.

8. Lernoptionen

Manche Klassen- oder Unterrichtssituation ist so gelagert, dass besondere Entscheidungen notwendig sind. Hier ist es hilfreich und interessant zu erfahren, welche Alternativen möglich sind. Die Lernoptionen erweitern das gegebene Lernarrangement einer Lernsequenz mit seinen aufeinander abgestimmten Lernwegen um solche Alternativen, die zur Weiterführung, Vertiefung oder Ergänzung im Anschluss an die beschriebene Sequenz geeignet sind. Sie wollen die Kolleginnen und Kollegen ermutigen, ihren Schülerinnen und Schülern immer wieder neue Schritte zuzumuten.

9. Lernerfolg

Sowohl für die Lehrenden als auch für die Lernenden ist es wichtig zu erfahren, welche Wirkungen der Lernprozess zeitigt. Im Kontext eines kompetenzorientierten Unterrichts werden konventionelle Methoden um solche Verfahren ergänzt bzw. ersetzt werden müssen, die es erlauben, die im Sinne der Anforderungssituation erworbenen Kompetenzen angemessen anwenden zu können. Hier werden kreative Modelle zur Evaluation, Diagnostik und Leistungsbewertung vorgestellt. Als deren Maxime sollte gelten, dass sie sich an den Ressourcen der Schülerinnen und Schüler orientieren und nicht an ihren Defiziten.

10. Lernquellen

Materialien und Medien können in diesem Praxisbuch leider nicht bereitgestellt werden. In der Regel erfolgen daher am Ende der Planung der jeweiligen Lernsequenz möglichst genaue Quellen- oder Fundortangaben, meist auch mit dem Hinweis auf entsprechende Internetressourcen. Auf diese Weise können sich die Leserinnen und Leser die vorgeschlagenen Materialien und Medien schnell und unkompliziert beschaffen. Hinzu kommen Literaturangaben, die eine vertiefte Vorbereitung sowie eine Erweiterung der Materialbasis ermöglichen.

Hinweis:

In den Lernsequenzen werden die folgenden Abkürzungen verwendet: Lernzeitraum (LZR), Schülerinnen und Schüler (SuS), Lehrerinnen und Lehrer (LuL), Doppelstunde (DS).

Wolfgang Michalke-Leicht

Teil II

Lernsequenzen für den Religionsunterricht in den Sekundarstufen I und II

Mein Gottesbild – Vorstellungen von Gott (Lernzeitraum 5/6)

Wir alle machen uns unsere eigenen Bilder und Vorstellungen über das Leben, über die Zukunft, über Menschen und eben auch über Gott. Ohne diese Bilder, ohne diese Annäherungen ist es uns gar nicht möglich, Aussagen über Gott zu machen bzw. unsere Beziehung zu ihm zu beschreiben. Diese Voraussetzung ist der Anlass für dieses Modul. Wie reden wir von Gott, von unserer Beziehung zu ihm? Welche Bilder und Symbole verwenden wir? Wie redet das Christentum bzw. wie reden Christinnen und Christen von Gott? Welche Bilder verwenden andere Religionen? Lassen sich diese miteinander vergleichen, und, wenn ja, welche Kriterien gibt es? Wie erkennend sind unsere Vorstellungen oder bleibt all unser Reden nur Stückwerk? Diese Fragen stehen im Zentrum und sollen mit den SuS erarbeitet werden.

Lernanlässe

Kinder und Jugendliche machen sich ihre ganz eigenen Gedanken und Bilder zu Themen und philosophischen Fragen unserer Zeit. Nicht immer sind diese Vorstellungen mit denen der Erwachsenen deckungsgleich, und dennoch haben sie ihre eigene Berechtigung.
› Dein kleiner Bruder fragt dich, wie Gott aussieht. Was antwortest du?
› In einer Diskussion in der Klasse ruft einer deiner Klassenkameraden: »Beten bringt doch nichts. Der kann mich doch sowieso nicht hören.« Wie reagierst du?
› Bei euch in der Straße ist ein kleiner vierjähriger Junge gestorben. Wie kann Gott so etwas zulassen?

Mit diesen Gedanken und diesem Bildergut soll im Religionsunterricht im Rahmen dieser Lernsequenz gearbeitet werden, zumal gerade Kinder in diesem Alter Antworten auf ihre Fragen suchen und unbefangen in den gemeinsamen Diskurs einsteigen.

Mein Gottesbild – Vorstellungen von Gott

Lernvorhaben

Folgende Kompetenzen aus dem Bildungsplan können bedient werden: Die SuS
> wissen, dass das Bekenntnis zum Schöpfergott eine Antwort auf die Frage ist, woher alles kommt und wohin alles geht.
> wissen, dass Religionen von Gott in Bildern und Symbolen sprechen, und können ein biblisches Bild für Gott erläutern.

Lernarrangement

Für den Aufbau einer Lernsequenz sind 5–6 Doppelstunden (= DS) vorgesehen. In der ersten DS findet die Einführung in biblische Gottesbilder statt. In der zweiten DS gestalten die SuS ihr Gottesbild mit unterschiedlichen Materialien, in der dritten und vierten DS beschäftigen sie sich mit fremden Gottesvorstellungen (islamische, hinduistische, griechische ...) und gestalten dazu Lernplakate. In den letzten beiden DS findet die Ausstellung statt und die SuS reflektieren über Gemeinsamkeiten, Unterschiede und die Bedeutung für das religiöse Leben.

Lerngegenstände

> Grundlage ist die Einführung in die Vielfalt biblischer Gottesbilder (anhand biblischer Texte aus AT und NT und entsprechender Kunstwerke).
> Das Bilderverbot (Ex 20,4) wird ebenso thematisiert wie das menschliche Reden von Gott, das zwar der Bilder bedarf, immer aber auch vorläufig bleibt.
> In der Auseinandersetzung mit Gottesvorstellungen fremder Religionen werden Gemeinsamkeiten (mit dem Judentum) und Unterschiede (absolutes Bilderverbot im Islam; Bilderreichtum im Hinduismus) thematisiert.
> Lebensförderliche/lebenshinderliche bzw. tragende/zerstörerische Gottesbilder werden unterschieden.

Lernwege

Zuerst gestalten SuS ihre eigene Gottesvorstellung (malen, tonen ...). Davon ausgehend setzen sich die SuS selbstständig in Gruppen mit Gottesvorstellungen fremder Religionen auseinander. Mit den Informationen gestalten sie ein Lernplakat. Gemeinsam bereiten sie dazu eine Ausstellung vor (Raumgestaltung, Einladung). Abschließend wird ein bewertendes Fazit gezogen.

Lernaufgaben

› Gestalte mithilfe von Materialien dein eigenes Gottesbild. Beachte dabei die folgenden Fragen: Wie stellst du dir Gott vor? Auf welche Art und Weise kannst du deine Beziehung zu Gott zum Ausdruck bringen? Welche Materialien können dich dabei am besten unterstützen?
› Recherchiere im Internet oder in der Stadtbücherei Gottesdarstellungen fremder Religionen. Präsentiere diese Gottesvorstellungen in deiner Klasse und zeige Gemeinsamkeiten und Unterschiede zum christlichen Gottesbild auf.
› Bereitet miteinander eine abschließende Reflexionsrunde in der Klasse vor; folgende Fragen sollen dabei erörtert werden: Welche Auswirkungen hat mein Gottesbild auf meine Lebensgestaltung? Welche Gottesvorstellungen unterstützen Menschen bei der Gestaltung eines sinnerfüllten, selbstverantwortlichen Lebens? Welche Gottesvorstellungen behindern bzw. erschweren das Entstehen einer eigenen Persönlichkeit?

Lernoptionen

Liegt das besondere Augenmerk auf einer öffentlichen Ausstellung der Gottesvorstellungen, kann die Unterrichtseinheit vernetzend mit dem Kunstunterricht stattfinden. Die Aufgabe des unterrichtenden Kunstlehrers wäre es dann, die Vorstellungen der Kinder mit ihnen gemeinsam künstlerisch umzusetzen und dafür dann unterschiedliche Materialien anzubieten (Farbe, Ton, Linolschnitt ...).
Die Auseinandersetzung mit erfahrungsbedingten Gottesbildern kann z.B. mit drei Kinderbüchern vertieft werden: Fynn, Hallo Mister Gott; Gudrun Pausewang, Ich geb dir noch eine Chance, Gott!; Eric-Emmanuel Schmitt, Oskar und die Dame in Rosa. Alle drei eignen sich für die gemeinsame Lektüre in der Klasse.

Auch ein anderes Medium kann für die vertiefende Beschäftigung herangezogen werden. Mit den SuS können Gottesvorstellungen im Film bearbeitet werden, z.B. anhand des Spielfilms »Wer früher stirbt, ist länger tot« von Marcus Rosenmüller (2006) oder anhand ausgewählter Kurzfilme (Mister Tao, Gottes Besuch, Herr im Haus, vgl. www.filmwerk.de). Hier ließe sich auch gut erarbeiten, wie die jeweiligen Gottesvorstellungen das weitere Leben der Menschen prägen und woher Gottesbilder kommen können.

Ebenfalls möglich ist die Auseinandersetzung mit (bedeutenden) religiösen Kunstwerken zum Thema Gottesvorstellungen aus unterschiedlichen Jahrhunderten und Ländern, z.B. im direkten Vergleich zweier oder mehrerer bedeutender Künstler und ihrer Werke.

Neben den einzelnen Gottesbildern sollte nun noch die Beziehung Mensch – Gott im christlichen Horizont vertieft werden. Dazu können explizit Lebensgeschichten einzelner Personen aus der Bibel oder der Kirchengeschichte mit den SuS erarbeitet werden, bei denen deutlich wird, auf welche Arten die Menschen ihr Leben mit Gott gestalten und auf ihn vertrauen.

Lernerfolg

Die Anfertigung und Präsentation der eigenen Gottesbilder und die Lernplakate zu Gottesvorstellungen aus fremden Religionen dürften den primären Lernerfolg widerspiegeln. Ebenfalls bewertet werden könnten selbst entworfene Flyer, die die Gäste durch die Ausstellung führen. Eine Klausur bietet sich an über die Gottesvorstellungen der christlichen Religion und fremder Religionen; hierbei könnten sowohl Wissen überprüft als auch Parallelitäten und Unterschiede identifiziert werden.

Lernquellen

Fynn, Hallo Mister Gott, hier spricht Anna, Frankfurt ^{9}2000.
Hanisch, Helmut, Das Gottesbild bei religiös und nicht-religiös erzogenen Kindern und Jugendlichen im Alter von 7–16, unter: www.uni-leipzig.de/ru/gottesbilder.
Bosold, Iris/Michalke-Leicht, Wolfgang (Hg.), Mittendrin 1. Lernlandschaften Religion. Lehrerkommentar, München 2008.
Pausewang, Gudrun, Ich geb dir noch eine Chance, Gott!, Ravensburger ^{2}1997.
Schmitt, Eric-Emmanuel, Oskar und die Dame in Rosa, Zürich ^{12}2003.

Uta Martina Hauf

Geschwister jüdischen Glaubens
(Lernzeitraum 5/6)

Zu Beginn der Sekundarstufe setzen sich die SuS mit den Anfängen und den Wurzeln des Christentums auseinander. Sie lernen den Juden Jesus von Nazaret kennen und damit auch die jüdische Religion. Bei diesem ersten Kennenlernen stehen die Feste und Feiern des Judentums im Vordergrund. Dies kann nun zum Anlass genommen werden, um davon ausgehend das Trennende und Verbindende zum Christentum herauszuarbeiten und die Situation der jüdischen Mitbürgerinnen und Mitbürger in Deutschland z.Zt. der Schoah zu thematisieren sowie die Neuanfänge jüdischen Lebens in Deutschland heute.

Wenn den SuS das Judentum nicht fremd bleiben soll, sondern sie vielmehr dieses als mit dem Christentum untrennbar verbundene Religion begreifen sollen, müssen die SuS gelebte Formen des jüdischen Glaubens und Lebens erfahren. Dies kann auf zweierlei Weise geschehen: Wenn möglich knüpfen die SuS Kontakt zu Glaubenszeuginnen und -zeugen, um von diesen direkt Vollzüge ihrer Religiosität zu erfahren, oder die SuS begegnen Glaubenszeugnissen (Synagogen, Kultgegenständen, Friedhof) der jüdischen Religion.

Lernanlässe

› Du wirst zur Bat-Mizwa-Feier deiner jüdischen Freundin eingeladen. Deine Familie will von dir wissen, was dich erwartet.
› Ein Überlebender der Schoah jüdischen Glaubens kommt als Gesprächspartner an eure Schule. Du bist in der Gruppe, die das Gespräch mit ihm vorbereitet und leitet. Welche Gesprächsthemen schlägst du vor?
› Deine Klasse besucht einen jüdischen Friedhof. Du sollst Auskunft geben darüber, wie man sich dort verhält.
› In eurer Stadt wird der Jahrestag der Pogromnacht des 9. Novembers 1938 begangen. Welchen angemessenen (und kurzen) Beitrag könnte deine Klasse zu der Gedenkveranstaltung beisteuern?

Geschwister jüdischen Glaubens

Lernvorhaben

Folgende Kompetenzen aus dem Bildungsplan können anhand der Thematik bedient werden. Die SuS
- kennen wesentliche Elemente der jüdischen Religion und des jüdischen Lebens;
- können an Beispielen zeigen, wie das Christentum im Judentum verwurzelt ist, und einige Konsequenzen nennen, die sich für den Umgang der beiden Religionen miteinander ergeben;
- nehmen wahr (ohne bereits zu verstehen), dass ein Widerspruch besteht zwischen dem Judentum als Wurzel des Christentums und dem feindlichen Verhalten gegenüber jüdischen Mitbürgern seitens der Christinnen und Christen durch die Jahrhunderte hindurch;
- üben den achtsamen Umgang mit dem und den Fremden und die Bereitschaft zum Dialog.

Lernarrangement

Für den Aufbau der Lernsequenz sind 5–6 DS vorgesehen. Die ersten beiden DS dienen der Information der SuS durch die Lehrkraft (Fachkenntnisse), die dritte DS ist der Begegnung (Personen, tatsächliche oder virtuelle Orte) vorbehalten. In der vierten und eventuell fünften DS ist Zeit für die kreative Umsetzung der Begegnung durch die SuS. Die abschließende DS dient der Präsentation anhand der Marktplatz-Methode und der sich anschließenden Auswertung.

Lerngegenstände

Von der Lehrkraft sollten folgende Lerngegenstände übernommen werden:
- Kurze Einführung in die Grundzüge des Judentums (Monotheismus, Väter- und Müttergeschichten, z.B. Abraham und Sara, Isaak und Rebekka, Jakob mit Lea und Rahel)
- Das Judentum z.Zt. Jesu (Warten auf das Kommen des Reiches Gottes, Leben unter römischer Besatzung, religiöse Gruppen z.Zt. Jesu)
- Ein kurzer Überblick über die Verfolgung der Juden in Europa mit dem Schwerpunkt Schoah. Diese Einführung sollte unbedingt die Lehrkraft

übernehmen, damit so das Wissen um die Faktizität der Judenverfolgung sicher gestellt ist und Abschwächungstendenzen kein Raum gegeben wird.

Diese drei Bereiche werden zusammengefasst auf Lernplakaten oder auf Handouts, die den SuS während der gesamten Einheit vorliegen, sodass diese darauf Bezug nehmen können.

Lernwege

Hier ist darauf zu achten, dass die SuS nach der inhaltlichen Einführung durch die Lehrkraft ihre Lernwege abgestimmt mit ihrer Gruppe selber bestimmen. Die Gruppe entscheidet, ob sie einen Glaubenszeugen ausfindig machen, ihn kontaktieren, einladen und interviewen will oder ob sie einen der vorgeschlagenen Lernorte Synagoge oder Friedhof besucht oder sich für einen virtuellen Rundgang im Netz entscheidet. Bei den Lernorten muss die Lehrkraft darauf achten, dass diese realistisch zu erreichen sind bzw. vielleicht sogar bei der Kontaktaufnahme (z.B. Synagogenbesuch) behilflich sein. In der Gruppe müssen die SuS sich diese Orte selbst erschließen und überlegen, welche der Informationen sie an ihre Klasse weitergeben wollen. Ob den Gruppen spezielle Verhaltensregeln vorab gegeben werden sollen, entscheidet die Lehrkraft je nach Gruppe; ebenso, ob sie als Begleitung mit ihnen gemeinsam diese Lernorte aufsucht. Alternativ kann die Gesamtgruppe sich auch gemeinsam 2–3 Lernwege aussuchen (dies bietet sich bei kleineren Religionsklassen an).

Lernaufgaben

Begegnung mit einem Glaubenszeugen:
› Stellt Fragen aus folgenden Bereichen für ein Interview zusammen:
Gestaltung und Stellenwert des religiösen Lebens
Gemeindeleben
Vorzüge und Schwierigkeiten mit der eigenen Religion

Lernort Synagoge:
› Gestaltet den Grundriss einer Synagoge nach.
› Bastelt eine Synagoge (z.B. Möckmühler-Bastelbögen) und eine Kirche und sucht nach Gemeinsamkeiten und Unterschieden.

› Alternativ: Bastelt eine Synagoge und erarbeitet euch über die Einrichtungsgegenstände die religiöse Bedeutung des Raumes.

Lernort jüdischer Friedhof:
› Sucht markante Grabstätten und zeichnet diese ab bzw. fotografiert diese.
› Vergleicht den Aufbau des jüdischen Friedhofs mit dem Aufbau eines christlichen Friedhofs und benennt Gemeinsamkeiten und Unterschiede.
› Sucht euch ein Familiengrab eurer Wahl und schreibt eine fiktive Familienbiografie.

Virtueller Lernort Feste:
› Erarbeitet euch aus dem Internet einen Kalender mit den jüdischen Festen und tragt darin die Bedeutung der Feste ein.
› Vergleicht jüdische Feste und Feiern mit christlichen Festen und Feiern und haltet Gemeinsamkeiten und Unterschiede fest. Gestaltet damit ein Lernplakat zu einem Fest eurer Wahl.
› Verfasst einen Brief aus der Sicht eines jüdischen Jungen/Mädchens, der/die Bar/Bat Mizwa gefeiert hat und davon nun seinem/ihrer christlichen Freund/in berichtet.

Lernoptionen

Je nach Interessenlage der SuS können unterschiedliche Themen vertieft werden:

Jüdinnen und Juden als Verfolgte
Unter dieser Thematik können sich die SuS mit dem Projekt Stolpersteine auseinandersetzen und einen solchen Stolperstein als Klassengemeinschaft in der näheren Umgebung erwerben (95 Euro). Des Weiteren wäre eine Exkursion denkbar zu Stätten des nationalsozialistischen Terrors (KZ-Gedenkstätten), falls die Eltern dies erlauben. Eine dritte Möglichkeit wäre es, eine Zeitzeugin in den Unterricht einzuladen, die aus ihrem Leben im 3. Reich erzählt und darüber mit den SuS ins Gespräch kommt. Auch das gemeinsame Lesen eines Jugendbuches (z.B. Richter, Hans Peter, Damals war es Friedrich, München ^{4}1999) im Unterricht ist möglich.

Jüdisches Leben heute
Weiterführende Gedanken könnten sein, mit einem jüdischen Religionslehrer oder einer jüdischen Religionsklasse Kontakt aufzunehmen oder eine interreligiöse Begegnung mit einer jüdischen Gemeinde in der Nähe der Schule zu initiieren.

Lernerfolg

Sinnvoll ist eine Klassenarbeit v.a. zu den inhaltlichen Themen, die die Lehrkraft vorgegeben hat bzw. die sich die SuS über die Begegnungen und Besuche erarbeitet haben. Bewertbar sind ebenso die kreative Umsetzung (Synagogen-Modell) und die Arbeitsaufträge, die mit den Begegnungen und Lernorten verbunden waren und von den SuS angefertigt worden sind. Insgesamt lässt sich auch die abschließende Marktplatz-Präsentation bewerten, bei der die SuS ihre Ergebnisse aus- und vorstellen. Der Lernerfolg lässt sich alternativ auch daran messen, ob und wie die SuS ihren Umgang mit anderen Religionen überdenken und neue Wege des Miteinanders oder des respektvollen Umgangs für sich entdecken, benennen und vielleicht sogar einfordern können. Aus diesen Überlegungen könnte ein gemeinsamer Verhaltenskodex im »Miteinander der Religionen« entstehen, den die SuS formulieren und z.B. in anderen Klassen zur Diskussion stellen.

Lernquellen

Aktion Stolpersteine, Infos unter: www.stolpersteine.com.
Bundeszentrale für Politische Bildung und Deutsches Historisches Museum (Hg.), Jüdisches Leben in Deutschland 1914–2006 anhand einer Familiengeschichte, unter: www.chotzen.de.
Mendl, Hans, Religion erleben. Ein Arbeitsbuch für den Religionsunterricht, München 2008 (handlungsorientierte Vorschläge zur interreligiösen Begegnung).
www.planet-schule.de (Interaktives, Filmbeiträge und Arbeitsblätter zum Judentum).
www.talmud.de.

Uta Martina Hauf

Heilige Räume – Kirchenerkundung
(Lernzeitraum 5/6)

Heiligen Räumen und Orten wie Synagogen, Moscheen, Tempeln, Kirchen, aber auch anderen Opfer- und Kultstätten als Manifestationen von Religionen begegnen SuS in der Auseinandersetzung mit dem Phänomen Religion immer wieder. Zu ihrer eigenen Umwelt zählen vor allem die heiligen Räume des Christentums, hier in erster Hinsicht die Kirchen, die sie aus ihren jeweiligen Heimatgemeinden kennen oder auf Reisen besichtigen. Kirchengebäude repräsentieren in besonderem Maße die Geschichte und Kultur des Christentums in unserer Gesellschaft. Kirchenräume sind zugleich aber nicht nur museale Denkmäler, sie sind vor allem liturgische Begegnungsräume, in denen Christinnen und Christen Gottesdienst und ihren Glauben feiern. Mit wesentlichen Elementen des Kirchenbaus und seiner Bedeutung bzw. Aufgabe setzen sich die SuS auseinander und erfahren darüber hinaus die Besonderheit des Raumes.

Lernanlässe

Kirchen prägen die europäische Kulturlandschaft und stellen damit ein zentrales äußeres Merkmal des christlichen Glaubens dar. Sowohl im Alltag als auch auf Urlaubsreisen werden SuS auf vielfältige Weise mit Kirchen konfrontiert. Dabei gehören Kirchenbesuche oft nicht zur vertrauten Gewohnheit der SuS. Es muss sogar damit gerechnet werden, dass auch emotional für manche der Zugang nicht unbedingt positiv besetzt ist und die Fähigkeit, den Raum als heilig wahrzunehmen und sich entsprechend in ihm zu bewegen, nicht vorhanden ist. Im Umgang mit nicht-christlichen SuS bzw. SuS aus anderen Konfessionen können zudem Fragen auftauchen, wie eine Kirche aufgebaut ist und wozu die einzelnen Elemente eigentlich dienen.

> Eine muslimische Mitschülerin möchte gerne wissen, wie es in einer Kirche aussieht. Sie bittet dich, dass du ihr einmal (d)eine Kirche zeigst und ihr erklärst, was die einzelnen Dinge bedeuten und wozu sie da sind. Führe sie durch eine Kirche deiner Wahl und erkläre ihr alles.
> Im Klassengespräch hält ein jüdischer Mitschüler ein Referat über die Be-

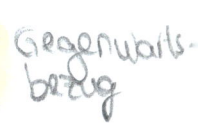

deutung der Synagoge. Die Lehrkraft fragt, wer etwas Ähnliches für die Kirche machen möchte. Du meldest dich und berichtest.
› Auf einer Urlaubsreise besuchst du eine Kirche. Erkläre deiner Familie die einzelnen Elemente und ihre Bedeutung.

Lernvorhaben

Der in den »Leitgedanken zum Kompetenzerwerb« des baden-württembergischen Bildungsplans genannten Aufgabe, Religion als prägenden Bestandteil unserer Gesellschaft und Geschichte zu thematisieren, ist die Lernsequenz Kirchenerkundung geschuldet. Die folgenden Kompetenzen können bedient werden. Die SuS
› können religiöse Ausdrucksformen in ihrer ästhetischen Qualität wahrnehmen und reflektieren;
› können die Eigenart religiöser Sprache, ihre Bilder, Symbole und Begriffe erkennen und angemessen damit umgehen;
› werden angehalten, mögliche Konsequenzen der biblisch-christlichen Botschaft für das persönliche Leben und die Gesellschaft zu reflektieren;
› erhalten durch den Besuch der gegenkonfessionellen Kirche die Möglichkeit, an Beispielen aus dem Leben der Gemeinde vor Ort Gemeinsamkeiten und Unterschiede zwischen den Konfessionen aufzuzeigen und so auf der Basis ihres eigenen Standpunktes die Perspektive anderer einzunehmen und Empathie zu entwickeln.

Lernarrangement

Die Kirchenerkundung ist dem Anliegen außerschulischen Lernens zuzuordnen und wird in der Durchführung eine gewisse Zeit beanspruchen, sodass mindestens eine DS zu veranschlagen ist. Da davon auszugehen ist, dass immer weniger SuS noch regelmäßige Begegnungen mit einem Kirchenraum haben, ist eine grundsätzliche Einstimmung in den Besuch hilfreich, die entweder noch im Klassenzimmer oder vor der eigentlichen Kirchenerkundung erfolgen kann. Daran anknüpfend erhalten die SuS Beobachtungsaufträge und machen sich in Kleingruppen selbstständig und eigenverantwortlich an die Erkundung der Kirche, sowohl von außen als auch von innen. Sie halten ihre Beobachtungen schriftlich fest, damit diese später in der unterrichtlichen

Nachbesprechung, für die eine weitere DS eingeplant werden muss, herangezogen werden können. Dann werden die spezifischen Funktionen und Aufgaben erarbeitet werden.

Lerngegenstände

Neben dem Kirchengebäude als zentralem Lerngegenstand wird die Lernsequenz durch informative Zusätze ergänzt.
- Dazu gehört die einführende Bewusstmachung der Kirche als »heiliger Raum«, die auch durch einen Vergleich mit anderen heiligen Räumen verstärkt werden kann.
- »Schwellenrituale« beim Betreten und Verlassen der Kirche (z.B. Bekreuzigung mit Weihwasser zur Erinnerung an die Taufe, kurzes Innehalten zum Ankommen) werden eingeübt.
- Bei der äußeren Kirchenerkundung können Aspekte wie der Kirchturm mit Glocken, Kreuz oder Wetterfahne, die Kirchentüren mit dem Hauptportal und mehreren Nebentüren, z.B. zur Sakristei, aber auch andere Beobachtungen wie mögliche Blitzableiter, besondere Giebel, Auffälligkeiten an der Fassade, Kirchenfenster u.v.m. thematisiert werden.
- Auch die Umgebung der Kirche mit möglicherweise einem kleinen Platz, Heiligenfiguren, Kreuzen, einem Friedhof oder dem Pfarrhaus wird angesprochen.
- Bei den Beobachtungen des Innenraums der Kirche werden zentrale Elemente wie Weihwasserbecken, Opferstock, Orgel mit Empore, Sakristei, Altar mit Altarraum, Seitenaltäre, Taufbecken, Ambo, Kanzel, Kreuze, Blumenschmuck, Hinweistafeln, Krabbelecke, Bilder und Figuren, Beichtstühle, ewiges Licht oder Kreuzweg zur Sprache kommen.

Lernwege

Nach einer gemeinschaftlichen Einstimmung zur Thematik »Kirche als heiliger Raum« erhalten die SuS Beobachtungsaufträge, die offen oder vorstrukturiert sein können und auf mögliche spezifische Eigenheiten der Kirche und ihres Umfeldes aufmerksam machen.
Zunächst erkunden die SuS in Kleingruppen unter dem Motto »Ich sehe was, was du nicht siehst« die Kirche von außen, gehen um sie herum, beobachten

und betasten die Außenmauern und machen sich zu ihren Beobachtungen Notizen. Ihre Beobachtungen können entweder direkt nach Beendigung der äußeren Kirchenerkundung zusammengetragen werden oder in einer späteren Reflexionsphase in der Schule.

Um die Besonderheit des Kirchenraumes zu verdeutlichen, empfiehlt es sich, dass vor dem Gang in die Kirche ein »Schwellenritual«, z.B. eine Begrüßungsformel, ein Gebet im Eingangsbereich – gemeinsam oder durch die Lehrkraft – gesprochen oder auch ein Lied gesungen wird.

Der zweite Beobachtungsgang führt in das Innere der Kirche. Zunächst gilt es, den Raum als ganzen zu erspüren (Größe, Höhe), zu riechen (Weihrauch, Blumen, Kerzen, feuchte alte Mauern …), zu hören (wie Schritte und Worte klingen). Daran anschließend suchen die SuS erneut in Kleingruppen zentrale Einrichtungselemente und andere Auffälligkeiten auf und notieren ihre Beobachtungen – entweder auf einem selbst erstellten oder auf einem als AB bereits vorbereiteten Grundriss. Ein gemeinsamer Besuch besonderer Elemente – wie z.B. die Empore mit der Orgel, die Krypta oder der Kirchturm mit seinen Glocken – kann sich anschließen.

Beim Verlassen der Kirche bietet sich wiederum ein »Schlussritual« an, z.B. ein Segenswort, Gebet oder Lied, um nochmals auf die Besonderheit des Kirchenraums zu verweisen.

Lernaufgaben

Zu Beginn der Kirchenerkundung werden in einem vorbereitenden Unterrichtsgespräch die Erfahrungen der SuS mit dem Kirchenraum thematisiert und die SuS auf die Bedeutung des Kirchenraumes als »heiliger Raum« hin sensibilisiert. Zunächst wird Vorwissen abgefragt (Wer von euch war schon mal in der Kirche? Wann und warum? Zu welchen Anlässen gehen Menschen in die Kirche? Wie heißt die Kirche? Welche Besonderheiten sind euch aufgefallen? u.a.) und auf die Besonderheit des Raumes hingeführt (Wohnt Gott in der Kirche? Wie benimmt man sich in der Kirche? Welche »Vorschriften« kennt ihr? Warum benimmt man sich in der Kirche anders als draußen? Wie ist das in anderen Religionen?).

Nach dem Gang zur Kirche werden die SuS mit Beobachtungsaufträgen zur äußeren Kirchenerkundung konfrontiert:
› Nenne und beschreibe alle Dinge, die um die Kirche herum auffallen.
› Nenne und beschreibe alle Dinge, die dir von außen an der Kirche auffallen.

Heilige Räume – Kirchenerkundung

› Untersuche und beschreibe die Türen zur Kirche.
› Betaste die Kirche von außen und beschreibe, was du spürst.

Danach erfolgen Beobachtungsaufträge zum Innenraum der Kirche:
› Notiere in einer Liste alle Dinge, die dir in der Kirche auffallen.
› Zeichne einen Grundriss der Kirche und trage die von dir entdeckten Elemente dort ein bzw. trage die von dir entdeckten Elemente auf das Arbeitsblatt mit dem Grundriss an der entsprechenden Stelle ein.

Lernoptionen

Wenn die Möglichkeit eines konkreten Kirchenbesuches nicht gegeben ist, so bietet sich ein virtueller Gang durch eine Kirche an, bei dem ebenfalls die angestrebten Kompetenzen bedient werden können. Entweder mithilfe einer Grafik eines Kircheninnenraumes (z.B. in Weltbild-Sonderheft 2006 »Mit der Familie durchs Kirchenjahr«, S. 64f.) oder eines virtuellen Modells (z.B. wie dem Nachbau der Kirche St. Georg auf der Reichenau, www.kirche-in-virtuellen-welten.de) können ebenfalls zentrale Elemente des Kirchenbaus erfahren und bearbeitet werden.

Die Kirchenerkundung lässt sich zudem – nicht nur für Klassen mit konfessionell-kooperativem Religionsunterricht – ergänzen um einen weiteren Kirchenbesuch der konfessionell nicht eigenen Kirche. Ein solcher bietet sich insofern auch an, da die meisten SuS in ihrer Umgebung Kirchen beider Konfessionen wahrnehmen dürften. Auch der Besuch einer Synagoge oder einer Moschee in der näheren Umgebung lässt sich ergänzend zur Kirchenerkundung planen.

Lernerfolg

Im Unterrichtsgespräch werden die Beobachtungen der SuS zusammengetragen und ihre Bedeutung thematisiert. Hierzu bietet sich ein tabellarisches Tafelbild (alternativ: Lernplakat) an, das links die Elemente und rechts ihre Bedeutung auflistet. Aufschluss über den Lernerfolg kann abschließend ein Lückentext geben, bei dem die wichtigsten äußeren wie inneren Gegenstände einer Kirche in die entsprechenden Lücken eingetragen werden. Die Überprüfung kann ebenfalls durch eine »stumme Karte« eines Kircheninnenraums erfolgen, die zu beschriften ist. Hierbei könnte zwischen katholischer und evangelischer Kirche differenziert werden, indem benannt werden muss, welche Elemente typisch für welchen Innenraum sind.

Lernquellen

Bosold, Iris/Michalke-Leicht, Wolfgang (Hg.), Mittendrin 1. Lernlandschaften Religion, München ³2010, S. 124–139.
Stürmer, Silke, »Offen für alle. Kirche und Gottesdienst« (DVD), Stuttgart 2007.
Goecke-Seischab, Margarete Luise/Harz, Frieder, Komm, wir entdecken eine Kirche, München ⁴2009.
Goecke-Seischab, Margarete Luise, Der Kirchen-Atlas, München ²2009.
Rupp, Hartmut (Hg.), Handbuch der Kirchenpädagogik. Kirchenräume wahrnehmen, deuten und erschließen, Stuttgart 2006.

Stefan Schipperges

Mord auf dem Abort – Die Bibel visualisieren (Lernzeitraum 5/6)

In den Klassen 5/6 lernen die SuS die Bibel als einen Erzähltext kennen und erschließen sich dabei sowohl die bildhafte Sprache als auch ansatzweise den Kontext einzelner Erzählungen im Rahmen der Geschichte Israels. Da in dieser Altersstufe ein historisches Denken noch nicht ausgeprägt ist, konzentriert sich der Bibelunterricht auf Personen, mit denen sich die SuS auseinandersetzen können. Narrative Elemente prägen den Unterricht und korrelieren dabei mit der Grundhaltung einer narrativen Theologie, die dem schriftstellerischen Ethos der biblischen Autoren und Texte entspricht.

Die vorliegende Lernsequenz thematisiert den Tyrannenmord des Benjaminiters Ehud an dem moabitischen König Eglon (Ri 3,12–30). Diese Perikope eignet sich, um 1. die literarische Gattung der Stammesheldenerzählung kennenzulernen, 2. in Auseinandersetzung mit dem biblischen Text dessen Textgeschichte von der mündlichen Erzählung bis zur vorliegenden Verschriftlichung nachzuzeichnen und 3. den narrativen Aspekt kreativ zu übersetzen.

Lernanlässe

Zwar begegnen SuS in diesem Alter den biblischen Texten noch verhältnismäßig unvoreingenommen, doch sind ihnen diese Texte zum Teil nicht mehr vertraut, zudem weckt die Bibel in den SuS die Vorstellung langweiliger und religiöser bzw. kirchlicher Geschichten. Die wohl den SuS nicht bekannte Erzählung von Ehud bietet dagegen eine spannende Geschichte, die neugierig macht. Diese Neugierde, mit den sich daraus ergebenden Fragen, profiliert diese Lernsequenz und liefert in der Beantwortung der Fragen den SuS ein Selbstverständnis des biblischen Textes. Die Anbahnung an die Begegnung mit dem konkreten Bibeltext leisten folgende Impulse:

› Benenne Kriterien, die für dich eine Geschichte spannend machen.
› Überlege, ob diese Kriterien auf die Bibel anwendbar sind, und begründe deine Entscheidung.
› Erzähle deinen Mitschülerinnen und Mitschülern von einem Helden, den du gut findest.

› Diskutiert in der Klasse, ob böses Tun bestraft werden muss – überlegt euch Strafmaßnahmen.

Lernvorhaben

In der Kompetenz, einen biblischen Text so zu erfassen, dass darin sowohl das Anliegen des Textes als auch das Verstehen des Lesers berücksichtigt wird, liegt der Fokus dieser Lernsequenz. Damit bedient sie folgende im Bildungsplan formulierten Standards. Die SuS
› können Bibelstellen auffinden und nachschlagen;
› können in Grundzügen ... Stationen der Geschichte Israels ... zuordnen;
› kennen ausgewählte biblische Erzähltexte;
› kennen Lebensgeschichten von Menschen, die ihren Weg mit Gott gegangen sind;
› können an Beispielen bildhafte Sprache erkennen und deuten.

Lernarrangement

Die Lernsequenz hat zum Ziel, dass die SuS eine eigenständige Umsetzung der biblischen Erzählung in einen Brickfilm (Film mit Legomännchen in einer Legoumgebung; gefilmt mit einer digitalen Videokamera im »Screenshot-Modus«) leisten. Das Erstellen dieses Films gelingt nur in effektiver Zusammenarbeit bei gleichzeitiger Ausschöpfung der kreativen Potenziale. Es werden auch Möglichkeiten zur Binnendifferenzierung geschaffen, da die SuS sich in verschiedene Arbeitsgruppen (Bauen aus Legosteinen, Drehbuch, Kameraführung, Kameraschnitt, Szenenarrangement) aufteilen.
Die Umsetzung der Lernsequenz beansprucht ca. eine DS zur Erarbeitung der biblischen Erzählung, eine DS zur Interpretation der Erzählung, ein bis zwei DS zur Vorbereitung und Planung des Brickfilms sowie ein bis zwei DS zum Filmen und Zusammenschneiden, was ggf. Schüler auch zu Hause am PC leisten können.
In der ersten Phase erfassen die SuS die Geschichte und rekonstruieren sie kriminalistisch. Die zweite Phase fixiert die Entwicklung der Erzählung von der mündlichen Tradition bis hin zur endgültigen Verschriftlichung. Die nächste große Phase beinhaltet die Verfilmung des Stoffes: Drehbuch, Aufbauten (aus Legosteinen mit Legomännchen), musikalische Arrangements, Ver-

teilung der Sprechrollen, Kameraführung und Szenenaufbau, Erstellung der Endfassung.

Lerngegenstände

Die SuS erarbeiten sich in den ersten beiden Phasen folgendes, durch die Lehrkraft instruiertes Sachwissen; der inhaltliche Aufwand hängt davon ab, ob die SuS bereits mit der Eigenart alttestamentlicher Texte in Grundzügen vertraut sind, was z.B. die Geschichte Israels oder die Textentstehung anbelangt:
> Es handelt sich bei Ri 3,12–30 um eine Heldenerzählung, in deren Mittelpunkt der Benjaminiter Ehud als Held steht.
> Am Anfang stand wohl eine heldenhafte Tat, die im Prozess der Verschriftlichung ausgeschmückt wurde und zum Ende eine Rahmenhandlung (VV. 12–15.27–30) und theologische Deutung erhielt.
> In dieser Erzählung fällt die dichterische Konzentration auf den gelungenen Tyrannenmord auf: Linkshänder, zweischneidiger Dolch, fettleibiger König etc.
> Ziel dieser Erzählung ist es, den eigenen Helden als schlauen und geschickten Mann darzustellen und gleichzeitig den Feind lächerlich zu machen.
> Die theologische Deutung besteht darin, dass Gott seinem Volk beisteht, indem ein Einzelner einen wichtigen Sieg erlangt; ähnlich wie bei David gegen Goliath.

Lernwege

Die SuS sollen sich in einer detektivischen Haltung mit dem Text beschäftigen. Diese Untersuchung wird Fragen aufwerfen, für die die Lehrkraft geeignetes Textmaterial zur Verfügung stellt. Da es um eine Kriminalgeschichte geht, kann sich die Lerngruppe als polizeiliche Ermittlungsgruppe begreifen und so in Teamgesprächen Fragen aufwerfen und versuchen, diese zu beantworten – dabei spielt die Frage des Motivs, sowohl für die Tat als auch für die Erzählung selbst, die zentrale Rolle. Nach der Rekonstruktion der Geschichte entwerfen die SuS eine Adaption der Erzählung, d.h die Verfilmung stellt ihnen frei, ob sie die Tat textnah oder gegenwartsbezogen visualisieren wollen.

Lernaufgaben

Die Lernaufgaben sind als Anregungen zu begreifen, die die Textauseinandersetzung der SuS produktiv irritieren können:
> Erstellt eine Tatortskizze zur Ermordung Eglons.
> Formuliert einen polizeilichen Ermittlungsbericht, der die zentralen Aspekte (Tatort, Motiv, Täter, Tatwaffe etc.) beinhaltet.
> Gliedert die Geschichte und formuliert für die einzelnen Teile Überschriften.
> Fixiert die Inhalte, die die Geschichte anschaulich und spannend machen.
> Überlegt und diskutiert, warum diese Geschichte in der Bibel steht.
> Beschreibt eure Reaktionen auf die Erkenntnis, dass der fette König Eglon auf der Toilette ermordet wurde.
> Erstellt ein Drehbuch für eine Verfilmung dieser Geschichte. Dabei entscheidet ihr euch, ob ihr sie aktualisieren wollt.

Lernoptionen

Die Verfilmung als Brickfilm ist zeitintensiv. Daher kann alternativ aus dem Drehbuch mit den dazu notwendigen Anpassungen ein kleines Theaterstück, ein Hörbuch oder eine Papiertheaterinszenierung (vgl. www.papiertheater.eu) entstehen und umgesetzt werden.
Es darf dabei durchaus die Figur Ehuds problematisiert und der Frage nachgegangen werden, ob Ehud ein zeitgemäßer Held ist oder ob Menschen heute andere Lösungswege für Konflikte gehen.
Dient diese Lernsequenz dazu, vertiefend mit der Dimension »Bibel und Tradition« weiterzuarbeiten, kann danach auf die Geschichte Israels eingegangen werden oder aber man vergleicht Ehud mit David.

Lernerfolg

Der Lernerfolg dieser Sequenz wird durch den Brickfilm dokumentiert. Zur Überprüfung kann sich ein Gespräch über den Film anschließen, in dem die SuS ihre Inszenierung begründen. Die SuS verständigen sich über mögliche Qualitätskriterien.

Lernquellen

www.bricktrick.de (Tipps zum Erstellen eines Brickfilms, auch mit Beispielen).
Kellner, Christina, Stop-Motion-Animation. Konzeption und Produktion eines Brickfilms, Saarbrücken 2007.
www.wibilex.de (Informationen zu Ehud und Eglon).

Andreas Wronka

Mirjam tanzt in die Freiheit
(Lernzeitraum 5/6)

Der Exodus des Volkes Israel ist eine biblische Erzählung, die vielen SuS – u.a. aus dem RU der Grundschule – bekannt ist. Für die meisten ist dieses Ereignis im Wesentlichen mit dem Namen Mose verbunden. In den Jahrgangsstufen 5/6 bietet es sich im Rahmen der Beschäftigung mit der »Frage nach Gott« und verschiedenen Gottesbildern an, diese für den jüdisch-christlichen Glauben zentrale Geschichte noch einmal aufzugreifen und aus einer anderen als der üblichen Perspektive zu betrachten. Mirjam, die Schwester des Mose und Prophetin, die mit ihren beiden Brüdern die Hebräer beim Auszug aus Ägypten anführte und der einer der ältesten Texte der Bibel, das sogenannte Mirjam-Lied (Ex 15,21) zugeschrieben wird, steht im Mittelpunkt der Lernsequenz. Ihr Weg der »ganzheitlichen« Glaubensverkündigung in Wort, Melodie und Tanz soll mithilfe der ausgewählten Unterrichtsmethoden nachvollzogen werden. Darüber hinaus ist es ein Anliegen, die SuS im Prozess der Ablösung vom Kinderglauben hin zu einem kritisch-reflektierenden Erwachsenenglauben zu unterstützen, indem ihnen ein altersgemäßer Einblick in die Ergebnisse der historisch-kritischen Forschung zu den Umständen des Exodus, das biblische Wunderverständnis und das Besondere des Gottesbildes Mirjams im Vergleich mit dem anderer Religionen ihrer Zeit vermittelt wird.

Lernanlass

In einer Zeit, in der religiöses Reden mit Kindern nicht mehr selbstverständlich ist, muss besonders der Religionsunterricht einen Raum bieten, verschiedene Gottesbilder kennenzulernen und über das eigene Gottesbild zu reflektieren. Folgender Anlass stellt eine Anforderungssituation dar, die die Auseinandersetzung mit der »Frage nach Gott« initiieren kann:
› »Unsere Klasse/Schule wird von SuS verschiedener Religionen und Konfessionen besucht, ebenso von Jugendlichen, die nicht an Gott glauben. Ihr besucht den Religionsunterricht. Gestaltet eine Ausstellung, mit der ihr ausdrückt, wie ihr euch Gott vorstellt. Ihr könnt dazu ein Bild malen. Wenn du Gott nicht malen willst oder kannst, dann versuche, ihn mit Worten zu be-

schreiben. Wenn dir auch das schwerfällt, kannst du beschreiben, was Gott deiner Meinung nach nicht ist. Die Ausstellung könnt ihr in eurem Klassenraum oder im Schulgebäude präsentieren.«

Lernvorhaben

Mit der Lernsequenz können die folgenden Kompetenzen bedient werden:
Die SuS
› kennen zentrale Erzählungen, Einsichten und Weisungen der biblischen Überlieferung und erfassen sie in ihrer existenziellen Bedeutung;
› erkennen die Eigenart religiöser Sprache, ihre Bilder, Symbole und Begriffe, und lernen, angemessen mit ihr umzugehen;
› sind fähig, das eigene Selbstverständnis zu artikulieren, es in Bezug zu biblisch-theologischen und anderen Lebenskonzepten zu reflektieren und Konsequenzen für das eigene Leben zu bedenken;
› kennen Lebensgeschichten von Menschen, die mit Gott ihren Weg gegangen sind.

Lernarrangement

Im Anschluss an die Gestaltung der Bilder reflektieren die SuS darüber, dass Menschen immer in »Bildern« über Gott sprechen. Anhand der Geschichte »Die Blinden und der Elefant« werden Chancen und Grenzen von Gottesbildern thematisiert (s. Bosold, Iris/Michalke-Leicht, Wolfgang 2007, S. 33).
Die weitere Lernsequenz ist auf mindestens acht Unterrichtsstunden ausgelegt. Die ersten beiden Stunden dienen der Anbindung des Themas an Lebenserfahrungen der SuS, einem ersten Kennenlernen von Mirjam als zentraler biblischer Frauengestalt sowie dem Abrufen von Wissen zu den Umständen des Exodus-Ereignisses. Letzteres erfolgt in Form eines Liedtanzes, der in den folgenden Stunden immer wieder aufgegriffen wird. Darüber hinaus werden die SuS auf die in den nächsten Stunden folgende Freiarbeit vorbereitet. In mindestens vier weiteren Stunden setzen sich die SuS anhand von Freiarbeitsmaterial differenzierter mit Mirjam auseinander. In einer weiteren Stunde wird der Lernerfolg evaluiert.

Lerngegenstände

Im Zentrum der Lernsequenz stehen die Rolle Mirjams beim Exodus-Ereignis sowie ihre Bedeutung für uns heute. Die Kinder rekapitulieren die Ereignisse am Schilfmeer, die ihnen aus dem Unterricht in der Grundschule bekannt sein dürften, und setzen sich dann mit dem biblischen Wunderverständnis, Mirjams Lebenslauf, ihrem Gottesbild (im Vergleich zu dem Gottesbild der Ägypter und Griechen) sowie der Erfahrung und dem Ausdruck von Lebensfreude auseinander. Folgendes Basiswissen sollte dabei erworben werden:
› Die altorientalischen Gottesvorstellungen;
› Mirjams Gottesbild eines Gottes, der sich für die Menschen einsetzt;
› dessen bleibende Bedeutung im Judentum, Christentum und Islam bis heute.
› Die Grundzüge des biblischen Wunderverständnisses: 1. Die Bibel spricht immer dann von einem Wunder, wenn eine Person durch das Wirken Gottes gerettet, beschützt oder auf einen guten Weg gebracht wird. Nicht das »Unmögliche« ist wichtig bei einem Wunder, sondern Gott als seine Ursache ist das Wesentliche. 2. Das Wunder muss als solches erkannt werden. Derjenige, der gerettet oder verändert wird, betrachtet das Geschehene als etwas Wunderbares.
› Ausdruck von Lebensfreude: Mirjam bringt ihre Dankbarkeit Gott gegenüber in Lied und Tanz zum Ausdruck.

Lernwege

Die SuS nähern sich zu Beginn des Moduls an die Erfahrung Mirjams beim Exodus an, indem sie unter der Überschrift »Mein Gott, war ich da aber froh …« von konkreten Ereignissen in ihrem eigenen Leben erzählen, bei denen sie einer Herausforderung begegnen mussten, die bewältigt werden konnte und an deren Ende das Gefühl einer großen Erleichterung und Freude stand. Dabei bleibt es ihnen überlassen, ob es sich bei diesem Ereignis um eine »dramatische«, zunächst »negativ« anmutende Situation handelte oder um eine »positive« Herausforderung, z.B. im sportlichen Bereich. Die als Einstieg gewählte Formulierung lässt zudem den Spielraum offen, von den SuS als alltägliche Redeweise verstanden zu werden oder von einem Ereignis zu berichten, das sie bewusst mit der Erfahrung des Getragen-Seins durch Gott verbinden. Die SuS halten ihre Geschichten auf farbigem, möglichst in einer ovalen Form zugeschnittenem Papier fest. Anschließend hängen sie die Ergebnisse mit Magneten an der Tafel auf und lesen einige Beispiele vor. Abschließend erzählen die Kinder, wie ihre Freude und Erleichterung in solchen Situationen zum Ausdruck kommt.

Im nächsten Arbeitsschritt erfolgt eine erste Begegnung mit Mirjam. Die SuS lernen Mirjam über das Bild eines Künstlers (z.B. Sieger Köder) kennen. Bei der Beschreibung des Bildes werden einige SuS bereits vorhandenes Wissen wiedergeben. Insbesondere sollte an dieser Stelle in den Blick genommen werden, warum denn Mirjam so froh war, wie sie ihre Freude ausdrückte und wie der Künstler diese Freude in der Gestaltung seines Bildes vermittelt. Um eine (auch optische) Verbindung zwischen den Erfahrungen der Kinder und Mirjam herzustellen, werden die ovalen Blätter, die die SuS an der Tafel aufgehängt haben, als Noten ausgestaltet.

In einem weiteren Schritt soll zusätzlich zum kognitiven Wissen der Kinder über die Bedrohungssituation, in der sich Mirjam und ihr Volk befanden, auch ein Zugang auf der emotionalen Ebene erschlossen werden. Dazu dient das Einüben des Liedtanzes »Moses hob den Stab« (Macht 2001), in dem die Flucht durch das Schilfmeer nachgespielt wird. Dieser Liedtanz ist nicht meditativ, sondern sehr schwungvoll und dynamisch, und wird deshalb auch von den Jungen mit Begeisterung aufgenommen.

Im Anschluss an eine Reflexion über die Erfahrungen mit dem »Tanz« und die daraus gewonnenen Erkenntnisse über die Bedeutung, die die Errettung für das Volk Israel gehabt hat, bereiten sich die Kinder auf die Freiarbeit in den nächsten Stunden vor, indem sie die Regeln der Freiarbeit kennenlernen bzw. wiederholen; zudem erhalten sie einen Überblick über die Themen der einzelnen Arbeitsstationen. In den folgenden Stunden wird der Liedtanz immer wieder aufgegriffen, was zum einen der Wiederholung und Festigung, zum anderen der Hinführung zum Thema am jeweiligen Stundenbeginn dient.

In der Freiarbeit erwerben die SuS anhand von Informationskarten ein vertieftes Wissen zu Mirjam und dem Exodus-Ereignis, gleichzeitig erweitern sie durch die Aufgabenstellung ihren Horizont, indem sie ihren Blick auch auf andere Frauengestalten der Bibel richten und bei der Auseinandersetzung mit dem Wunderbegriff der Bibel weitere, ihnen bekannte Wundergeschichten rekapitulieren. Zentrales Anliegen der Aufgabenstellung ist es, immer wieder einen Bezug zur Erfahrungswelt der Kinder herzustellen.

Lernaufgaben

Die SuS erhalten einen »Laufzettel«, auf dem die Stationen der Freiarbeit und die Aufgabenstellung abgedruckt sind (s. Schmidt 2004). Für die Freiarbeit in vier bis fünf Unterrichtsstunden seien exemplarisch folgende Stationen und Aufgabenstellungen genannt, die zum Teil mit dem an diesen Stationen zur Verfügung gestellten Arbeitsmaterial bearbeitet werden können, zum Teil auf das Vorwissen der SuS zurückgreifen und eine kreative Gestaltung erfordern:

Station 1: Der Auszug aus Ägypten – Was geschah damals?
› Lies Ex 13,17–14,31. Schreibe eine Zusammenfassung der Geschichte von der Rettung am Schilfmeer oder male ein Bild dazu.

Station 2: Der Auszug aus Ägypten – Was versteht die Bibel unter einem Wunder?
› Notiere, was zu einem biblischen Wunder gehört.
› Sammle (mindestens fünf) Wörter, in denen das Wort »Wunder« vorkommt.
› Erstelle eine Tabelle über die Wunder aus der Bibel, die du kennst. Schreibe jeweils dazu, was das Wunderbare daran ist.
› Hast du auch schon so etwas wie ein Wunder erlebt? Schreibe dein persönliches Wundererlebnis auf oder male eine Bildergeschichte.

Station 3: Wer war Mirjam? – Mirjams Lebenslauf
› Erstelle einen Steckbrief über Mirjam. Übertrage dazu die an der Station vorgegebene Tabelle in dein Heft.
› Erzähle von einer Frau, die du zum Vorbild hast.
› Erstelle eine Liste mit allen Frauen aus der Bibel, die du kennst. Überlege dir, welche Bedeutung sie für den christlichen Glauben oder speziell für deinen Glauben haben.
› Gestalte ein Schmuckblatt zum Mirjam-Lied. Schreibe das Mirjam-Lied in schönen Buchstaben ab und male einen Rahmen dazu.

Station 4: Wer war Mirjam? – Mirjams Bedeutung für uns heute
› Erläutere, worin sich Mirjams Gottesbild vom Gottesbild anderer Religionen, z.B. der Ägypter oder der Römer, unterscheidet.

Station 5: Das Mirjam-Lied – Lebensfreude
> Suche dir eine Partnerin/einen Partner. Erzählt einander je ein Erlebnis, bei dem ihr schon einmal große Lebensfreude verspürt habt.
> Gestalte ein Bild mit Wörtern, die Lebensfreude zum Ausdruck bringen.

Auf dem »Laufzettel« sind die Aufgaben gekennzeichnet, zu denen die SuS bei der Lehrkraft einen Lösungsvorschlag einsehen können.

Lernoptionen

Für besonders schnell arbeitende SuS liegen Nacherzählungen der Geschichten über Rut und Noomi sowie über Königin Ester bereit (Schindler 1996). Sie werden dazu aufgefordert, eine dieser Geschichten zu lesen und eine kurze Wiedergabe dieser Erzählung für die Klasse vorzubereiten.

Die Einbettung des Themas in Liedtänze lässt sich weiter entfalten. Siegfried Macht hat zum Mirjam-Lied einen Tanz entwickelt, Stephan Schmidt empfiehlt in seinen Materialien einen Kanon mit Tanzschritten zum Mirjam-Lied (s. Knippenkötter 1999). Sehr bewährt hat sich auch ein von Siegfried Macht selbst als »Power-Play« bezeichneter »Tanz« zur Landnahme mit dem Titel »Siebenmal vor Jericho gesungen« (Macht 2001). Innerhalb des Unterrichtsmoduls bietet es sich zudem an, das Mirjam-Lied von Claudia Mitscha-Eibl (»Im Lande der Knechtschaft«) zu singen.

Die Lernlandschaft »Menschen suchen Gott« im Unterrichtswerk »Mittendrin 1« bietet zudem viele Möglichkeiten, der Frage nach den Gottesbildern verschiedener Menschen und Religionen weiter nachzugehen.

Lernerfolg

Am Ende des Unterrichtsmoduls werden die in der Freiarbeit gestalteten Bilder ausgehängt. Eine Überprüfung und Festigung des erworbenen Wissens kann beispielsweise dadurch erfolgen, dass die SuS eine Karte mit einer Aufgabe ziehen, zu der sie in knapper Form die Lösung präsentieren müssen. Z.B.:
> Stelle dich kurz vor: Ich heiße Sara (Maria Magdalena, Eva etc.) und …
> Stelle eine Frau vor, die dein Vorbild ist.
> Du bist Mirjam und erklärst einem Ägypter, worin der Unterschied zwischen der Religion der Juden und der der Ägypter besteht.

> Erzähle eine Wundergeschichte aus dem Alten (Neuen) Testament und erkläre, was das Wunderbare daran ist.
> Darüber hinaus können die Geschichten von Rut und Noomi bzw. Königin Ester (s. Lernoptionen) wiedergegeben werden.

Lernquellen

Bosold, Iris/Michalke-Leicht, Wolfgang (Hg.), Mittendrin 1. Lernlandschaften Religion, München 2007, S. 28–47.
Dies., Mittendrin 1. Lehrerkommentar, München 2008, S. 47–74.
Knippenkötter, Anneliese/Voß-Goldstein, Christel (Hg.), Frauengottesdienste. Modelle und Materialien 7. Thema: Prophetinnen, Düsseldorf 1999.
Macht, Siegfried, Kinder tanzen ihre Lieder, München 2001 (www.siegfriedmacht.de).
Ders., In die Freiheit tanzen, Paderborn 1997, S. 18 (unter »Wenn uns Schuld vom Nächsten scheidet« finden sich die Noten zu Machts Bearbeitung des Mirjam-Liedes. Text und Tanzanleitung: www.siegfriedmacht.de/in_die_Freiheit_tanzen.pdf).
Mitscha-Eibl, Claudia, Mirjam-Lied (Text, Noten, Hörbeispiel: www.mitscha.at/lieder/mirjam.htm).
Schindler, Regine, Mit Gott unterwegs. Die Bibel für Kinder und Erwachsene neu erzählt, Zürich 1996.
Schmidt, Stephan, Mirjam befreit ihr Volk und singt ein Danklied für Gott. Freiarbeitsmaterialien für den Religionsunterricht im 5./6. Schuljahr, Stuttgart 2004.

Jutta Taege-Müller

Das Gleichnis vom Senfkorn
(Lernzeitraum 7/8)

Die SuS beschäftigen sich mit dem Gleichnis vom Senfkorn (Mk 4,30–32), das unter den Reich-Gottes-Gleichnissen zu den sogenannten »Wachstumsgleichnissen« zählt. Dabei erfahren sie, dass Jesus in einer metaphorischen Weise vom Reich Gottes als kleinem Anfang spricht, der eine große Wirkung entfaltet. Das Gleichnis wird korreliert mit einem aktuellen Beispiel aus der deutschen Geschichte, nämlich der Montagsdemonstration am 9. Oktober 1989 in Leipzig, die als Höhepunkt der friedlichen Revolution in der DDR 1989 gilt und auch für viele der »Tag der Entscheidung« war, der das »Wunder der Wende« in der DDR auf friedliche Weise ermöglichte.

Lernanlässe

Jugendliche beschäftigt Fragen nach ihren Lebensträumen und Sehnsüchten intensiv, da sie ihre Zukunft betreffen. Oft spielen dabei zunächst vordergründige Sehnsüchte, die vor allem im Konsumbereich bzw. bei der Verehrung von Stars und Idolen liegen, eine zentrale Rolle. Ebenso aber sind bei Jugendlichen Sehnsüchte nach Mitgestaltung und Engagement in der zukünftigen Welt virulent, daneben auch Fragen, die über den innerweltlichen Bereich nach Sinn und einer transzendenten Orientierung suchen.
Gleichzeitig bleibt für Jugendliche die biblische Bildersprache oft unverständlich und vor allem auch unaktuell. Auch hier möchte die Lernsequenz anknüpfen, indem sie am Beispiel einer Gleichniserzählung Jesu aufzeigt, welche grundsätzliche und bis heute wirksam bleibende Bedeutung in Jesu Rede vom Reich Gottes steckt und was es für Menschen heute heißen kann, am Reich Gottes mitzuwirken. Besonders die im Bild des Senfkorns enthaltene hoffnungsvolle Kraft des Wachstums soll entdeckt werden und auf ihre konkrete historische Bedeutung an einem geschichtlich-konkreten Beispiel, der »Wende« in der DDR, übertragen werden, was Jugendliche durchaus heute beschäftigt.
› Du wirst um ein Interview für eine Jugendzeitschrift gebeten. Darin sollst du Auskunft geben, warum Christinnen und Christen sich bei der Mitge-

staltung der Welt engagieren. Formuliere Fragen und Antworten. Gehe dabei auch auf die christliche »Reich-Gottes-Botschaft« ein. Begründe, warum eine solche Mitgestaltung der Welt nicht im Widerspruch zu den eigenen Freiheitsträumen Jugendlicher stehen muss.
> In der Klasse wird über die Aktualität der Reich-Gottes-Gleichnisse diskutiert. Manche vertreten die Meinung, dass diese völlig überholt und überaltet sind und für die heutige Welt keine Bedeutung mehr haben. Überlege dir Gegenargumente unter Bezug auf Informationen, die du – z.B. von Eltern, Großeltern, aus der Zeitung oder vom Geschichtsunterricht – über die »friedliche Revolution« in der DDR 1989 kennst, und deute diese im Zusammenhang mit dem Gleichnis vom Senfkorn.

Lernvorhaben

Durch die Beschäftigung mit dem Gleichnis im Rahmen der Lernsequenz werden die SuS angehalten,
> zentrale Erzählungen, Einsichten und Weisungen der christlichen Überlieferung, zu denen Gleichnisse gehören, zu verstehen und sie in ihrer existenziellen Bedeutung zu erfassen;
> die Ausdruckskraft und den Bedeutungsüberschuss bildhafter biblischer Sprache an Gleichnissen Jesu zu erkennen und zu erläutern, wie mit dem Handeln und Verkündigen Jesu das Reich Gottes angebrochen ist;
> hermeneutische Kompetenz im Umgang mit Texten der Bibel und Zeugnissen der Tradition zu erwerben;
> die Eigenart religiöser Sprache am Beispiel von Gleichnissen zu erkennen und angemessen mit ihr umzugehen;
> mögliche Konsequenzen der biblisch-christlichen Botschaft für das persönliche Leben und die Gesellschaft zu erörtern und an einem konkreten Beispiel aufzuzeigen, wie Menschen, die sich für Frieden, Gerechtigkeit und Bewahrung der Schöpfung engagieren, am Wachsen des Reiches Gottes mitarbeiten;
> zu erfahren, dass der Mensch in Verantwortung vor Gott nicht alles selber leisten muss.

Das Gleichnis vom Senfkorn

Lernarrangement

Die Lernsequenz ist eingebettet in das Themenfeld »Sehnsucht nach der Vollendung der Welt und Jesu Botschaft vom beginnenden Reich Gottes« und ist auf drei DS konzipiert. Die erste DS steht unter der Überschrift »Es muss im Leben mehr als alles geben« (benannt nach dem Buch von Maurice Sendak, Higgelti Piggelti Pop! Oder: Es muss im Leben mehr als alles geben, Zürich 1969). Hierbei geht es darum, dass die SuS an ihre Wünsche und Sehnsüchte herangeführt werden, die nicht materieller Natur sind. Die zweite DS trägt den Titel »Jeder Mensch braucht seine Insel – oder: Was wir nur in Bildworten ausdrücken können«. Die SuS setzen sich sprachlich mit den in der ersten DS thematisierten Sehnsüchten auseinander und erkennen durch die Beschäftigung mit Symbolwörtern, dass Transzendenzerfahrungen wie Liebe, Glaube, Hoffnung nicht in einer definitorischen, sondern in einer metaphorischen Sprache ausgedrückt werden. Dabei erfahren sie, dass man bei Metaphern die Bildebene von der Bedeutungsebene unterscheiden muss.

Die dritte DS behandelt das vorgestellte Thema »Das Gleichnis vom Senfkorn«. Durch den zum biblischen Gleichnis korrelierenden Zeitungsartikel »Der Tag der Entscheidung« (Brummer 2009) werden die SuS an ein aktuelles Beispiel der deutschen und damit auch ihrer Geschichte herangeführt. Dabei sollen sie (affektiv) erfahren, welche Bedeutung in Jesu Rede vom Reich Gottes steckt und was es für Menschen heißt, heute am Reich Gottes mitzuarbeiten.

Um diese Grundaussage zu konkretisieren und zu veranschaulichen, wird das Gleichnis mit einem Bericht von Christian Führer, Pfarrer der Leipziger Nikolaikirche und Initiator der Friedensgebete der Wendezeit 1989 in der DDR, kontrastiert, in dem sehr persönlich und anschaulich die Geschehnisse vor und während des Friedensgebetes am 9. Oktober 1989 in Leipzig beschrieben werden, die als »friedliche Revolution« in die Geschichte eingegangen sind.

Lerngegenstände

Im Zentrum der Lernsequenz steht das Gleichnis vom Senfkorn (Mk 4,30–32), das zu den sogenannten »Wachstumsgleichnissen« gehört.
› Die SuS lernen durch die Beschäftigung mit dem Gleichnis zum einen die metaphorische Sprachform der biblischen Gleichnisse kennen.

› Sie reflektieren die Aussagen des Gleichnisses als Reich-Gottes-Gleichnis unter der Fragestellung, was es konkret bedeutet, dass das Reich Gottes bereits grundlegend angebrochen, aber noch im Wachsen begriffen ist.

Lernwege

Den SuS wird der Inhalt des Gleichnisses durch ein Bilddiktat vorgestellt und im Unterrichtsgespräch seine Besonderheit und Aussagekraft reflektiert. Im Anschluss untersuchen die SuS die metaphorische Sprachebene des Gleichnisses und interpretieren das Gleichnis auf seine Bedeutungsebene hin. Unter Einbezug vorgegebener grundlegender Informationen zu den Montagsdemonstrationen in der DDR, besonders zum 9. Oktober 1989, übertragen sie das Gleichnis auf eine aktuelle historische Situation. Dazu wird den SuS zunächst eine sehr persönliche und anschauliche Schilderung der Ereignisse vorgelesen und gegebenenfalls durch Erläuterungen kommentiert. Anschließend entwerfen die SuS Plakate, die die Übertragung des Gleichnisses auf die konkret-historische Situation verdeutlichen, und stellen sie einander vor.

Lernaufgaben

Die SuS fertigen zunächst nach von der Lehrkraft vorgegebenen Angaben eine Zeichnung des Gleichnisses (Methode »Bilddiktat«) an, wobei zwischen den jeweiligen Arbeitsanweisungen zeitliche Pausen (»–«) gelassen werden müssen:
› Nimm eine DIN-A4-Seite und zeichne im unteren Viertel der Seite eine geschwungene Linie von links nach rechts – Zeichne nun unterhalb der geschwungenen Linie ungefähr in die Mitte der Seite ein kleines Samenkorn – Zeichne in die obere rechte Ecke eine Sonne – Nun lass das Samenkorn sprießen und Richtung Sonne die Linie durchbrechen – Lass einen großen Baum mit Zweigen zeichnerisch entstehen, dessen Zweige sich Richtung Sonne strecken – In den Zweigen des Baumes lass Vögel nisten ...

In der anschließenden Reflexion über die Zeichnungen, die in Partnerarbeit erfolgt, können folgende Fragen grundlegend sein:
› Vergleiche dein Bild mit dem deines Nachbars/deiner Nachbarin. Inwiefern ähneln sie sich?

- › Erzähle, was du am liebsten beim Bilddiktat gezeichnet hast und warum.
- › Überlege, was dein Bild ausdrückt bzw. welche Botschaft dein Bild gibt.

In einem nächsten Arbeitsschritt erarbeiten die SuS das Gleichnis anhand folgender Aufgaben:
- › Schreibe die Bildworte, die Jesus in diesem Gleichnis verwendet, heraus.
- › Zeichne eine Tabelle in dein Heft mit den Spalten »Bildwort« und »Bedeutung« und stelle mittels dieser Tabelle dar, was die Bildworte in diesem Gleichnis bedeuten.
- › Nenne den Bezugspunkt, worauf sich diese Bildworte beziehen.

Die anschließende Korrelation zu den Ereignissen des 9. Oktober 1989 verlangt zunächst konzentriertes Zuhören einer längeren Erzählung. Diese Erzählung soll durch den Entwurf eines Plakates gesichert werden:
- › Höre die vorgetragene Erzählung aufmerksam an.
- › Entwirf ein Plakat, das Menschen zu einem Friedensgebet in die Kirche einlädt. Beginne dabei mit den Worten »Mit unserem Friedensgebet ist es wie mit einem Senfkorn, das man in die Erde sät ...«
- › Stelle deinen Plakatentwurf der Lerngruppe vor, indem du auf zentrale Elemente eingehst, die dir besonders wichtig sind.
- › Erkläre, warum du meinst, dass deiner Einladung Folge geleistet werden könnte.

Lernoptionen

Ergänzend oder alternativ zu den oben genannten Gleichnissen kann auch das Gleichnis vom gütigen Arbeitsherrn (Mt 20,1–16) besprochen werden. Die SuS sollen – ausgehend von lebenspraktischen Beispielen – sich mit den Begriffen »gütig« und »gerecht« im Kontext des genannten Gleichnisses auseinandersetzen. Dabei kann sehr gut das Bild von Rembrandt (Mittendrin 2, S. 91) eingesetzt werden. Ebenso können die Gleichnisse vom barmherzigen Vater (Lk 15,11–32) und vom Festmahl (Lk 14,16–23) thematisiert werden, um den SuS weitere Aspekte der Rede Jesu vom Reich Gottes zu verdeutlichen. In einem anknüpfenden Themenfeld bietet sich die Hinführung zum Themenkreis »Wunder Jesu« unter der Fragestellung an, inwiefern Jesus durch seine Taten ein Zeichen für das Reich Gottes setzt, z.B. anhand der Erzählung von der Heilung eines Gelähmten in Mk 2,1–12.

Lernerfolg

Vielen SuS fällt es schwer, Metaphern und ihre mehrsinnigen Aussagen zu verstehen. Sie neigen oft zu einem wortwörtlichen Verständnis. Daher bietet die Übertragung in einen aktuellen politischen Kontext und damit in eine konkret-anschauliche Situation die Möglichkeit, die Kernaussage des Gleichnisses zu verstehen. Daher ist eine Übertragung der metaphorischen Aussagen auf ihre Bedeutungsebene durch eine tabellarische Gegenüberstellung hilfreich. Die Gestaltung eines Plakats bietet nochmals kreativ die Möglichkeit, die Übertragung zu verinnerlichen. Ebenso besteht die Möglichkeit, die SuS nach ähnlichen Übertragungen suchen zu lassen und diese in Form eines Zeitungsartikels zu verschriftlichen.

Lernquellen

Baldermann, Ingo, Gottes Reich – Hoffnung für Kinder. Entdeckungen mit Kindern in den Evangelien, Neukirchen-Vluyn 1991, S. 85ff.
Brummer, Arnd, »Der Tag der Entscheidung«, in: chrismon. Das evangelische Magazin 10/2009, S. 12f. (= gekürzte Fassung eines Beitrags aus Arnd Brummer, Vom Gebet zur Demo. 1989 – die friedliche Revolution begann in den Kirchen, Frankfurt/M. 2009).
Grünbeck, Elisabeth, »... dann ist doch das Reich Gottes schon zu euch gekommen« (Lk 11,20). »Reich Gottes« – im Religionsunterricht, in: Notizblock 27/2000, S. 3–5 (Erfahrungen im Umgang mit Reich-Gottes-Gleichnissen im Religionsunterricht).
»Leipzig. Das Senfkorn der Wende«, in: »Frankfurter Allgemeine Zeitung« vom 15.09.2007.
Bosold, Iris/Michalke-Leicht, Wolfgang (Hg.), Mittendrin 2. Lernlandschaften Religion, S. 84–99 (»Da berühren sich Himmel und Erde«: Gleichnisse Jesu).
Rupp, Hartmut, Gleichnisse im RU – Schön! Aber wie?, in: entwurf 1/1991, S. 39–42.

Stefan Schipperges

Herausforderung Islam
(Lernzeitraum 7/8)

Keine Religion ist in Deutschland so umstritten und wird so pauschal in den Medien kritisiert wie der Islam. Keine andere Weltanschauung steht in dem Generalverdacht, die Menschenrechte zu missachten und ihre Anhänger zu Fanatikern zu erziehen. Gleichzeitig leben ca. 3,5 Millionen Muslime in Deutschland. Der Dialog mit dem Islam weltweit und im lokalen Umfeld ist somit eine der grundlegenden Herausforderungen für die pluralistische Gesellschaft der Zukunft. Der »Islam« wird zumeist im 7. oder 8. Schuljahr behandelt und danach in der Regel nur noch in Einzelfällen aufgegriffen. Daher muss die Behandlung des Themenfeldes in diesen Jahrgängen über eine reine Darstellung hinausgehen und die SuS in einer altersgemäßen Form zu einer reflektierten Position führen. Nur so werden sie zu einem Dialog und zu fundierten Entscheidungen im Bezug auf den Islam befähigt.

Lernanlässe

Selbst in ländlichen Gebieten, die noch relativ geschlossene christliche Milieus aufweisen, gehört das Zusammenleben mit Menschen muslimischen Glaubens inzwischen zum Alltag; häufig sind in den Klassen auch muslimische Mitschülerinnen und -schüler. Zahlreiche konkrete Anforderungssituationen ergeben sich daher aus Alltagssituationen sowie aus der kommunalen, nationalen und internationalen Politik, z.B.:

Schwerpunkt: Leben im Islam (am Beispiel der Rolle der Frau)
› Immer wieder möchten Lehrerinnen muslimischen Glaubens an deutschen Schulen mit Kopftuch unterrichten. Dies verbietet jedoch das Schulgesetz in Baden-Württemberg. Stellt euch vor, eine muslimische Lehrerin bewirbt sich an eurer Schule und möchte während des Unterrichts ein Kopftuch tragen. Führt in der SMV eine Diskussion hierüber.
› Bei einem Stadtbummel triffst du deine Freundin Ebru, die seit dem 5. Schuljahr die Realschule besucht. Sie trägt seit einigen Wochen ein Kopftuch. Du sprichst sie darauf an und diskutierst mit ihr über ihre Entscheidung.

Weitere Anforderungssituationen könnten sich z.B. anhand des islamischen Religionsunterrichts oder des Fastens im Ramadan ergeben.

Schwerpunkt: Bedrohung Islam?
> In einer Zeitung liest du folgenden Satz: »Fest steht: Nicht alle Muslime sind Terroristen. Fest steht aber auch: Fast alle Terroristen sind Muslime.« In eurer Klasse wollt ihr hierzu einen Leserbrief verfassen!

Gerade in diesem Themenbereich finden sich Anforderungssituationen häufig im politischen Tagesgeschehen (Selbstmordattentate, Gedenktag zum 11. September, Unruhen nach dem Erscheinen der Muhammadkarikaturen 2006, die Volksabstimmung über die Einführung des Minarettverbots in der Schweiz 2009 oder – soweit in der Lokalpolitik diskutiert – der Bau einer Moschee am Schulort). Grundsätzlich ist es sinnvoller, den Schwerpunkt der Lernsequenz nur auf einen der beiden Bereiche zu legen und ihn exemplarisch zu vertiefen.

Lernvorhaben

Die Bildungsstandards des Bildungsplans legen den Akzent auf die Fähigkeit zu einem fundierten Dialog zwischen Christen und Muslimen. Die SuS
> kennen Gründe für das Entstehen von Vorurteilen gegenüber Muslimen und können sich mit einigen gängigen Vorurteilen kritisch auseinandersetzen;
> sind in Ansätzen befähigt zu einem Gesprächsaustausch mit Menschen islamischen Glaubens.

Diese Kompetenzen beziehen sich nicht allein auf den fachlichen Bereich, auch die personale, die soziale und die methodische Kompetenz müssen geschult werden. Ferner werden unterschiedliche Dimensionen von Religion berührt: das religiöse Wissen, die religiöse Praxis im Alltag, das bewusste Bekenntnis des Glaubens und die Sensibilität für das religiöse Erleben anderer. Damit werden die SuS indirekt auch zu einer Reflexion der eigenen religiösen Identität motiviert.

Lernarrangement

Da es sich um ein für die SuS zentrales Thema handelt, ist es angemessen, die Lernsequenz auf 4–5 DS anzulegen. Erfahrungen mit Freiarbeit zum Thema Islam zeigen, dass bei einer ausschließlichen Erarbeitung des Themenfeldes in selbstorganisiertem Lernen die Reflexion von Vorurteilen ausbleiben kann, da die SuS sich gerne auf die rein kognitive Erarbeitung der Materialien beschränken. Daher erscheint es unverzichtbar, auch der Diskussion in der Lerngruppe ausreichend Platz einzuräumen, denn gerade im Gespräch mit der Lehrkraft können Vorurteile erkannt und korrigierend reflektiert werden. So bietet es sich an, in der ersten und letzten DS jeweils den Akzent auf Diskussion und gemeinsame Auseinandersetzung zu legen. In den verbleibenden 2–3 DS erarbeiten sich die SuS in Freiarbeit das nötige Sachwissen (z.B. Aussagen des Korans etc.) und setzen sich mit Lebenszeugnissen von Muslimen auseinander.

In dieser Lernsequenz bietet es sich an, den SuS zu den Lernaufgaben unterschiedliche Materialien zur Verfügung zu stellen, Internetlinks ebenso wie Sachtexte, Lebenszeugnisse von Muslimen, Filmausschnitte und Popsongs. Hierbei sollte es auch darum gehen, den Islam zu »erleben« und einen Blick für die Schönheit dieser Religion zu bekommen. Es können also durchaus auch Realien, Ton- und Bilddokumente und – falls ohne zu großen Aufwand möglich – kulinarische Kostproben (kostengünstig in türkischen Supermärkten zu erhalten) bereitgestellt werden. Um den Prinzipien des interreligiösen Lernens zu entsprechen, bietet es sich an, möglichst authentische Texte (z.B. Lebenszeugnisse, Auszüge aus der muslimischen Kinder- und Jugendliteratur etc.) zu verwenden und auf Zusammenfassungen aus westlicher Sicht weitestgehend zu verzichten.

Die SuS erhalten die Aufgabe, anhand unterschiedlicher Medien das nötige Sachwissen zur Bewältigung der Anforderungssituationen zu erarbeiten. Wichtig ist hierbei, dass die Lernaufgaben klar formuliert sind, damit die SuS mit dem vielfältigen Material nicht überfordert sind.

Lerngegenstände

Inhalte, die Grundwissen zum Islam vermitteln:
› Der Islam als monotheistische Religion, der Prophet Muhammad und seine Bedeutung, der Koran, die fünf Säulen.

Inhalte zum Schwerpunkt »Leben im Islam (am Beispiel der Rolle der Frau)«:
› Gängige Vorurteile gegenüber muslimischen Frauen;
› zentrale Aussagen des Korans zur Stellung der Frau (Gleichstellung von Mann und Frau vor Allah, Verhältnis von Mann und Frau, Verschleierung ...);
› die Diversität der Lebenswirklichkeit muslimischer Frauen in unterschiedlichen gesellschaftlichen Kontexten;
› Lebenszeugnisse muslimischer Mädchen und Frauen.

Inhalte zum Schwerpunkt »Bedrohung Islam?«:
› Islamistischer Terror an einzelnen Beispielen;
› kleiner und großer Dschihad;
› Aussagen des Korans zum Selbstmord.
› Was ist Fundamentalismus?

Es ist denkbar, in der ersten DS der Unterrichtssequenz mit den SuS gemeinsam diejenigen Inhalte festzulegen, die zur Bewältigung der Anforderungssituation nötig sind und die dann in der Folge von den SuS recherchiert und erarbeitet werden.

Lernwege

Bei beiden möglichen Schwerpunkten ist mit Vorwissen und Vorurteilen der SuS zu rechnen. Es ist daher sinnvoll, dieses Vorwissen – so vereinfacht und vorurteilsbelastet es auch sein mag – zunächst zu thematisieren, um es dann in einem zweiten Schritt anhand von konkreten Lernaufgaben zu erweitern und ggf. zu revidieren. Diese konkreten Lernaufgaben sollen zum einen das nötige Sachwissen liefern, zum anderen aber die SuS zu einem Dialog mit Muslimen in ihrem Umfeld anregen. Hierbei ist es auch wichtig, die SuS für die alltägliche Relevanz der Anforderungssituation zu sensibilisieren und sie zu einer aufmerksamen Wahrnehmung ihrer Lebenswelt und der aktuellen Tagespresse anzuregen. Diese Beobachtungen ergänzen die im Lernarrangement bereitgestellten Materialien.

Lernaufgaben

Schwerpunkt »Leben im Islam (am Beispiel der Rolle der Frau)«:
› Stelle dein Vorwissen über die Rolle muslimischer Frauen aus Medien, Kinderbüchern und persönlichen Begegnungen zusammen und formuliere, in welchen Bereichen du gerne weiterführende Informationen haben würdest.
› Informiere dich in geeigneten Internetquellen, in Religionsbüchern und Lexika über die Stellung der Frau im Islam und über ihre Rechte und Pflichten.
› Stelle den Kontakt zu einer Moschee/einem muslimischen Gebetsraum her und interviewe dort Frauen zu ihren Erfahrungen als Muslimas.
› Recherchiere im Internet Berichte von Frauen, die sich bewusst für das Kopftuch entschieden haben, und stelle ihre Motive deiner Lerngruppe vor.

Schwerpunkt »Bedrohung Islam?«:
› Interviewe Christen und Muslime in deiner Umgebung zu ihrer Meinung zum Thema »Islam = Religion des Terrorismus«.
› Recherchiere im Internet und in anderen geeigneten Quellen über die Bedeutung des Begriffs »Islam«, über den »Dschihad« und über Selbstmord aus der Sicht des Korans.
› Sammle in den nächsten Tagen und Wochen Zeitungsartikel, die sich mit dem Islam und mit Muslimen beschäftigen, und fasse zusammen, welches Bild vom Islam man hier gewinnen kann.

Lernoptionen

Die Lernerfahrungen lassen sich auf verschiedene Weise vertiefen. Für den Schwerpunkt »Leben im Islam« ist eine Begegnung mit muslimischen Frauen denkbar (z.B. im Rahmen eines vor Ort bestehenden christlich-muslimischen Frauentreffs). Zu beiden Schwerpunkten bieten sich ein Gesprächsabend mit Podiumsdiskussion (SuS, muslimische Gesprächspartner, Lehrkräfte anderer

Fächer, z.B. Gk/Ek/Ge) oder die Erstellung einer Ausstellung an. Auch könnte man fächerverbindende Projekte durchführen, so z.B. zum Thema Afghanistan (Rolle der Frau, Taliban, gemeinsam mit Gk und Ek) oder zu einem Jugendbuch, das das Leben zwischen zwei Kulturen thematisiert (Jelloun 2002 oder ein Titel von Azouz Bégag, auch als fächerverbindendes Projekt mit Französisch geeignet).

Lernerfolg

Das erarbeitete Sachwissen lässt sich durch Präsentationen oder Plakate, die in einem Gallery Walk präsentiert werden, evaluieren. Im Bereich der Einstellungen ist ein Lernerfolg freilich nur schwer zu überprüfen. Die Anforderungssituationen lassen allerdings eine gewisse Evaluation zu, z.B. indem die SuS die dort geforderten Diskussionen in Rollenspielen präsentieren bzw. den Leserbrief zu der genannten These verfassen. Falls diese Ergebnisse benotet werden sollen, ist es wichtig, die Kriterien vorher mit den SuS gemeinsam festzulegen (z.B. Verwendung von Hintergrundwissen, Perspektivität der Darstellung, Fähigkeit zur Perspektivübernahme etc.).
In einer Klassenarbeit sollte – neben der Reproduktion von Faktenwissen – auch eine kreative Aufgabe enthalten sein, in der die SuS beispielsweise einen Dialog mit einer Muslima (Schwerpunkt: Leben im Islam) oder einen Leserbrief zu einer – fiktiven oder realen – Zeitungsüberschrift schreiben (Schwerpunkt: Bedrohung Islam). Mit solchen Aufgabenstellungen lässt sich überprüfen, inwiefern die SuS in der Lage sind, aus dem gelernten Wissen Konsequenzen für ihre Einstellungen und Werthaltungen zu ziehen.
Ferner ist es denkbar, die SuS während der Phase des selbstorganisierten Lernens ein Lernportfolio schreiben zu lassen, in das nicht nur Ergebnisse aufgenommen werden, sondern das auch eigene Kommentare, Stellungnahmen und Anfragen sowie z.B. Zeitungsartikel enthält, die die SuS selbst entdeckt haben.

Lernquellen

Internetrecherche: www.focus.de, www.spiegel.de, www.sueddeutsche.de (Ereignisse aus der Tagespolitik); www.lpb-bw.de/kopftuchstreit.html (Rechtslage zum Kopftuchstreit); www.islam.de, www.al-sakina.de, www.islamaufdeutsch.de (Grundwissen zum Islam); www.ammar114.de (Songs eines muslimischen Rappers, die gängige Vorurteile reflektieren); www.youtube.com (Reportagen zum Stichwort »Leben mit Kopftuch«); www.al-sakina.de/inhalt/artikel/tuch/tuch.html (Lebenszeugnisse muslimischer Frauen).

Bosold, Iris/Michalke-Leicht, Wolfgang (Hg.), Mittendrin 2. Lernlandschaften Religion, München ²2010, S. 122–145.

Religion vernetzt 7, München ²2007, S. 102–124.

Rupp-Holmes, Friederun, Lernstraße Islam. 15 Stationen für den Unterricht in der Sekundarstufe I, Stuttgart 2003.

Saphir 5/6. Religionsbuch für junge Musliminnen und Muslime, München 2008 (weitere Bände ab 2011; altersgemäße Darstellung wesentlicher Glaubensinhalte des Islam).

Vor allem in der französischsprachigen Literatur gibt es zahlreiche Kinder- und Jugendbücher zum Islam, z.B.: Tahar Ben Jelloun, Papa, was ist der Islam?, Berlin 2003, und Azouz Bégag, Der Junge vom Stadtrand, Weinheim 2001, u.a.m.

Angelika Scholz

Autoritäten gehorchen?
(Lernzeitraum 7/8)

Die Frage »Wem gehorchen?« ist zu Beginn des 21. Jahrhunderts für Angehörige aller Generationen ein Thema. War noch für die meisten aus der Generation, die in den 60er-Jahren aufwuchs, der Umgang mit Autorität(en) vom Aufbegehren gegen übermächtige Figuren oder Institutionen bestimmt, so ist für Kinder und Jugendliche heute Gehorsam gegenüber Autoritäten häufig ein Fremdwort. Sie sind aus dem familiären Umfeld gewohnt, dass das geschieht, was sie wollen; ihre Eltern sehen sich eher als Erziehungspartner, die mit ihren Kindern verhandeln. Auch in gesellschaftlich-politischer Hinsicht schwindet der Glaube an Autoritäten kontinuierlich. In einem Zeitungsartikel ist sogar von einem »Massensterben der Autoritäten« die Rede. Angesichts der Informationsflut und der Diskussionsfreude im Internet gelte nichts mehr als unumstößlich, sei alles durch neue Informationen umkehr- und generell diskutierbar; die Wahrheitsfrage habe ausgedient, Wissen »ex cathedra« gebe es nicht mehr (vgl. T. Strobl, Das Massensterben der Autoritäten, in: FAZ vom 9.1.10). Das Image von Politikern, Lehrern und Polizisten, früher der Inbegriff von Autoritäten, befindet sich auf einem Tiefpunkt; nicht nur Sach-, sondern auch Amtsautorität ist ins Wanken geraten. Wem also gehorchen, auf wen hören?
Auf der anderen Seite brauchen Jugendliche nötiger denn je Maßstäbe und Personen, an denen sie sich ausrichten und die ihnen etwas zu sagen haben. Häufig nehmen diese Funktion Prominente ein, deren Meinung bzw. Lebenswandel früheren Maßstäben für »Autoritäten« niemals standhalten würden. Mit den SuS soll reflektiert werden, welchen »Autoritäten« sie gehorchen und wann Widerstand bzw. Gehorsam angebracht sind. Sie verhandeln ihre Kriterien, lernen neue kennen und vergleichen ihre Beweggründe mit jenen, die für einen alttestamentlichen Propheten maßgeblich gewesen sein könnten, um aufzubegehren.

Lernanlässe

Im Sommer 2010 beherrscht die Auseinandersetzung um den Bau des neuen Tiefbahnhofes im Rahmen von »Stuttgart 21« die Diskussion in der Presse. Unter den Demonstranten befinden sich nicht nur Vertreter bekannter Umweltschutzbewegungen, sondern Menschen unterschiedlichster Couleur und aus verschiedenen Generationen. Die sog. »Montagsdemonstrationen« am Bahnhof haben mit der Zeit solche Ausmaße angenommen, dass die Projektverantwortlichen sich nicht mehr mit dem Hinweis darüber hinwegsetzen konnten, in diesem Zusammenhang sei alles juristisch und politisch abgesichert. Die Autorität der Projektleiter von Bahn und Bund und des Oberbürgermeisters als politisch Verantwortlicher wird von großen Teilen – nicht nur der Stuttgarter – Bevölkerung infrage gestellt. An diesem Beispiel lässt sich zeigen, dass es heutzutage für die Anerkennung von Entscheidungen von oben oder von einer Autorität mehr bedarf als einer amtlich überlegenen und juristisch abgesicherten Position. Autorität muss immer wieder erworben und verhandelt werden und muss, um als Autorität anerkannt zu werden, überzeugend sein. Das bedeutet, dass diejenigen, die Autorität beanspruchen, sowohl sich selbst als auch ihre Werte zur Diskussion stellen müssen. Folgende Anforderungssituationen wären denkbar:

› Ihr informiert euch über die Geschehnisse am Bauzaun des Stuttgarter Hauptbahnhofes und über mögliche Beweggründe der Demonstranten. Erstellt eine Tabelle, in die ihr verschiedene Hauptargumente der Gegner einträgt und die Form, wie sie ihrer Meinung Ausdruck verleihen.
› Erhebt in eurer Klasse ein Meinungsbild: Wer ist für das Projekt, wer dagegen? Erläutert euch gegenseitig eure Positionen und tauscht euch über die unterschiedlichen Reaktionen der Menschen zu »Stuttgart 21« aus. Welche Reaktion entspricht euch am meisten und warum?
› Ihr bereitet ein (fiktives) Gespräch mit dem Stuttgarter Oberbürgermeister vor. Erklärt ihm, warum so viele Menschen gegen »Stuttgart 21« demonstrieren, und gebt ihm Ratschläge, wie er eine Einigung bzw. eine Festigung seiner Position als Oberbürgermeister erzielen könnte.
› Du führst ein Gespräch mit deinen Eltern, Großeltern oder anderen älteren Personen, in dem es darum geht, welchen Autoritäten sie in deinem Alter gehorchten. Wie wurden Entscheidungen in der Familie, Schule, Politik gefällt und umgesetzt? Schreibe wichtige Punkte aus dem Gespräch auf, vergleicht in der Klasse eure Ergebnisse untereinander und mit euren eigenen Antworten auf die Fragen, die ihr im Interview/Gespräch gestellt habt.

› Du führst eine (schriftliche) Besinnung durch: Welchen Autoritäten gehorche ich? Wer ist für mich eine Autorität und warum? Wann muss ich mich Autoritäten anpassen, wann bin ich verpflichtet, mich zur Wehr zu setzen? Tue ich es dann? Gibt es Beispiele?

Lernvorhaben

Zentral für die zu erreichenden Bildungsstandards ist die (personale) Kompetenz der SuS, »ihr Selbstverständnis zu artikulieren, es in Bezug zu biblisch-theologischen Lebenskonzepten zu reflektieren und Konsequenzen für das eigene Leben zu bedenken«. Indem sie sich anhand eines lokalpolitischen Beispiels mit dem Problem von Autorität bzw. dem Umgang verschiedener Personen mit einer Entscheidung von oben befassen, gewinnen sie einen Überblick über Verhaltensalternativen. Sie reflektieren in diesem Zusammenhang (ihre) Kriterien für angemessenes Verhalten gegenüber Autoritäten und »erörtern mögliche Konsequenzen der biblisch-christlichen Botschaft für das persönliche Leben und die Gesellschaft«. Die SuS
› erkennen, dass Menschen beim Erwachsenwerden einen Spielraum der Freiheit gewinnen, den sie verantwortlich nutzen sollen;
› können an einem Beispiel deutlich machen, inwiefern prophetische Menschen für ein humanes und gerechtes Zusammenleben in der Gesellschaft unentbehrlich sind;
› kennen Merkmale der biblischen Sprachform prophetischer Rede.

Lernarrangement

Die Lernsequenz ist auf 4–6 DS ausgelegt. Zunächst befassen sich die SuS – ausgehend von der Beschäftigung mit den Ereignissen um »Stuttgart 21« – mit dem Thema »Autorität«. Sie erarbeiten Gründe für bestimmte Verhaltensweisen von Befürwortern und Gegnern dieses Projekts. In einem zweiten Schritt beschäftigen sie sich mit dem Thema »Autoritäten in meinem Leben« und vergleichen ihre Beobachtungen in einer dritten Phase mit dem Verhalten eines alttestamentlichen Propheten angesichts sehr unterschiedlicher Autoritäten. In der letzten Phase der Sequenz erörtern die SuS, ob die Situation eines Propheten im Nordreich Israel sich auch auf die Situation der »Stuttgart 21«-Gegner übertragen lässt und ob das Verhalten des Propheten Schlüssel und Vorbild für ihr eigenes Verhalten angesichts unterschiedlicher Autoritäten sein kann. Hierbei verdeutlichen sie sich die Unterschiedlichkeit von »Autoritäten« und entwickeln Kriterien für deren Beurteilung. Die Auseinandersetzung mit der Frage, welchen Autoritäten bzw. deren Entscheidungen/Anordnungen sie eher entsprechen und welchen sie sich widersetzen, bildet den Abschluss dieser Lernsequenz.

Lerngegenstände

Um folgende Inhalte geht es in dieser Lernsequenz:
> Die SuS befassen sich mit dem Phänomen und Begriff der Autorität, die als Beziehungsgeschehen verstanden wird. »Autorität« als ein – labiler – Zustand, bei dem die eine (überlegene) Seite ihre »Überlegenheit« kontinuierlich rechtfertigen muss und gleichzeitig der Anerkennung durch die andere (unterlegene) Seite bedarf.
> Die Mechanismen, die zum Erhalt dieser Balance beitragen, können anhand des oben angesprochenen und weiterer von den SuS genannter Beispiele verdeutlicht werden. In diesem Zusammenhang finden Gefahren und Notwendigkeit von Autorität Erwähnung.
> Auch das Verhalten eines alttestamentlichen Propheten kann im Hinblick auf diesen Aspekt von Autorität untersucht werden. Einerseits gehorcht er – wenn auch manchmal widerwillig – dem Ruf Jahwes, andererseits lehnt er sich, in dessen Auftrag, gegen allgemein anerkannte Autoritäten auf. Er stellt diesen sogar eine andere, die seines Gottes, entgegen und untermauert seine drastischen Worte mit sog. Zeichenhandlungen; beides ist so beeindruckend, dass es Wirkung zeigt und eine Reaktion der Könige, der Vertreter der Reichen, nach sich zieht. Hier lässt sich gut zeigen, dass individuelle Autoritäten zugleich für Strukturen stehen, die sie erhalten und die mit ihnen auch zu kritisieren sind.
> Die Autorität Jahwes steht im Gegensatz zu allen anderen Autoritäten für den Propheten außer Zweifel.
> Der Rückschluss vom Verhalten eines Propheten gegenüber Autoritäten auf dasjenige, das bei vielen Menschen heutzutage zu beobachten ist, bietet die Chance, aktuelle Geschehnisse auf überzeitliche und grundlegende Strukturen hin zu überprüfen: Wie ist das Verhaltensspektrum der Propheten bzw. das von uns zu beurteilen? Können wir von den Propheten lernen, was haben wir ihnen heutzutage voraus? Auf welche übergeordneten »Autori-

täten«/Werte berufen wir uns privat und öffentlich? Und: Welche Überzeugungskraft verleiht eine Argumentation, in der wir uns auf Gott und seine Ordnung berufen?

Lernwege

Neben einer – angeleiteten – Internetrecherche zu »Stuttgart 21« bieten sich für die »privaten« Untersuchungen Interviews bzw. Gesprächsprotokolle an. In der anschließenden Auswertungsphase einigt sich die Lerngruppe auf ein – visuelles – Raster, in das die unterschiedlichen Vorstellungen von »Autoritäten« bzw. individuellen Reaktionen darauf integriert werden (z.B. Person/Institution, die Autorität beansprucht – Menschen/Menschengruppen, die diese anerkennen/kritisieren; Verhaltensweisen/Mechanismen der Stabilisierung/Destabilisierung dieser Autoritäten; deren Auswirkungen; Werte/Überzeugungen, die Begründung für bestimmte Verhaltensweisen sind).

Die Beschäftigung mit einem alttestamentlichen Propheten erfolgt dann im Hinblick auf seinen Umgang mit Autoritäten. Ausgehend von den Berufungsberichten lässt sich eine Entwicklungskurve und eine Veränderung seines Verhaltensspektrums ausmachen und ggf. visualisieren. In diese Kurve werden Schlüsselszenen wie auch zentrale Zitate/Aussagen aus dem entsprechenden biblischen Buch integriert. Denkbar wäre auch die arbeitsteilige Beschäftigung mit zwei verschiedenen Propheten, deren Vergleich Mechanismen alttestamentlicher Prophetie noch deutlicher werden ließe.

Die Verbindung beider »Blöcke« wird in der Auswertung der vorher verfassten Zusammenstellungen im Gespräch und in Form verschiedener Lernaufgaben gezogen.

Lernaufgaben

> Vergleicht die Ergebnisse aus eurer Internetrecherche mit den von euch geführten Gesprächen, indem ihr euch auf ein gemeinsames Ergebnisraster einigt und eure Ergebnisse darin integriert.
> Diskutiert: Welche Verhaltensweisen der »Stuttgart 21«-Befürworter und -Gegner sind vergleichbar mit eurem Verhalten gegenüber Autoritäten? Gibt es gravierende Unterschiede?
> Erstellt ausgehend von euren Ergebnissen eine gemeinsame Definition des

Begriffs »Autorität«. Vergleicht eure Definition mit anderen Definitionen dieses Begriffs. Entscheidet euch für eine und begründet eure Entscheidung.
> Führt in einer 5./6. und in einer 11./12. Klasse eine Umfrage zu dem Thema: »Welche Erwachsenen haben für euch Autorität und warum?« durch. Besprecht die Ergebnisse.
> Erstellt den »Werdegang eines alttestamentlichen Propheten«. Informiert euch zugleich über den geschichtlichen und gesellschaftlichen Hintergrund seines Wirkens.
> Beurteilt die auf dem Foto (Aktivisten von Greenpeace) festgehaltene Szene im Hinblick auf ihre Wirkung und Wirksamkeit. Vergleicht diese Menschen mit einem alttestamentlichen Propheten.
> Es gibt zahlreiche Bilder und Skulpturen, die Propheten darstellen. Wähle eine aus, schneide eine Kopie dieser Darstellung aus und klebe diese Figur auf einem Plakat in eine von dir gestaltete Umgebung, in der ein Prophet heutzutage auftreten könnte. Schreibe in eine Sprechblase, was er in dieser Situation sagen würde. Führt eine Ausstellung »Propheten heute« durch.
> Schreibt einen – fiktiven – Leserbrief an eine Tageszeitung/Schülerzeitung, in dem ihr gegen einen Missstand heutzutage »prophetisch« argumentiert. Funktioniert das? Überlegt Gründe, warum und warum es nicht funktionieren könnte?

Lernoptionen

Die Proteste um »Stuttgart 21«, die hier als »Anforderungssituation« dienen, sind, ebenso wie andere Protestaktionen, zeitlich begrenzt. Die Entscheidung, was – noch bzw. gerade – aktuell ist, treffen die LuL eventuell gemeinsam mit den SuS. Ebenso ist vorab die Auswahl zu treffen, auf welche »Autoritäten« die Lerngruppe sich fokussiert und die Beschäftigung mit welchem alttestamentlichen Propheten sich in diesem Zusammenhang als besonders ergiebig erweisen könnte.
Alternativ zu einer aktuellen Protestaktion könnte ein Vergleich von »Autoritäten« gestern und heute (Beispiel: Schulordnung; Stellung der Lehrer und Verhalten der Schüler ihnen gegenüber) für Jugendliche sehr aufschlussreich sein. Ein völlig anderer Zugang zum Thema »Autorität« wäre die Auseinandersetzung mit der sehr populären TV-Serie »Die Super-Nanny«.

Lernerfolg

Bei diesem Lernarrangement ist es wichtig, auch die Ergebnisse aus eher offenen Aufgaben und Sozialformen kontinuierlich zu sichern. Es bietet sich also eine fortlaufende Ergebnissicherung an, die – neben dem Festhalten von Einzelergebnissen – am Schluss die Beschäftigung mit »Autoritäten heute« und »Propheten und Autorität« miteinander verbindet. Oben genanntes Raster, in das beides integriert wird, ist eine gute Gesprächsgrundlage für den letzten Teil der Lernsequenz. Von großem Gewicht ist die Prozessorientierung bei diesem Thema: Im Vorfeld müssen die SuS wissen, dass die Sorgfalt ihrer Recherche und die Gründlichkeit ihrer Auseinandersetzung mit dem Thema nicht nur das Gesamtergebnis dieser Sequenz maßgeblich beeinflussen, sondern – neben dem erworbenen fachlichen Wissen – mit in die Beurteilung eingehen.

Lernquellen

Bosold, Iris/Michalke-Leicht, Wolfgang (Hg.), Mittendrin 2. Lernlandschaften Religion, München ²2010, S. 14f. (»Ich und Autoritäten«) und S. 28–45 (»Berufene Rufer – Propheten«).

Reli konkret 2, München ³2010, S. 21–38 (»Von Prophetinnen und Propheten lernen« mit Schwerpunkt auf den verschiedenen Aspekten des Verhaltens von Propheten sowie dessen Vorbildcharakter für Jugendliche).

Cornelia Patrzek-Raabe

Das Geheimnis eines Sommers
(Lernzeitraum 7/8)

Diese Lernsequenz für den Frühling der Jugend in den Jahrgangsstufen 7/8 basiert auf dem 1986 von Rob Reiner gedrehten 91-minütigen Spielfilm »Stand by me: Das Geheimnis eines Sommers«, nach einer Kurzgeschichte von Stephan King. In diesem Film machen sich vier 12-jährige Jungen im Sommer des Jahres 1959 für knapp zwei Tage auf die Suche nach einem von einem Zug getöteten Jungen. In der ruhig erzählten Geschichte mit spannenden und komischen Begebenheiten thematisiert der Film verschiedene Facetten der Ich-Werdung Jugendlicher. Im Mittelpunkt stehen dabei der Umgang mit falschen und authentischen Autoritäten, die Wünsche und Hoffnungen, die sich Jugendliche zeitlos machen sowie die Bedeutung von Freundschaft. Im Rahmen dieser Lernsequenz bildet der Film dabei den Ausgangspunkt als auch in seinen Protagonisten immer wieder den Bezugspunkt zur Behandlung von Sachaspekten, die den Unterrichtsverlauf profilieren. Der Vorteil des Films liegt darin, dass die SuS durch die Filmfiguren angeregt werden, über sehr persönliche Aspekte nachzudenken und zu diskutieren, weil sie mit Gordie, Chris, Vern und Teddy (die vier Protagonisten) Mediatoren haben, über die sie ihre Einstellungen ausdrücken können, ohne sich dabei unmittelbar selbst offenbaren zu müssen.

Lernanlässe

In der 7./8. Klasse beginnt für die Jugendlichen eine Lebensphase, in der sie eine zentrale Lebensaufgabe zu erfüllen haben: die Emanzipation und gleichzeitig die Konstruktion ihrer eigenen Identität. Dabei müssen sie für sich die Frage beantworten, wer sie sein wollen (Idealbild), und zugleich das Kohärenzgefecht mit dem realen Selbstbild und dem Fremdbild führen. In dieser Phase verschließen sich die Jugendlichen den bis dahin bewährten Autoritäten wie Eltern und Lehrern, suchen eher die Auseinandersetzung und beginnen sich an für sie wichtigen und von ihnen selbst gewählten Vorbildern zu orientieren. Diese wichtige Entwicklungsaufgabe bietet elementare Impulse für geeignete Anforderungssituationen, die aber erst mithilfe des Films zur Sprache

gebracht werden können und zunächst perspektivisch durch die Filmfiguren artikuliert bzw. beantwortet werden.
› Du wirst angefragt, für eine Jugendzeitschrift einen Artikel mit dem Titel »Mein bester Freund/meine beste Freundin« zu schreiben. Reiche einen Vorschlag ein.
› Für ein Casting wird von dir eine Biografie verlangt: »Wer bist du und wer möchtest du werden?« Bereite dich darauf vor.

Lernvorhaben

Der Bildungsplan benennt für die Klassen 7/8 das Themenfeld »Meine Stärken und Schwächen – Leben lernen in Freiheit und Verantwortung«. In der Konkretisierung werden die Aspekte angeführt, die sich durch den Film erarbeiten und reflektieren lassen: »Stärken und Schwächen, Autorität, Persönlichkeitsentwicklung, Entstehung von Aggression«. Je nach Ausgestaltung der Lernsequenz und Kontextualisierung des Films lassen sich folgende Standards bedienen. Die SuS
› können an einem Beispiel die Bedeutung des Gewissens erläutern;
› erkennen, dass Menschen beim Erwachsenwerden einen Spielraum der Freiheit gewinnen, den sie verantwortlich nutzen sollen;
› können ... deutlich machen, inwiefern prophetische Menschen für ein humanes und gerechtes Zusammenleben unentbehrlich sind.

Insbesondere ermöglicht diese Lernsequenz die Profilierung der personalen Kompetenz, da die SuS zur Perspektivenübernahme angeregt werden und zugleich in der inhaltlichen Auseinandersetzung die Inhalte reflektieren, die ihrer eigenen Lebenssituation entsprechen: Stärken und Schwächen erkennen, ein Selbstverständnis artikulieren und darin einen eigenen, authentischen Standpunkt entwickeln und argumentativ entfalten.

Lernarrangement

Diese Lernsequenz ist mindestens auf 4 DS ausgelegt, kann aber je nach Lerngruppe auf bis zu 6 DS erweitert werden. Eine längere Beschäftigung sollte vermieden werden, um dadurch den Film nicht »totzureden«. In der ersten DS wird der Film angeschaut, hierbei werden Beobachtungsgruppen bestimmt, die je eine der Hauptfiguren (Chris, Teddy, Vern, Gordie und King und seine Clique) nach zuvor festgelegten Kriterien beschreiben. In der zweiten DS wird die Geschichte über die einzelnen Rollenbiografien erfasst und fixiert. Sollten die SuS hierbei schon bestimmte Probleme erkennen oder Konflikte aufzeigen, sind diese festzuhalten, da sie in der nächsten DS die Deutungsansätze vorgeben. Die dritte und vierte DS vertiefen einzelne Aspekte des Films. Zur Vertiefung bieten sich dabei auch kreative Interpretationsformen an, die die sachlichen Erarbeitungen fixieren und biografisch weiterführen.

Lerngegenstände

Der Film liefert zu existenziellen Fragestellungen Jugendlicher Problemanzeigen, aber auch Lösungsmöglichkeiten. Dabei stehen im Mittelpunkt folgende Inhalte, die auch im Unterricht besprochen und von der Lehrkraft sachgemäß instruiert werden müssen:

› Jugendliche begegnen auf ihrem Lebensweg unterschiedlichen *Autoritäten*. An erster Stelle sind hierbei die Eltern, im weiteren Sinn die Familie, aber auch Lehrer und ggf. Trainer im Verein zu nennen. Im Umgang mit diesen Personen machen die SuS unterschiedliche Erfahrungen: Sie werden mit Ungerechtigkeit konfrontiert, erfahren aber auch Unterstützung. Dabei lernen sie, zwischen authentischen Autoritäten und Funktionsautoritäten zu unterscheiden. Zugleich wird auch deutlich werden, dass sie Vorbilder – authentische Autoritäten – brauchen, um daran ihr Leben zu entwerfen. Diese Konstruktion mithilfe von Idolen kann dabei auch fehlgehen, wenn man zu einer »Kopie« wird.
› SuS leben in unterschiedlichen Gruppenkonstellationen: Familie, Klasse und Freundeskreis. Die *Macht der Gruppe* auf den Einzelnen ist dabei oft Gegenstand soziologischer und psychologischer Forschung geworden mit dem Ergebnis, dass soziale Gruppen in einer gefährlichen Weise Handlungsmuster generieren können. Diese Gefahren und Strukturen gilt es zu identifizieren, es ist aber auch deutlich zu machen, worin die positiven Aspekte sozialer Gruppen bestehen.
› Zunehmend bestimmt die SuS die Frage nach ihren eigenen Zukunftsplänen – aus einem rein gegenwartsbezogenen Leben kristallisiert sich eine zukunftsorientierte Lebenskonzeption heraus. Diese ist mit unterschiedlichen *Hoffnungen* und Wünschen verbunden, die eng mit dem eigenen Ich-Entwurf korrelieren. Gleichzeitig erwachsen aus diesen Zukunftsträumen

Motivationen, das Leben in seinen unterschiedlichen Vollzügen zu gestalten. Dabei spielt der Freundeskreis eine große Rolle; hier erfahren SuS Unterstützung, Bestätigung, aber auch Infrage-Stellung.

› »Stand by me: Das Geheimnis eines Sommers«: Es ist für sie der letzte Sommer, den die vier Freunde gemeinsam erleben werden, denn danach trennen sich ihre Wege aufgrund unterschiedlicher Schullaufbahnen. Gordie, aus dessen Perspektive die Geschichte im Rückblick erzählt wird, kommt aus einem gutbürgerlichen Elternhaus, dessen Atmosphäre durch den frühen Tod des älteren und von den Eltern mehr geliebten Bruders vergiftet ist. Gordie flüchtet sich in sein Talent, Geschichten zu erzählen, später wird er ein bekannter Autor. Sein Freund Chris kommt aus einem zerrütteten Elternhaus. Zwar ist er ebenso intelligent wie Gordon (Gordie), aber aufgrund seiner sozialen Herkunft und des falschen Vorwurfs, Schulgeld entwendet zu haben – in Wahrheit stahl das Geld eine Lehrerin –, scheint für ihn der Weg in die Oberschule versperrt. In Castle Rock bleiben werden: Teddy, der seit einer schweren Misshandlung durch seinen im Krieg seelisch zerstörten Vater spontan aggressiv und überdreht reagiert, und der dicke Vern, der von seinem älteren Bruder unterdrückt wird. Die vier Jungen sind Außenseiter und für diesen Sommer durch ein gemeinsames Vorhaben eng verbunden. Ein gleichaltriger Junge ist irgendwo auf den Schienen vom Zug erfasst worden und liegt dort bisher unaufgefunden. Vern hat von seinem Bruder den Fundort der Leiche erlauscht und die vier machen sich auf den Weg, um den Getöteten zu finden und durch die Entdeckung Helden zu werden. Auf ihrem eineinhalb Tage dauernden Weg an den Eisenbahnschienen entlang überstehen die Jungen zum ersten Mal auf sich selbst gestellt kleine und große bis bedrohliche Abenteuer. Als sie am Ende die Leiche finden, ist ihre Begeisterung verflogen. Anstatt sich im Ruhm der Finder zu baden, marschieren sie stillschweigend nach Hause, informieren anonym die Polizei und verlieren sich zunehmend aus den Augen. Aber niemals mehr, so der erwachsene Gordie im Rückblick, hatte er so gute Freunde wie damals. Der Film überzeugt durch eine ruhige und unaufgeregte Filmsprache und bringt dadurch die besinnlichen Zwischentöne – das Älterwerden, Probleme mit dem Elternhaus und Zukunftshoffnungen junger Menschen – eindrücklich zur Geltung.

Lernwege

Die Lerngruppe setzt sich mit Themenfeldern auseinander, die ihnen durch einen Spielfilm dargeboten werden. Die Themen tangieren auch ihre eigenen Lebensvorstellungen und -erfahrungen. Daher sind von den SuS Lernwege zu beschreiben, die einerseits dem fachlichen Anspruch zur Erschließung der Problemanzeigen notwendig sind. Andererseits sollen Wege beschritten werden, die die SuS einladen, reflektierend die Aspekte unaufdringlich auf ihr Leben zu beziehen, und die darin zur Selbstreflexion motivieren. Für diesen entscheidenden, die Kompetenz fördernden und fordernden Lerngang bieten sich kreative Schreibanlässe an, in denen die SuS aus der Perspektive eines der Protagonisten des Films oder aus einer konstruierten dritten Perspektive bestimmte Arbeitsaufträge ausführen.

Lernaufgaben

Der soeben beschriebene Lerngang ermuntert die SuS, durch folgende Schreibanlässe das Leben und die Lebensbedingungen Jugendlicher zu reflektieren; diese Arbeitsaufträge können in EA, PA oder auch GA ausgeführt werden:
› Benenne Merkmale einer von dir anerkannten Autorität und stelle sie in der Klasse vor.
› Zeige Reaktionsmöglichkeiten auf Konflikte und Enttäuschungen auf und beurteile diese.
› Begründe die Notwendigkeit und Bedingungen von Freundschaft.
› Beschreibe und begründe Hoffnungen, die sich Menschen machen.
› Erstellt das Titelblatt für eine Jugendzeitung, die Jugendliche heute lesen würden. Überlegt, ob für die Jungen von 1959 dies auch eine interessante Zeitung gewesen wäre, und begründet eure Einsicht.
› Nach den Ereignissen des Sommers 1959 werden die vier Jungen von einem Reporter zu dem Geschehen befragt. Führe dieses Interview.
› An der Schule von Castle Rock soll eine Umfrage zu den Lebenswünschen Jugendlicher erfolgen. Führe ein diesbezügliches Interview mit einem der fünf Protagonisten.
› Verfasse einen Nachruf von Gordie auf Chris.
› Chris darf sich vor der Schulgemeinschaft gegen den Diebstahlsvorwurf wehren. Schreibe sein Plädoyer.

› Teddy und Vern bleiben in Castle Rock, während Chris und Gordie auf die Oberschule gehen. Zum Abschied schenken sie den beiden einen selbst entworfenen Comic über ihre gemeinsame Zeit. Zeichne diesen Comic.
› Informiere dich über soziale Netzwerke im Internet und arbeite Risiken und Chancen heraus.
› Sucht nach Ereignissen aus der Geschichte oder Gegenwart, aus denen deutlich wird, welche Gefahren, aber auch Vorteile Gruppen für den Einzelnen bringen.

Lernoptionen

Der Film bietet Anknüpfungspunkte an Themen, die in dem beschriebenen Verlauf nicht zur Sprache kamen, aber von den SuS durchaus als wichtig angesehen werden können. So kann über die Erfahrung von Tod und Trauerarbeit im Unterricht gesprochen werden. Weiterhin bietet es sich an, über gesellschaftliches und individuelles Engagement nachzudenken. Chris wurde beim Versuch, als Anwalt einen Streit in einer Kneipe zu schlichten, getötet. Anhand des realen tragischen Todes von Dominik Brunner in München, der Schüler vor gewaltbereiten Jugendlichen schützen wollte, kann dieses Thema gegenwartsbezogen thematisiert werden. Gordie ist in dem Film ein talentierter Schriftsteller, dessen Fähigkeit von seinen Eltern nicht beachtet wird und der deshalb diese Gabe vorerst nicht entfalten möchte. An diesem Punkt kann mit den SuS über das christliche Menschenbild nachgedacht werden und zur konkreten Anschauung das Gleichnis von den Talenten (Mt 25,14–30) besprochen werden.

Lernerfolg

Eine anspruchsvolle und kreative Sicherung des Gelernten besteht darin, in arbeitsteiliger Gruppenarbeit ein »Handbuch für den Frühling der Jugend« zu schreiben, also eine unterstützende Handreichung dazu, wie man als Jugendlicher diese Jahre meistert. Dabei kann diese Arbeit vollkommen offen und selbstorganisierend an die SuS gegeben werden oder die Lehrkraft konkretisiert das Handbuch, indem sie Kapitel vorgibt, wie z.B.: Umgang mit Autoritäten; Freunde finden und halten; deine Wünsche realisieren; so vermeidest und/oder löst du Konflikte. Eine weitere Möglichkeit stellt ein kleines Theaterprojekt dar, für das die SuS selbst die Texte verfassen und Rollen entwickeln. Auch hier kann der Titel »Frühling der Jugend« lauten. Die SuS proben kleine Szenen ein, die gelingendes, scheiterndes oder problematisierendes Jugendleben zeigen. Neben diesen kreativen Evaluationen kann natürlich auch eine Klassenarbeit geschrieben werden, die die einzelnen erarbeiteten Sachinhalte abfragt. Vor dem Hintergrund der insgesamt kreativen und reflektierenden Lernatmosphäre ist dies aber eher die zweite Wahl.

Lernquellen

Bosold, Iris/Michalke-Leicht, Wolfgang (Hg.), Mittendrin 2. Lernlandschaften Religion, München ²2010, S. 6–27.
RIS 7/8 (IRP Freiburg), »Stand gewinnen – Stellung beziehen«.
Watzlawick, Paul, Wie wirklich ist die Wirklichkeit?, Zürich 1997, S. 92f. (zur Macht der Gruppe).
Wege der Freiheit 8, Stuttgart, S. 36–44.
Wege des Glaubens, Düsseldorf 2008, S. 22–28.

Andreas Wronka

Die Bibel verstehen
(Lernzeitraum 9/10)

Kompetenzen sollen im Laufe der ganzen Schulzeit entwickelt und entfaltet werden. Der Kompetenzansatz verliert sich im Kleinschrittigen, hat er nicht diesen großen Bogen im Blick. Für ein Gesamtkonzept der Kompetenzorientierung ist es unabdingbar, zu reflektieren und zu bestimmen, wie ein solcher Kompetenzaufbau, der ja nicht willkürlich sein kann, über die Standardräume hinweg zu erfolgen hat. Denn nur ein Gesamtkonzept in diesem Bereich ermöglicht Kontinuität, sinnvolle Wiederholung und Vernetzung. Für den Teilbereich einer biblisch-hermeneutischen Kompetenz ist das hier zunächst einleitend versucht. Eine »biblisch-hermeneutische« Kompetenz ist in dem im Bildungsplan vertretenen Kompetenzmodell allen Bereichen zuzuordnen: der fachlichen und methodischen Kompetenz ebenso wie der sozialen und personalen. Der Festlegung des Bildungsplanes zufolge wird so religiöse Kompetenz gefördert.

In der folgenden Aufstellung, die Anregungen von Hartmut Rupp aufgreift, ist ein möglicher Weg durchdacht, wobei die Liste der vorgeschlagenen Bibeltexte gesondert zu rechtfertigen wäre.

Die Bibel verstehen

Stufen	SuS kennen		SuS können	SuS verstehen:	Bewerten/In-Beziehung-Setzen/Zu- und Anspruch
	Bibeltexte	Bibelkunde			
Ende der 6. Klasse	Ex 3,1–22; 19,4; Dtn 6,4–7; Ps 8; 23; 104,24–30; Erzeltern- und Königserzählungen (Auszüge); Mt 6,5–15; 7,13; Lk 10,25–37; 15,11–32; 19,1–10	– Aufbau der Bibel (AT – NT, einzelne Bücher) – Entstehungsprozess (von der mündlichen Überlieferung zur schriftlichen) – Schreiben und Schreibmaterial – Wie Bibelstellen angegeben werden	– erzählende biblische Texte sinnverstehend lesen und nacherzählen – an Beispielen verdeutlichen, dass die Bibel in Bildern spricht (metaphorische Redeweise)	– Die Bibel spricht davon: Es gibt mehr als das, was mit unseren Sinnen erfasst werden kann. – Jesus zeigt und erläutert, wie und wer Gott JHWH ist.	Dass nichts selbstverständlich ist, Welt und Mensch grundsätzlich abhängig und bezogen sind, muss nicht erschrecken, denn: der gute Gott JHWH ist das Wovonher dieses Abhängigseins und das Woraufhin dieses Bezogenseins.
Ende der 8. Klasse	Ex 20,1–17; Dtn 26,5–9; 1 Kön 17–19; Am oder Mi (Auszüge); Mt 5–7 (Auszüge); Mt 11,2–6; Mk 1,14f.; ausgewählte Gleichnisse und Wundererzählungen	– Grunddaten der biblischen Geschichte und Geografie – Entstehung der synoptischen Evangelien	– Struktur- und Gestaltungselemente biblischer Texte entdecken, beschreiben, vergleichen – Gattungen unterscheiden und für die Deutung nutzbar machen	– Biblische Texte sind keine Berichte, die Wirklichkeit abbilden, sondern Glaubenszeugnisse. – »Man kann die Bibel wörtlich nehmen – oder ernst« (Pinchas Lapide). – Um einen Text zu verstehen, ist es wichtig, etwas über dessen Ursprungssituation zu kennen.	Dass prophetische Menschen sich von der biblischen Botschaft herausgefordert fühlen/fühlten, kann – ebenso wie Jesu Lehre und Leben – Vorbild und Provokation sein für die eigene Lebensgestaltung.

Ende der 10. Klasse	Hld (Auszüge); Koh 3,1–8; Mt 1–2; Mt 5–7 in Auszügen; Mk (Ganzschrift); Lk 1–2; 6,27–36	– Ein »Analyseprogramm« für erzählende und nichterzählende Texte	– ein Analyseprogramm anwenden – mit Unterstützung Texte aus ihrer Ursprungssituation heraus lesen und verstehen	– Biblische Texte sind Auseinandersetzungsliteratur: Autoren setzten sich mit Fragen ihrer Zeit auseinander. – Zeit- und situationsabhängige Aussage eines Textes und seine »bleibende Wahrheit« sind zu unterscheiden. – Biblische Texte ernst nehmen heißt nicht, der Aufklärung zu entfliehen.	Biblische Texte bezeugen: Bei allem Fragmentarischen des Lebens steht hinter allem Sinn – bis über den Tod hinaus.
Ende der 12. Klasse	Gen 1; 2–4; Abrahamszyklus (Auszüge); Ijob (Auszüge); Dt-Jes (Auszüge); Ps 121; 74,10–13; Hos 11,1–9; Mt 6,24–34; 22,34–40; 25,31–46; Mk 14–16; Lk 6,20–26; 24,13–35; Joh 1,1–18; 7,53–8,11; 10,10b; Apg 2,42–47; Röm 12,9–21; 1 Kor 12; 13; 15,1–19; Phil 2,5–11; Offb 21,1–5	– Unterschiedliche exegetische Methoden – Ästhetik biblischer Sprache (der Mehrwert unterschiedlicher Übersetzungen)	– synchrone und diachrone Textzusammenhänge bei der Deutung mitberücksichtigen – Texte mithilfe von Erläuterungshilfen (z.B. aus der Halbfas-Bibel oder aus dem Stuttgarter AT/ Stuttgarter NT) sachgemäß erklären – mit Texten nach dem Prinzip des »umkreisenden Verstehens« (Niehl) umgehen und in der Mehrdeutigkeit, die keine Beliebigkeit ist, einen Gewinn sehen	– Biblische Texte können und dürfen nicht auf eine Aussage reduziert werden. – Die Bibel ist ein Buch »des Lernens und nicht der Lehre« (Baldermann). – Die Vielfalt biblischer Zeugnisse spiegelt Versuche wider, Gotteserfahrungen und Jesusdeutungen in jeweilige Denk- und Sprachräume zu inkulturieren.	Die Bibel ist eine Zu-Mutung für heute: sie bewahrt davor, »im Hier und Jetzt mit Haut und Haaren aufzugehen« (Safranski). An ihr und mit ihr lässt sich lernen, dass – auf die Welt, wie Gott sie will (Reich Gottes), gehofft werden darf und an ihr mitzuarbeiten ist; – nicht alles von uns Menschen abhängt; – nicht das wahr sein muss, was die meisten/was alle machen; – es mehr als alles gibt; – der Mensch sich nicht selbst erlösen kann; – ...

Die Bibel verstehen

Lernanlässe

Regelmäßig zu Weihnachten oder Ostern erscheinen in Zeitschriften wie »Stern«, »Focus« oder »Spiegel« populärwissenschaftliche Artikel u.a. zu christologischen Fragestellungen. Häufig wird in solchen Artikeln, die gelegentlich auch SuS in die Hand bekommen und lesen, die Position einer oberflächlich-historisierenden Bibeldeutung vertreten, die den Texten nicht gerecht wird.
> Zwei Texte – der Artikel »Jesus – Was Forscher heute wissen« in der Weihnachtsausgabe einer Wochenzeitschrift und eine fromme Besinnung einer christlichen Randgruppe – führen zu Streit in der Familie. Aufgebracht meint die Großmutter: »Die einen behaupten: Jesus soll gar nicht in Bethlehem geboren worden sein, der Berg der Seligpreisungen soll falsch sein und die Brotvermehrung hat auch nicht stattgefunden. Und hier heißt es: So, wie es in der Bibel steht, ist alles passiert. Was soll man denn da überhaupt noch glauben?« Gib auf diese Fragen Antworten.

Lernvorhaben

Mit der Lernsequenz sollen die SuS ihre bibelhermeneutische Kompetenz weiter ausbauen. Angestrebt wird, dass sie
> aufzeigen können, wie Kenntnisse über die Entstehungssituation biblischer Texte zu deren Verständnis beitragen;
> an einem biblischen Beispiel den Zusammenhang von literarischer Gattung, Aussageabsicht und Sitz im Leben erläutern können.

Lernarrangement

Aus zweierlei Gründen ist es notwendig, biblische Texte aus der Perspektive ihrer Ursprungssituation zu lesen und zu deuten: Zum einen ist für weitgehend alle biblischen Texte das historische Interesse höchstens sekundär. Erzählsituation und Situation des Erzählers sind voneinander zu trennen, die Texte sind Auseinandersetzungsliteratur, enthalten also Antworten auf Fragen aus der Zeit des Autors. Diese Perspektive ist für ein sachgemäßes Verstehen notwendig – jedoch für SuS im Zusammenhang mit einem Buch, das den Anspruch erhebt, Wahrheit zu verkünden, lange Zeit häufig befremdend. Denn wahr ist für viele das, was naturwissenschaftlich beweisbar ist oder aber sich historisch als (angebliche) »Tatsache« ereignet hat. Eine solche Verengung des Wahrheitsbegriffs ist allerdings erst die Position nach der Aufklärung, nicht aber die Einstellung der biblischen Verfasser. Zum anderen ist, wie u.a. Horst Klaus Berg (Berg 1992, S. 196ff.) betont, die ursprungsgeschichtliche Auslegung eine wichtige Möglichkeit für einen erfahrungsbezogenen Umgang mit der Bibel, damit die Lernchancen der Bibel für Menschen heute Relevanz bekommen können.

Die Perspektive zu wechseln, auf biblische Texte mit der Brille des Verfassers zu blicken und sie aus der Ursprungssituation heraus zu lesen, stößt oft auf inneren Widerstand. Diese Sichtweise leuchtet bei Briefliteratur oder Prophetentexten noch leichter ein, hat bei weisheitlichen Texten weniger Relevanz, ist aber unverzichtbar und eine »Zu-Mutung« bei erzählenden Texten – seien es alttestamentliche Schöpfungs- oder Erzelternerzählungen oder neutestamentliche Evangelientexte. Sie ist ungewohnt und häufig mit Verunsicherung oder gar mit Ängsten verbunden, insbesondere bei jenen, denen biblische Texte nicht gänzlich unbedeutend sind. Andererseits ist es berechtigter gymnasialer Anspruch, SuS dazu zu verhelfen, dass sie ihre biblisch-hermeneutische Kompetenz genau in diese Richtung ausbauen, um mit Bibeltexten sachgerecht umgehen zu können.

Lernpsychologischen Auskünften zufolge ist der eigenständige Transfer zumal eines komplexen Vorgangs erst nach bis zu siebenmaligem angeleiteten Tun möglich. Da zum Kompetenzerwerb »Vormachen« gehört, sind den SuS zunächst exemplarisch folgende Zusammenhänge durchaus lehrerzentriert zu verdeutlichen.

Erzählte Situation (skizzierte Erzählelemente)	Situation des Erzählers	Intention der Erzählung als Auseinandersetzungsliteratur
Las Casas (1474–1566) ist der leidenschaftliche Streiter für die Gleichberechtigung der Indios in den amerikanischen Kolonien gegen die mit seinem Missionsauftrag unvereinbare Ausbeutung und den Völker-	Reinhold Schneider schreibt 1938 den Roman »Las Casas vor Karl V.«	Reinhold Schneider hat in seinen Arbeitsnotizen vom Gewissen des Abendlandes gesprochen, dessen Sprecher Las Casas sei. Zugleich weist er darauf hin, dass der Roman, der 1938 erschienen ist, für

mord durch die spanischen Eroberer. Er schifft sich nach Spanien ein, wo er den Kaiser für einen grundsätzlichen Wandel in der Kolonialpolitik gewinnen will.		ihn eine Form der Auseinandersetzung mit dem NS-Regime darstellt.
Gen 1: »Im Anfang schuf Gott Himmel und Erde ...«: Die Erschaffung der acht Schöpfungswerke an sieben Tagen durch Gottes Wort	Die Texte der sog. Priesterschrift entstehen in der Zeit des Babylonischen Exils (587–537 v.Chr.)	Es sollen Antworten gegeben werden auf die existenziellen Fragen der Exilierten (u.a.: Wer ist der wahre Gott: Jahwe oder Marduk? Herrscht letztlich Chaos oder Kosmos?).
Die Erzählung des Jonabuches: Der Auftrag, nach Ninive zu gehen, die Flucht mit dem Schiff und die Rettung Jonas (Kap 1–2). Der erneute Auftrag, die Buße Ninives, die Reaktion Jonas und der Dialog mit Gott (Kap 3–4).	Der Verfasser schreibt in der griechischen Epoche (ab 333 v.Chr.). Neben einer Begeisterung einerseits gab es andererseits in bestimmten jüdischen Kreisen auch die Tendenz, sich vom Hellenismus abzugrenzen, die sich bis in ein fundamentalistisches und nationalistisches Denken gesteigert hat.	Solchen nationalistisch und fundamentalistisch denkenden Kreisen hält der Verfasser den Spiegel vor. Er kritisiert v.a. ihre Auffassung, Bescheid zu wissen, wann Gott zu strafen habe. Diese Auffassung legt er in den Mund des Jona Ben Amittai (= »Sohn des Herrn Halsstarrig«).
Emmauserzählung Lk 24,13–35: Die Flucht der beiden Jünger aus Jerusalem, die Begegnung mit dem auferstandenen Jesus, der unerkannt mit ihnen geht, dem sie ihr Herz	Um 90 n.Chr.	Die Zeit der unmittelbaren Begegnung mit Jesus ist längst vorbei, die Naherwartung wurde nicht erfüllt. Die Notwendigkeit, sich als Kirche im Hier und Jetzt einrichten zu müssen, unterstreicht

ausschütten und der ihnen ausgehend von der Schrift die Zusammenhänge verdeutlicht; das Erkennen beim Brotbrechen und die nächtliche Rückkehr	Lukas mit seinem Doppelwerk. Die Situation der Emmausjünger ist die Situation seiner verstörten Gemeinde. Auf die Frage, wo Jesus 90 n.Chr. zu finden ist, antwortet die Erzählung: in der Schrift und im Brotbrechen.

Erst im Anschluss an ein solch mehrfaches Vormachen kann ein selbstorganisiertes Lernen der SuS angeleitet werden. Geeignet dafür sind Textauszüge aus Norbert Scholls Büchern »Ein Bestseller entsteht. Das Matthäusevangelium« und »Johannes schreibt sein Evangelium«. Beide Bücher bieten fiktionale Erzählungen über die Ursprungssituation des jeweiligen Evangeliums, die allerdings auf der Grundlage exegetischer Recherche und sorgfältig angeführter Belege entstanden sind. Der Wert der Bücher liegt darin, dass sie durch die ansprechende Darstellung Identifikation ermöglichen und für einzelne zentrale Evangelientexte die jeweilige situationsbedingte Intention des Evangelisten nachvollziehbar machen. Mithilfe von Buchauszügen, die allerdings für Unterrichtszwecke zu bearbeiten sind, ist in Partner- oder Gruppenarbeit die Kompetenz zu erwerben, die jeweiligen biblischen Texte aus ihrer Ursprungssituation heraus zu lesen und zu verstehen. Um das Prinzip zu erkennen, ist es notwendig, dass sich jedes Tandem, jede Gruppe mit mehreren Bibeltexten und mehreren Buchabschnitten beschäftigt, wobei es sinnvoll ist, innerhalb einer Gruppe bei einem Evangelisten zu bleiben.

Lerngegenstände

> Eine grundsätzliche Information darüber, wie wir heute Informationen über die Ursprungssituationen von biblischen Texten erhalten können, erscheint notwendig.
> Exemplarisch kann vorgemacht oder gemeinsam entdeckt werden, welche Auskünfte über seine Entstehungssituation in einem Text selber enthalten sein können (sprachwissenschaftlicher Ansatz) und welche Sekundärquellen genutzt werden können (historisch-kritischer Ansatz).

› Freilich darf auch nicht verschwiegen werden, dass bei der Erschließung von Ursprungssituationen biblischer Texte immer eine mehr oder weniger große Unsicherheit bleibt. Am umfangreichen Quellenmaterial der zahlreichen Anmerkungen in beiden Büchern von N. Scholl kann dieser Schritt medienbezogen erfolgen.

Lernwege

Die Lernwege sind anspruchsvoll. Wie immer bei Lernprozessen, die dem Kompetenzerwerb bzw. -ausbau dienen, ist streng zwischen Lern- und Leistungssituation zu unterscheiden. Die SuS müssen Fehler und Umwege machen dürfen. Bei der Planung müssen folgende Schritte zum Kompetenzerwerb bedacht werden:
› Vormachen und reflektiertes Nachmachen (s.o.).
› Selbstständiges Handeln mit Selbst- und Fremdkritik: Kompetenzen werden erworben und ausgebaut durch den permanenten und individuellen Qualitätskreislauf:

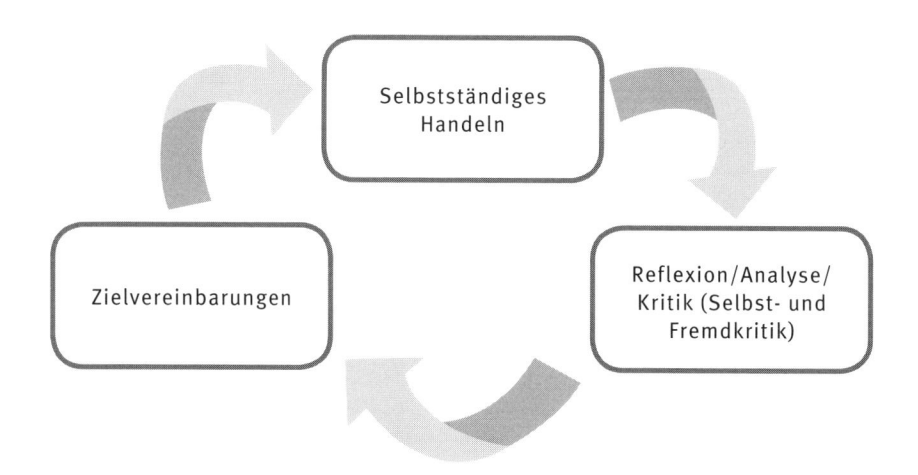

> Üben, Wiederholen, Vernetzen.

Insbesondere bei der Partner- oder Gruppenarbeit sollte – u.a. um den Lernkreislauf tatsächlich effektiv zu gestalten – die Prozessplanung Raum bekommen und mit einem Arbeitsplan gearbeitet werden. Das hat zudem den Vorteil, dass sich die SuS so zusätzlich Strategiewissen und methodische Kompetenz aneignen.

Lernaufgaben

Ausgehend von den oben geschilderten Lernanlässen können im Zusammenhang mit der Beschäftigung mit der Bibel und den Fragen nach einem sachgemäßen Verstehen in Klassenstufe 10 folgende Aufgabenstellungen entwickelt werden:
> In einem »frommen« Text wird mit biblischen Texten so umgegangen, dass der Eindruck entsteht: so, wie es in den Evangelien steht, hat sich alles tatsächlich ereignet; in einem populärwissenschaftlichen Artikel wird behauptet, dass nichts an den biblischen Aussagen über Jesus von Nazaret wahr sei.
> Zu drei Bibelstellen aus dem Matthäus- bzw. Johannesevangelium liegen euch Textauszüge vor, die der Theologe Norbert Scholl verfasst hat. Er hat versucht, sich in die Situation zu versetzen, in der das Evangelium jeweils entstanden ist.
> Deutet die Bibelstellen mithilfe der Aussagen von Norbert Scholl sachgerecht.
> Schreibt an die Verfasser beider Zeitschriftenartikel eine Kritik, in der ihr auch die Aussage des jüdischen Theologen Pinchas Lapide (1922–1997) erklärt: »Man kann die Bibel entweder wörtlich nehmen – oder ernst.«

Lernoptionen

Kompetenz erfordert auch Routine, die nur durch Wiederholung, Übung und Vernetzung erworben wird. Gerade die Sichtweise, biblische Texte als Auseinandersetzungsliteratur zu verstehen, müssen Lernende wiederholt üben, will man vermeiden, dass sich SuS mit der nichtssagenden Auskunft zufriedengeben: Biblische Texte muss man eben »symbolisch« verstehen. Für eine ähnliche Arbeitsweise bieten sich im NT die Kindheitsgeschichten des Mt oder Lk ebenso an wie Naturwundererzählungen mit ihrer theologischen Intention. In Bezug auf das AT ist insbesondere die Frage, ob und wie sich Gen 1 mit der Evolutionstheorie verträgt, von bleibender Aktualität.

Lernerfolg

Die Oberflächenstruktur und eine in der vorangehenden Lernbiografie leider oft eingeübte historisierende Verengung im Umgang mit Bibeltexten entwickeln ihren Sog. Wie weit SuS gelernt haben, erzählende biblische Texte als Auseinandersetzungsliteratur zu lesen und zu verstehen, und damit ihre biblisch-hermeneutische Kompetenz in dem Bereich ausgebaut haben, zeigt sich beim »Anwenden« dieser Perspektive bei der erneuten Beschäftigung mit biblischen Texten, wobei es sich durchaus um vertraute biblische Erzählungen handeln darf. Dabei kann von den SuS in der Regel nicht die inhaltliche Füllung erwartet werden. In der Abram-/Abrahamsgestalt ein Gegenmodell zu dem seine Macht missbrauchenden König in Israel zu entdecken, werden SuS nicht eigenständig ohne Anleitung leisten können. Der Lernerfolg ist vielmehr gegeben, wenn selbstständig das erkannte Prinzip in neuen Zusammenhängen eingebracht wird und beim Umgang mit biblischen Texten der Bedarf angemeldet wird, Hintergrundwissen über die Entstehungssituation zu benötigen.

Lernquellen

Berg, Horst Klaus, Ein Wort wie Feuer. Wege lebendiger Schriftauslegung, München/Stuttgart ²1992.
Fischer, Georg, Wege in die Bibel. Leitfaden zur Auslegung, Stuttgart 2000.
Scholl, Norbert, Ein Bestseller entsteht: Das Matthäus-Evangelium, Regensburg 1998.
Ders., Johannes schreibt sein Evangelium. Eine Erzählung, Fribourg 2003.
Ders., Die Bibel verstehen, Darmstadt 2004.
Ders., Die Zeichen deuten. Streifzüge durch das Johannesevangelium, Kevelaer 2005 (= Topos Tb 575).
Ders., Dem Stern folgen. Streifzüge durch das Matthäusevangelium, Kevelaer 2007 (= Topos Tb 643).

Georg Gnandt

Ethische Begründungsmodelle
(Lernzeitraum 9/10)

Entwicklungspsychologisch gesehen orientieren sich SuS laut Lawrence Kohlberg am Ende der Sek I immer stärker an von ihnen bewusst gewählten Werten. Gesellschaftliche Vorstellungen und Konventionen werden zunehmend kritisch hinterfragt und auf ihre Begründung hin reflektiert. Ganz konkret erfahren SuS, dass sie im Leben Entscheidungen zu treffen haben, für die sie persönlich einstehen müssen. Anhand eines konkreten Fallbeispiels lernen SuS verschiedene Begründungsmodelle kennen, die ihnen Orientierung bieten und zu eigenen reflektierten Begründungen verhelfen. Im Voraus sollten grundlegende Begrifflichkeiten (Werte, Normen, Ethik vs. Moral) geklärt werden. Im Anschluss an die Erarbeitung der unterschiedlichen Begründungsmodelle wird das Modell der theologischen Ethik vertieft.

Lernanlässe

Lernanlässe sind ethische »Stolpersteine«, welche die SuS im wahrsten Sinne des Wortes »erleben«, indem die ethischen Dilemmasituationen als Steine im Klassenzimmer verteilt sind und die SuS diese vor der Diskussion in Kleingruppen für sich selbst beantworten sollen. Diese »Stolpersteine« dienen nicht nur als Ausgangspunkt der Lernsequenz, sondern auch als Lernaufgaben, die zu einem späteren Zeitpunkt wieder aufgegriffen werden. So können SuS in einem ersten Schritt intuitiv ein Urteil fällen, das sie nach der Beschäftigung mit verschiedenen Begründungsmodellen ethisch qualifiziert begründen können.

› Der Schriftsteller Franz Kafka verfügte testamentarisch, dass man seinen literarischen Nachlass nach seinem Tode vernichten solle. Sein lebenslanger Freund Max Brod, dem er das Versprechen, für die Einhaltung dieses Wunsches zu sorgen, abgenommen hatte, hat sich nach einigem Zögern über diese Verfügung hinweggesetzt, weil er zu der Überzeugung kam, dass Kafkas Nachlass von hohem literarischen Wert sei und deshalb unbedingt erhalten und veröffentlicht werden müsse. Wie ist das Verhalten von Brod zu beurteilen?

› Die Agentur »Alibi-Profi.de« (vgl. Lernquellen) verkauft Ausreden, Alibis und Lügen für den Seitensprung, für den vom Partner ungeliebten Gang ins Fußballstadion oder für eingebildete Kranke. Für viel Geld können Alibis für jeden Zweck gekauft und an den Adressaten vermittelt werden, um dem Kunden damit den gewünschten Freiraum zu verschaffen. Würdest du eine solche Agentur in Anspruch nehmen? Begründe deine Meinung.
› Ein Frankfurter Kripo-Beamter verhört im Oktober 2002 den Studenten Magnus G., der verdächtigt wird, den elfjährigen Bankierssohn Jakob von Metzler entführt zu haben. Der Beamte glaubt, der Junge lebe noch. Der Vernehmende droht dem Verdächtigen mit Folter, um den Aufenthaltsort des Kindes herauszufinden. Die Drohung genügt, der Entführer spricht, doch Jakob von Metzler ist nicht mehr zu retten. Ist das Verhalten des Kripo-Beamten zu rechtfertigen?
› Ein Flugzeug fliegt über Deutschland. Es gab eine Terrorwarnung, vermutlich wollen die Terroristen im Flugzeug einen Absturz auf eine dicht besiedelte Gegend erzwingen. Darf das Flugzeug vorsorglich abgeschossen werden, auch wenn in ihm zahlreiche unschuldige Passagiere sitzen, um damit eventuell Hunderte von Menschenleben zu retten?
› Ein verheiratetes Paar aus Deutschland wünscht sich schon lange Kinder, kann aber keine bekommen. Schließlich wählt es als letzte Möglichkeit die Adoption eines Kindes aus einem Entwicklungsland. Die zukünftigen Eltern wissen, dass sie so ein Kind aus seiner gewohnten Umgebung reißen und dass sie nicht ganz sicher sein können, dass das Kind auf völlig legalem Wege zu ihnen kommt. Sie sagen sich aber, dass sie ihm schließlich viel mehr bieten können. Ist eine solche Adoption ethisch vertretbar?
› Ein krankes Kind braucht dringend eine Stammzellspende, ansonsten stirbt es. Doch den passenden Spender zu finden, ist extrem schwierig. Die Eltern selbst und die Geschwister des Kindes eignen sich nicht als Spender. Die letzte Rettung für das Kind wäre die gezielte Erzeugung eines Geschwisterkindes, dessen Erbgut mit dem des kranken Kindes kompatibel ist. Die Eltern entscheiden sich dafür, dieses Geschwisterkind durch eine künstliche Befruchtung erzeugen zu lassen, indem sie aus einer Reihe von Embryonen den perfekten Spender auswählen. Darf ein Kind zu diesem Zweck gezeugt werden?

Lernvorhaben

Zentral für diese Lernsequenz ist es, dass SuS die Kompetenz erwerben, eigene Entscheidungen zu treffen und diese zu begründen. Diese Kompetenz wird im Bildungsplan wie folgt ausgewiesen. Die SuS

> verstehen, dass es zum Menschsein gehört, sich entscheiden zu müssen und zu Entscheidungen zu stehen;
> können an einem Beispiel den Zusammenhang zwischen Werten und Normen aufzeigen;
> können Schritte der ethischen Entscheidungsfindung darlegen;
> verstehen, dass Gott sich den Menschen bedingungslos zuwendet und dass dieses Angebot ernst zu nehmende Konsequenzen hat (unter anderem Weisungen und Normen).

Lernarrangement

Die Lernsequenz ist auf drei DS ausgelegt. Die erste DS dient der Klärung von ethischen Begrifflichkeiten, deren Unterschiede und deren Relevanz für das menschliche Miteinander. Als Hinführung für die Erarbeitung der Begriffe »Ethik« und »Moral« bieten sich Impulsfragen im folgenden Stil an: *Ist moralisch gut, was den Gesetzen des Staates entspricht? Ist es moralisch gut, wenn man immer die Wahrheit sagt? Ist moralisch gut, was meinem Nächsten nicht schadet? Ist moralisch gut, was in der jeweiligen Situation das geringere Übel ist?*

Im Anschluss lernen die SuS in der zweiten DS unterschiedliche ethische Begründungsmodelle anhand der unter »Lernwege« beschriebenen Dilemmasituation kennen. In einem Gruppenpuzzle erarbeiten die SuS unterschiedliche ethische Konzepte. Mithilfe dieser nun erworbenen Kompetenz erfolgt eine Neubewertung und deren ethisch qualifizierte Begründung der eingangs beschriebenen »Stolpersteine«. Hieran kann zugleich der Lernerfolg gemessen werden. Des Weiteren erarbeiten die SuS in Kleingruppen anhand verschiedener Bibelstellen das christliche Menschenbild.

Lerngegenstände

Im Zentrum der Lernsequenz stehen die folgenden Inhalte:
> Klärung ethischer Begrifflichkeiten (Werte, Normen, Ethik und Moral) sowie deren Unterschiede und Relevanz für das menschliche Miteinander;
> Unterscheidung von theologischer und philosophischer Ethik;
> Erarbeitung der unterschiedlichen ethischen Konzepte: Pflicht-/Gesinnungsethik nach Kant, Utilitarismus und Egoistische Ethik;
> Einordnung dieser Konzepte unter die Oberbegriffe »teleologisch« und »deontologisch«;
> Erarbeitung des christlichen Menschenbilds anhand folgender Bibelstellen: Mensch als Geschöpf Gottes: Gen 2,7; Ps 8,5–7; Ps 104,27–29; Ps 139,13–16; Gottebenbildlichkeit des Menschen: Gen 1,26–28; Gen 2,15; Gen 5,1–3; Einmaligkeit des Menschen: Ps 139,1–16; Jes 41,9; 42,5f.; 43,1–7; Mensch als Beziehungswesen: Gen 2,18; Gen 9,2–6. Zum besseren Verständnis der Gottebenbildlichkeit sowie des Aspekts »der Mensch als Beziehungswesen« sollte zusätzliches Material zur Verfügung gestellt werden (vgl. Lernquellen).

Lernwege

Zur Klärung der ethischen Begrifflichkeiten versetzen sich die SuS in die Lage der in William Goldings Roman »Herr der Fliegen« auf einer einsamen Insel gestrandeten Kinder und erarbeiten Regeln für ein funktionierendes Zusammenleben auf der Insel. Zur Erarbeitung der ethischen Konzepte setzen sich die SuS mit der folgenden Problemsituation auseinander, die aufgrund ihres Themas den Lebensalltag vieler Schüler betrifft.
Judith ist verheiratet und hat drei Kinder zwischen 7 und 13 Jahren. Als sich die erfolgreiche Jungunternehmerin wie immer am ersten Freitag im Monat mit ihren engsten Freundinnen trifft, die sie noch aus Jugendtagen kennt, eröffnet sie ihnen, dass sie sich von ihrem Mann scheiden lassen möchte, um mit ihrem Assistenten zusammenzuziehen. Die Freundinnen sind sprachlos. Nach einer Weile jedoch setzen alle zu Widerspruch an und machen ihr Vorhaltungen. Sie halten Judiths Schritt für moralisch falsch und sind sich einig, dass sie sich nicht scheiden lassen sollte. Judith fordert ihre Freundinnen nun zu einer Begründung ihres Urteils auf. Alle vier Freundinnen führen unterschiedliche Argumente an:

1. *Freundin:* »Wenn du dich scheiden lässt, versündigst du dich; nach dem Willen Gottes darf eine gültig geschlossene Ehe zu Lebzeiten der Gatten nicht aufgelöst werden.«
2. *Freundin:* »Du hast deinem Mann durch die Eheschließung in bindender und feierlicher Form versprochen, zeitlich unbegrenzt eine enge Lebensgemeinschaft mit ihm zu führen. Ein solches Versprechen darf man nicht brechen, nur weil man jemanden kennengelernt hat, den man momentan attraktiver findet.«
3. *Freundin:* »Das Unglück, das du durch eine Scheidung über deinen Mann und deine Kinder brächtest, würde das Glück, das du in deinem Alter noch für dich und deinen neuen Partner erwarten könntest, weit überwiegen. Man darf sein eigenes Glück nicht auf Kosten anderer verfolgen.«
4. *Freundin:* »Auf die Dauer gesehen würdest du dir in deiner Situation mit einer Scheidung nur schaden. Man sollte nie etwas tun, wodurch man auf lange Sicht die eigenen Interessen verletzt.«

Lernaufgaben

> Befasse dich zunächst allein mit den ausgelegten »Stolpersteinen« und notiere eine erste intuitive Stellungnahme.
> Erarbeitet im Team anhand des konkreten Beispiels von Judith die unterschiedlichen ethischen Begründungsmodelle, die sich in den Reaktionen ihrer Freundinnen erkennen lassen.
> Wendet die identifizierten ethischen Begründungsmodelle auf die »Stolpersteine« an und formuliert qualifizierte (begründete) Werturteile.

Lernerfolg

Die »Stolpersteine« stellen Dilemmasituationen als Lernanlässe dar, deren »Lösungen« zugleich auch Auskunft geben können über den erzielten Lernerfolg. Dies kann entweder in einer konventionellen Klassenarbeit oder in kommunikativen Formaten wie Pro-und-kontra-Gesprächen (auf einem Podium oder in einer »Talkshow«) geschehen.

Lernquellen

Baumann, Ulrike/Schweitzer, Friedrich, Religionsbuch Oberstufe, Berlin 2006 (Ethik, Moral, Werte und Normen).
Erlinger, Rainer, Gewissensfragen. Streitfälle der Alltagsmoral, München 2005, oder wöchentliche Kolumne im SZ-Magazin.
Hoerster, Norbert, in: Trutwin, W./Brenning, K. (Hg.), Forum Religion 6: Den Nächsten lieben. Kurs Ethik, Düsseldorf 1984, S. 40.
Katholischer Erwachsenen-Katechismus. Das Glaubensbekenntnis der Kirche, hg. v. d. Deutschen Bischofskonferenz, Bonn ⁴1989, S. 116 (Gottebenbildlichkeit).
»Maßgeschneiderter Seitensprung für 200 Euro«, in: FAZ vom 31.01.2007, und »Unbeteiligte lügen besser«, in: FAZ vom 04.02.2007 (www.Alibi-Profi.de).
Nink, Hermann (Hg.), Standpunkte der Ethik. Lehr- und Arbeitsbuch für die Sekundarstufe II/Kursstufe, Braunschweig u.a. 2005 (Texte zu den ethischen Begründungsmodellen).
Schockenhoff, Eberhard, Ethik des Lebens. Grundlagen und neue Herausforderungen, Freiburg 2009, S. 167f. (Gottesebenbildlichkeit), S. 169 (Menschen als Beziehungswesen).
www.1000fragen.de (weitere »Stolpersteine«).
www.ethikrat.org für die Untersuchung der Audioprotokolle der Plenarsitzungen (unter »Sitzungen«) hinsichtlich ethischer Begründungsmodelle.

Patricia Hirt/Christina Küchel

Diese Kirche – Meine Kirche
(Lernzeitraum 9/10)

Gegen Ende der Sek I setzen sich die SuS noch einmal explizit und vor allem persönlich mit dem Thema Kirche auseinander. Im Vordergrund stehen dabei die subjektiven Wahrnehmungen von Kirche (wie Kirche gesehen und erfahren wird), das kirchliche Selbstverständnis (diakonische, missionarische und kritische Funktion der Kirche in der Gesellschaft) und wie dieses von der jeweiligen Ortsgemeinde gelebt wird, sowie die eigene Positionierung in Bezug auf die Kirche.

Lernanlässe

Die SuS der Jahrgangsstufe 9 bereiten sich auf die Firmung vor oder sie haben das Sakrament bereits empfangen; einige haben sich auch dagegen entschieden. In jedem Fall bieten diese biografischen Anlässe Ausgangspunkte für geeignete Anforderungssituationen:

> Du hast dich für die Teilnahme an der Firmvorbereitung entschieden. Beschreibe deiner Lerngruppe, worauf du dich in den kommenden Monaten einlässt.
> Du hast das Sakrament der Firmung bereits (vor einem Jahr) empfangen. Erkläre in der Lerngruppe, wie du zu dieser Entscheidung gekommen bist und was die Teilnahme am Vorbereitungskurs für dich bedeutet hat.
> Du hast dich gegen die Firmung entschieden. Führe mit Firmandinnen und Firmanden ein Pro-und-kontra-Gespräch in Sachen Firmung.

Lernvorhaben

Die im Bildungsplan ausgewiesenen Bildungsstandards fokussieren die Kompetenz der SuS, eigene Entscheidungen zu treffen und diese zu begründen. Die SuS

> verstehen, dass es zum Menschsein gehört, sich entscheiden zu müssen und zu Entscheidungen zu stehen;

› sind aufgrund eines kritischen und selbstkritischen Vergleichs in Ansätzen zu einem Dialog mit anderen Religionen und Weltanschauungen befähigt.

In diesem Zusammenhang ist es wichtig, dass sie
› an konkreten Beispielen die diakonische, missionarische und kritische Funktion der Kirche in der Gesellschaft darstellen können.

In diesem Kompetenzbündel kommen alle fünf Dimensionen von Religiosität zum Tragen.

Lernarrangement

Die Lernsequenz ist auf 3–4 DS ausgelegt. Die erste DS wird der persönlichen Orientierung, Positionierung und Vorbereitung dienen. Den drei Anforderungssituationen entsprechend wird es voraussichtlich drei Gruppen geben, die arbeitsteilig, aber in Sichtweite, das Thema für sich erschließen können. Die SuS ordnen sich selbst diesen Gruppen zu (ggf. könnte eine vierte Gruppe beschrieben werden), definieren ihre Lernwege und treffen Absprachen. Entscheidend ist dabei die enge Begrenzung auf überschaubare Aspekte. Die Vorgabe präziser Lernaufgaben kann dabei helfen. Die zweite (und dritte) DS steht für die Erarbeitung zur Verfügung. Die abschließende DS führt die gewonnenen Einsichten zusammen.

Lerngegenstände

Im Zentrum der Lernsequenz stehen drei zentrale Inhalte.
› Die Kirche ist die Gemeinschaft der an Jesus Christus Glaubenden. Wo zwei oder drei in Jesu Namen versammelt sind, da ist er gegenwärtig (Mt 18,20). Als eine solche Gemeinschaft ist die Kirche immer auch eine Institution mit eigenen Strukturen.
› In der Firmung erhalten Christinnen und Christen die Zusage: Gottes heilige Geistkraft ist mit dir und stärkt dich. Das kann und soll dein Leben prägen. Die Firmung ist auch das Sakrament der Entscheidung (Apg 8,14–17; 19,5–7).
› Die Kirche ist eine Kirche für andere; dies zeigt sich besonders in ihren drei miteinander vernetzten Grundaufgaben: kirchlicher Glaube wird gelebt, gefeiert und bezeugt (Apg 4,23–37).

Die SuS werden in der Anfangsphase der Lernsequenz in geeigneter Weise (z.B. Lehrervortrag) über die Inhalte informiert. Diese sind während der Sequenz auf drei Plakaten/Lernkarten im Klassenzimmer präsent. Bei der Vorstellung der Inhalte erfolgt der Hinweis, diese auf die eigenen Lernwege mitzunehmen bzw. bei der Erarbeitung zu berücksichtigen.

Lernwege

In der Lerngruppe werden in unterschiedlicher Form Erfahrungen mit der Firmvorbereitung bzw. Firmung vorhanden sein. Diese gilt es zu bergen. Einzelne SuS berichten und bringen diese Erfahrungen ein. Andere erkundigen sich an geeigneter Stelle über die entsprechenden Angebote der Seelsorgeeinheiten bzw. des Dekanates. Die Kirche als Gemeinschaft und als Institution wird in der Ortsgemeinde erfahren. SuS machen sich kundig besonders im Blick auf die lokalen kirchlichen Jugendverbände sowie die strukturellen Gegebenheiten im Dekanat. Erwachsene haben ihre eigenen »Entscheidungssituationen«. Hier bieten sich Interviews und Befragungen an. Dazu müssen Fragebögen entworfen und ausgewertet werden. Evangelische Jugendliche machen ihre Erfahrungen mit der Konfirmation. Sie können dazu als Experten befragt oder eingeladen werden. Auch bietet sich ein Vergleich der Liturgien der Firmung bzw. der Konfirmation an. Die Grundaufgaben der Kirche müssen vertieft werden. Hierzu gibt es Lernanregungen in den ausgewiesenen Materialien.

Lernaufgaben

Die SuS erhalten ihren Gruppen entsprechend einen Katalog mit einer begrenzten Zahl an Lernanregungen, der sich an den beschriebenen Lernwegen orientiert.
> Erkundige dich in den Seelsorgeeinheiten bzw. im Dekanat über die Angebote zur Firmung, stelle diese zusammen und vergleiche sie miteinander.
> Portraitiere die kirchlichen Jugendverbände in deinem Dekanat. Stelle dabei deren Angebote für Kinder und Jugendliche dar.
> Befrage (Interview oder Fragebogen) Erwachsene nach ihrem Glauben bzw. ihrem Verhältnis zur Kirche. Dokumentiere die Ergebnisse und werte sie aus.

- Lade evangelische Jugendliche in den Religionsunterricht ein und vergleiche mit ihnen zusammen die Firmung mit der Konfirmation (Vorbereitung, Durchführung, Bedeutung).
- Liturgin, Diakon, Märtyrerin – erkläre diese drei Begriffe. Wähle jeweils zwei Beispiele aus und erläutere daran die Bedeutung der drei Grundaufgaben der Kirche.
- Betrachte das alltägliche Leben »gewöhnlicher« Christinnen und Christen. Untersuche dabei, inwieweit darin die drei Grundaufgaben der Kirche eine Rolle spielen.
- Wie sollten Christinnen und Christen leben? Stelle eine idealtypische christliche Lebenspraxis dar.
- Die Gemeinschaft Sant' Egidio (Rom) lebt den christlichen Glauben in besonderer Weise. Stelle sie deiner Lerngruppe vor.

Lernoptionen

In ostdeutschen Bundesländern ist die Jugendweihe etabliert. Ein Vergleich bietet sich an. Manche Freikirchen praktizieren die Erwachsenentaufe. Es lohnt sich zu prüfen, ob das damit verbundene Maß an Entschiedenheit größer bzw. angemessener ist. Viele Christinnen und Christen haben keinen Kontakt zur Gemeinde bzw. zur Kirche. Die SuS können versuchen, »Fernstehende« aufzusuchen und sie nach ihren Motiven und Bedürfnissen zu befragen. Es gibt zahllose christliche Gemeinschaften, die sich für ein »entschiedenes Christentum« stark machen. Auch hier lohnt eine Recherche.

Lernerfolg

Ganzheitliche Formate (Plakat, Flyer, Folien, Wandzeitung, Stellwände, Portfolio etc.) sind gut geeignet, Rechercheergebnisse darzustellen, zu kommentieren und zu bewerten. Die Standards der entsprechenden Formate müssen zu Beginn der Sequenz definiert werden. Dabei sind klare Absprachen und Regeln hinsichtlich der Gestaltung, des Umfangs und der Qualität wichtig. Insbesondere die Kriterien zur Bewertung der Leistungen müssen vorab (am besten schriftlich) festgelegt werden. Die begrenzte Zeit wird eine individuelle mündliche Präsentation kaum zulassen. Hier ist ein striktes Zeitmanagement gefordert. – Eine weitere Evaluationsmöglichkeit bieten die o.g. Anforderungssituationen. Die SuS sollten mit Abschluss der Lernsequenz dazu kompetent auskunftsfähig sein.

Lernquellen

Internetrecherchen und Material: www.katholisch.de sowie die Homepages der Pfarreien, Dekanate und Diözesen; www.ekd.de; www.vef.info (Freikirchen); www.jugendweihe.de; www.bessereweltlinks.de/index.php?cat=10&thema=Vorbilder; www.ktf.uni-passau.de/local-heroes; www.ec-jugend.de (»entschiedenes Christentum«); www.nightfever-online.de; www.taize.fr/de; www.santegidio.org.

Bosold, Iris/Michalke-Leicht, Wolfgang (Hg.), Mittendrin 3. Lernlandschaften Religion, München 2010, S. 26–31.

www.rpi-virtuell.net/workspace/users/18741/ePortfolio/GK%2011/welcome.html (Dokumentation einer Portfolioarbeit).

www.rpz-bayern.de (Lernkartei zum Download); www.irp-freiburg.de (Bestellmöglichkeit einer solchen Kartei).

Wolfgang Michalke-Leicht

Liebe, Partnerschaft, Sexualität
(Lernzeitraum 9/10)

Es gibt Themen, für die der Religionsunterricht die SuS erst motivieren muss, in deren Verlauf er sie zu Fragen führt, die sich in ihrem Alter noch nicht unbedingt von selbst stellen. Und es gibt Themen, die sozusagen an das unmittelbare Erleben der SuS heranreichen können, Themen, für die sie meist leicht zu begeistern sind und in denen sie sich selbst möglicherweise auch für Fachleute halten. Vielleicht sind das die schwierigeren Themen. In den Klassen 9/10 des Gymnasiums findet sich das Themenfeld »Leben in Beziehungen – Liebe, Freundschaft, Sexualität«. Die SuS sind in diesem Alter natürlich an dem Thema interessiert, sie sind emotional aber auch »sehr dicht dran« und gewinnen nur bedingt eine Distanz, die zu einer unterrichtlichen Auseinandersetzung (auch) notwendig sein kann. Dazu kommt, dass der/die Religionslehrer/in nicht unbedingt eine naheliegende Person ist, mit der man über diese Fragen sprechen würde. Hier setzt der Gedanke an, mit den SuS ein Produkt zu erzeugen und sie dabei einerseits in der Expertenrolle zu bestätigen und andererseits zu einer reflektierten Auseinandersetzung zu bewegen. Die Erstellung einer Zeitschrift zum Thema geht auf eine Idee von Michael Tinkl zurück.

Lernanlässe

Lernanlass ist die konkrete lebensgeschichtliche Situation der 14- bis 16-jährigen SuS: Die Phase der Pubertät ist schon längere Zeit bestimmend und erreicht bei einigen SuS ihren Höhepunkt. Neue Erfahrungen mit sich selbst und dem eigenen Körper, aber auch neue Gefühle und Wünsche, partnerschaftlicher oder sexueller Art, sind für fast alle präsent und prägend. Erste Bindungen werden eingegangen, partnerschaftliches Verhalten eingeübt, erste Erfahrungen mit Enttäuschungen und Verletzungen auf diesem Feld gibt es schon (»Deutung von Widerfahrnissen«). Diese Entwicklungen bringen ständig neue Wertentscheidungen mit sich, bei denen sich die SuS – trotz aller sexualkundlichen Impulse der Schule – oft alleingelassen fühlen (»Lösung ethischer Probleme«).

Konkrete Lernanlässe können in den meisten Fällen dennoch zunächst keine Erfahrungen der SuS insgesamt oder eines einzelnen Schülers/einer Schülerin sein, denn dies würde einerseits die Intimsphäre verletzen, andererseits auch den Themenhorizont evtl. zu sehr einengen. Stattdessen kann man von bereits vorliegenden medialen Produkten ausgehen, die den Anspruch erheben, den SuS in der Auseinandersetzung mit oben genannten Fragen zur Seite zu stehen, entsprechenden Beiträgen in Jugendmagazinen etwa, aber auch – gerade als Kontrast – einzelne Texte aus Religionsbüchern oder Ratgebern.

Der Handlungsimpuls entsteht dann aus der Auseinandersetzung mit diesen »Hilfen« und der Rückfrage der Lehrkraft, ob nicht die Lerngruppe in der Lage sei, als »Fachmänner« und »Fachfrauen« zum Thema selbst eine Zeitschrift zu gestalten, die engagiert und kompetent entsprechende Themen aufgreift und damit verbundene Wertfragen behandelt. In der Arbeit an einem solchen Produkt werden die SuS dann auch mit der Aufgabe konfrontiert, eine eigene Sprache zu finden, in der diesen Themen authentisch und dennoch präzise begegnet werden kann (»Sprache für existenzielle Phänomene«).

Lernvorhaben

Die Gestaltung einer eigenen Zeitschrift zum Thema »Liebe, Partnerschaft, Sexualität« bedient vor allem die Kompetenzen aus der anthropologischen Dimension des Bildungsplanes, also den Bereich »Mensch sein – Mensch werden«. Die SuS

> wissen, dass Partnerschaft Entwicklungsschritte zur eigenen Identität und zur Liebesfähigkeit voraussetzt;
> können den Stellenwert, den Sexualität in unserer Gesellschaft hat, reflektieren und kennen Kriterien eines verantwortlichen Umgangs mit Sexualität;
> verstehen, dass es zum Menschsein gehört, sich entscheiden zu müssen und zu Entscheidungen zu stehen.

Lernarrangement

Die Gestaltung einer eigenen Zeitschrift hat eine Kernphase, in der das eigentliche Produkt recherchiert und redaktionell erarbeitet wird. Dieser – hier beschriebenen – Phase wird im Unterricht jedoch zweierlei vorausgehen:

Zum einen werden die LuL in das Thema hineinführen und dabei einen möglichst klaren Fragehorizont eröffnen. Dies kann nach einem medialen Impuls zum Beispiel durch eine Mindmap zum Thema geschehen, auf die dann in der späteren Arbeit zurückgegriffen werden kann. Die LuL werden vor allem darauf achten, dass der Themenhorizont nicht überschritten wird und die Vorschläge sinnvoll strukturiert erfasst werden. Im zweiten Schritt werden dann in einer ersten Redaktionskonferenz die wesentlichen Vereinbarungen getroffen:

› Welche Themen sind für die Zeitschrift geeignet (thematischer Rahmen und mögliches Leserinteresse)?
› Welche Schreibformen sind den jeweiligen Themen angemessen (Artikel, Interview, Umfrage, Essay etc.)?
› Welche sprachlichen Konventionen sollen eingehalten werden (Stil, Umgangssprache), wer ist für die Überprüfung sprachlicher Richtigkeit zuständig?
› Wie soll ein gemeinsames Layout der Zeitschrift aussehen? Wer übernimmt die Gestaltung eines Titelblattes?
› Welches Bildmaterial soll verwendet werden – wer kann eigene Fotos machen (z.B. von Interviewpartnern)?
› Welche Kleingruppen (zwei bis drei SuS) übernehmen welche Themen?

Die LuL helfen in dieser Phase dabei, die selbst gestellten Aufträge der Gruppen möglichst präzise zu formulieren (siehe Lernaufgaben). Anschließend muss noch geklärt werden, in welchem Maße inner- und außerhalb der eigentlichen Unterrichtszeit gearbeitet werden kann/muss; viele Interviews und Ähnliches werden erfahrungsgemäß in der Freizeit der SuS (»Hausaufgaben«) erfolgen.

Diese beiden Schritte werden im Normalfall zwei DS in Anspruch nehmen. Die folgenden vier DS sind zur Recherche, zum Schreiben der Artikel und vor allem für Redaktionssitzungen anzusetzen. In der ersten dieser DS sollten die SuS möglichst frei arbeiten können, das Reservieren eines Computerraumes oder andere Möglichkeiten der Textverarbeitung sind hier unerlässlich. Jedoch schon gegen Ende der zweiten Woche empfiehlt es sich, eine Zwischenbilanz zu ziehen:

› Welche Themen erweisen sich als schwierig, welche als sehr ergiebig?
› Bei welchen Fragestellungen sollte die Form des Beitrags geändert werden?
› Welche Gruppe kommt nicht voran, worin liegen die Gründe?
› Was sind bisherige Ergebnisse (Schreibprodukte), wie können diese noch verbessert werden?

Die Rolle der Lehrkraft wird hier die des Chefredakteurs sein, der seinen »Redakteuren« größtmögliche Freiheiten lässt und dennoch das Endergebnis als möglichst gutes Produkt (auch im Sinne des RU) im Auge behält.

Auch die dritte DS wird mit einer solchen Sitzung enden; hier ist bereits abzusehen, welche Gruppen erhebliche Schwierigkeiten mit der Aufgabe haben, sodass die LuL noch helfend eingreifen können. In der vierten DS sollte die ausführliche Schlussredaktion stattfinden, in der die Beiträge besprochen, angeordnet und in das geplante Layout eingefügt werden. Nach meiner Erfahrung haben sich hierbei immer SuS gefunden, die noch in ausführlicher Nacharbeit das Projekt perfektioniert haben. Hier kommt der Stolz auf ein gemeinsam erstelltes Produkt zum Tragen, ein wesentlicher Motivationsfaktor dieser Einheit.

Den »Druck« der Zeitschrift (einfache Schwarz-Weiß-Kopien genügen völlig) übernehmen dann die LuL mit den Möglichkeiten der Schule, alle SuS der Lerngruppe erhalten ein Exemplar. Die fertige Zeitschrift ist auch Grundlage der Bewertung, eine (weitere) mündliche Präsentation der Ergebnisse wäre redundant.

Lerngegenstände

Innerhalb einer Lernsequenz zum Thema »Liebe, Partnerschaft, Sexualität« mit der vorgestellten Form lassen sich Lerngegenstände nur bedingt im Vorfeld festlegen. Die Freiheiten einer »Redaktionskonferenz« sehen gerade vor, dass sich die SuS Themen selbst suchen und erschließen. LuL können wichtige Aspekte bei der Themenfindung (schon in der Mindmap) mit einbringen und Fragenhorizonte öffnen. Viele dieser Themen werden von den SuS auch aufgegriffen, anderes wird dann anschließend in den Unterricht integriert (siehe »Lernoptionen«). In diesen Bereichen müssen sich die SuS Fachwissen erarbeiten, um einen gelungenen Beitrag schreiben zu können:

› Interview mit einem katholischen Priester über den Zölibat (SuS können Auskunft geben über die Bedeutung des Zölibats.)
› Umfrage unter SuS der Schule über »typisch weiblich – typisch männlich« (SuS können die üblichen Geschlechterrollen beschreiben und sich kritisch damit auseinandersetzen.)
› Bericht über Schwangerschaftsabbruch in Deutschland (SuS kennen die rechtlichen Regelungen zum Schwangerschaftsabbruch in Deutschland und die Haltungen der beiden großen Kirchen dazu.)

Aber auch überraschende Themen werden bisweilen aufgegriffen: Interview mit dem Besitzer eines Sexshops nach vorheriger Informationsbeschaffung über die Geschichte der Pornografie und die gesetzlichen Bestimmungen; Interviews mit türkischen Mädchen bezüglich ihrer Haltung zu den Geschlechterrollen, zu Zwangsheirat und Ehrenmorden; Informationsbeschaffung bei Frauenärzten über Verhütung; Gespräche über die Gründe von Scheidungen in einer Eheberatungsstelle.

Lernwege

Die Lernwege in einer derart durchgeführten Einheit sind vielfältig und ergeben sich aus dem gewählten Schreibprodukt. So werden die SuS, die ein Interview führen wollen, sich zunächst durch Recherche auf dieses vorbereiten, dann mit dem Interviewpartner Zeit, Ort und Dauer verabreden müssen, das Interview durchführen und die Ergebnisse schriftlich festhalten. Auch eine Umfrage muss sorgfältig geplant werden: Welche Dimensionen hat das Thema, welche Fragemöglichkeiten ergeben sich daraus, wen soll ich fragen und wie viele, welche Fragen können zu welchen Antworten führen, wie kann ich die Ergebnisse festhalten, sodass sich ein aussagekräftiges Bild ergibt? Der klassische Artikel wird sich auch nicht aus einer einzigen Quelle speisen und deshalb redaktionelle Arbeit nötig machen.
Wichtig für das gemeinsame Lernen (Konstruktion) sind vor allem die Redaktionssitzungen, in denen man im Austausch von Erfahrungen anderer lernen und eigene Erfahrungen und Fragen einbringen kann. Dies gilt nicht nur für das Methodische, sondern immer auch für die inhaltlichen Absicherungen. Der Ernsthaftigkeit dieser Auseinandersetzung liegt auch hier oft die Tatsache zugrunde, dass es eben nicht nur um eine theoretische Beschäftigung, sondern um ein konkretes gemeinsames Schreibprodukt geht. Die LuL müssen hierbei ggf. gegen überzogene Kritik der SuS untereinander einschreiten.

Lernaufgaben

Die Lernaufgaben können innerhalb dieser Einheit von den LuL nicht fest vorgegeben werden. Dennoch werden sie einige der Operatoren der EPA beinhalten, wie sich an folgenden Beispielen zeigen lässt. Dies kann in den Redaktionssitzungen von den LuL durchaus auch transparent gemacht werden,

indem den Teams dabei geholfen wird, die sich selbst gestellten Aufgaben präzise zu formulieren.
› Setze dich mit deinem Interviewpartner kritisch auseinander, versuche, seine Argumentation nachzuvollziehen, und überprüfe seine Aussagen aufgrund deiner zuvor erworbenen Sachkenntnis.
› Gestaltet einen Text, der eure Erkenntnisse und Erfahrungen möglichst angemessen umsetzt.
› Nehmt zu jedem Thema – aufgrund eurer zuvor erworbenen Kenntnisse – auch persönlich Stellung.

Die so formulierten Aufträge sind dann natürlich auch Grundlage der Bewertung der Schreibprodukte (siehe »Lernerfolg«).

Lernoptionen

Die Arbeit an einer Zeitschrift zum Thema »Liebe, Partnerschaft, Sexualität« hat die Lerngruppe zunächst über einen längeren Zeitraum in kleinere Arbeitsgruppen aufgeteilt, die sich nur innerhalb der Redaktionssitzungen im Plenum auseinandergesetzt hat. Deshalb erscheint im Anschluss eine Phase der gemeinsamen Arbeit angebracht. Denkbar wäre der Einsatz von Arbeitsblättern aus den Kopiervorlagen von Reiner Neuschäfer (Neuschäfer 2008), um einige Themen, die nicht oder nur am Rande berührt wurden, gemeinsam zu erschließen. Aber auch »Mittendrin 3« bietet Möglichkeiten der Vertiefung, z.B. zielt »Durch Märchen gemeinsam wachsen« (S. 67) auf Dimensionen, die in der eigenen Arbeit der SuS wahrscheinlich nicht berührt werden. Sinnvoll wäre möglicherweise auch eine Anbindung an die Methode der »Konkreten Diskurse«, da gerade Themen der Geschlechteridentität und der Partnerschaft/Sexualität ethische Fragen aufwerfen (Umgang mit Homosexualität, Untreue, Verhütung, Abtreibung), die auf diese Weise diskutiert und erfahrbar gemacht werden könnten.

Lernerfolg

Natürlich ist zunächst die Qualität des Produktes wichtigster Maßstab des Lernerfolges. Dies bezieht sich auf das Niveau der intellektuellen Auseinandersetzung ebenso wie auf das erkennbare Engagement der SuS (oft mit hohem emotionalen Faktor) und auf die ästhetische Gestaltung. Die SuS sollen gelernt haben, sich selbstständig mit einem Themenkomplex auseinanderzusetzen, in den sie einerseits aufgrund ihrer Entwicklung emotional stark verflochten sind, für den sie andererseits aber auch gerne den Status des Spezialisten beanspruchen. Reizvoll ist es auch, die erarbeitete Zeitschrift einer Parallelklasse vorzustellen und in einem Podiumsgespräch (die Verfasser der Artikel als »Fachleute«) diese Klasse in das Thema mit einzubinden. Hierdurch gewinnt das Schreibprodukt (über die Eltern, Geschwister und Freunde hinaus, denen es ohnehin gezeigt wird) eine größere Öffentlichkeit und die eigenen Erkenntnisse müssen sich an echten, bis dahin unbeteiligten Lesern bewähren. Eine Bewertung kann dann auch in Noten zum Ausdruck kommen, wenn die SuS bei ihren Beiträgen die individuellen Leistungen gekennzeichnet haben. In der Praxis erweist sich das häufig als problematisch. Eine Überprüfung der Auseinandersetzung mit allen Beiträgen der Zeitschrift in Form einer Klassenarbeit ist dann natürlich prinzipiell zusätzlich möglich, erscheint aber bei dieser Arbeitsform wenig angemessen.

Lernquellen

Als Lernquellen dienen für die SuS neben dem Internet vor allem die SpezialistInnen vor Ort: Mitarbeiterinnen in kirchlichen Beratungsstellen, bei Pro Familia, PfarrerInnen, katholische Priester, Eltern, Mitschülerinnen etc.
Internetrecherche sowie Unterrichtsvorschläge und -projekte:
    www.zum.de/Faecher/evR2/BAYreal/8/8.4/bezieh.htm;
    www.religionsunterricht.info (Stichwort »Sexualität«);
    www.rpz-heilsbronn.de/arbeitsbereiche/schularten/real-und-wirtschaftsschule/stundenentwuerfe-und-materialien-zum-lehrplan/84.html;
    www.spiegel.de/spiegel/0,1518,696218,00.html;
    www.schuelerzeitung.de (Handbuch und einige wertvolle Tipps, aber andere Organisationsform: langfristiges Engagement, thematische Vielfalt etc.).
Bosold, Iris/Michalke-Leicht, Wolfgang (Hg.), Mittendrin 3. Lernlandschaften Religion, München 2010, S. 58ff.
Neuschäfer, Reiner Andreas, Immer und ewig!? Kopiervorlagen zum Thema Freundschaft, Liebe, Sexualität, Göttingen 2008.

Joachim Köhler

Umgang mit dem Tod
(Lernzeitraum 9/10)

Jeder Mensch wird in seinem Leben früher oder später mit dem Tod in Berührung kommen, sei es erst bei seinem eigenen Tod oder vielleicht schon früher als Angehöriger oder Nahestehender, der einen anderen aus dem Leben entlassen muss. Spätestens dann wird er sich mit Fragen konfrontieren, die nach dem Sinn des Lebens, seines Lebens fragen. Auch den SuS wird diese Thematik nicht vorenthalten, sondern gegen Ende der Sek I setzen sich diese explizit mit der Thematik Sterben, Tod und Trauer auseinander. Im Vordergrund soll dabei die persönliche Annäherung und Auseinandersetzung mit der Thematik stehen, damit es ihnen gelingen kann, einen eigenen reflektierten Standpunkt zur Sinnhaftigkeit von Leben und Tod zu finden.

Lernanlässe

Die Auseinandersetzung mit der eigenen Endlichkeit vollzieht sich im Rahmen der Identitätsbildung. Diese bewegt sich im Spannungsfeld: Wer bin ich? Wo komme ich her? Wo gehe ich hin? Darauf suchen die SuS Antworten und müssen sich gleichsam mit ihrer eigenen Endlichkeit und der Endlichkeit aller auseinandersetzen. Unverzichtbar für diese Auseinandersetzung ist es, den Tod in den Blick zu nehmen und sich mit den unterschiedlichen Gefühlen, die dieser hervorruft, zu befassen. Dabei ist es hilfreich, dass die SuS sich nicht nur ihren eigenen Gefühlen und Einstellungen zum Thema stellen, sondern auch die Erfahrungen anderer in den Blick nehmen. Dies steht allerdings im Widerspruch zum vorherrschenden gesellschaftlichen Umgang mit dem Tod, wird dieser doch nach wie vor aus dem Leben verdrängt und findet eher an vorgesehenen »Sterbeorten«, wie Altersheim und Krankenhaus, statt. Das Spannungsfeld zwischen »Wissen wollen um Leben und um den Tod« und »Tabuisierung des Todes in der Gesellschaft« müssen SuS aushalten lernen und mögliche Annäherungen suchen.

› Deine Klassenkameradin war zu Beginn der Woche nicht in der Schule. Am Montag war die Beerdigung ihrer kleinen Schwester; am Mittwoch ist sie wieder im Unterricht. Wie begegnest du ihr im Klassenzimmer?

› Die Mutter deines Freundes ist an Krebs gestorben. Er möchte sich mit dir treffen und reden. Du bereitest dich auf das Gespräch vor.
› Einer deiner Klassenkameraden ist unheilbar an Krebs erkrankt. Er kommt zu einem letzten Besuch in die Klasse. Was willst du ihn noch fragen oder ihm sagen?

Lernvorhaben

Folgende Kompetenzen können mit der Lernsequenz bedient werden. Die SuS
› verstehen, dass menschliches Leben begrenzt ist, zum Beispiel durch Leid, Krankheit und Tod;
› können den Grund der christlichen Hoffnung auf Auferweckung darlegen und Wiedergeburtsvorstellungen von dieser abheben.

Lernarrangement

Für den Aufbau der Lernsequenz sind 8–10 DS vorgesehen. Aus den Anforderungssituationen ergeben sich für die konkrete Planung vier Schwerpunkte: In einem ersten Schritt werden sich die SuS ihre eigenen Gefühle und Einstellungen zum Thema Tod bewusst machen (zwei DS), in einem zweiten Schritt (Arbeit in Kleingruppen, drei DS) erschließen sie sich fremde Erfahrungsfelder (Meinungen anderer zum Thema bzw. Todesorte), in einem dritten Schritt präsentieren sie diese einander als neue Einblicke (zwei bis vier DS, je nachdem ob es zu geführten Lerngängen oder Präsentationen mittels Plakate oder gefilmter Interviews kommt) und im abschließenden vierten Schritt setzen sie diese mit ihren eigenen Erfahrungen in Beziehung (Auswertung, eine DS).

Lerngegenstände

Von besonderer Wichtigkeit in dieser Lernsequenz sind die individuellen Fragen und Themenwünsche der SuS, somit sollte die thematische Einführung durch die Lehrkraft in Absprache mit den SuS erfolgen; häufig gewünschte Themen sind:
› Suizid und der Umgang damit;
› Wann ist der Mensch tot? (Todeskriterien im Wandel der Zeit);

› Nahtoderfahrung; Todesarten; Tod bei Kindern und Jugendlichen;
› Sterbehilfe; Wie gehen Hinterbliebene mit dem Tod um?
› Trauermodelle.

Darüber hinaus bietet es sich an, über folgende Bereiche die SuS ergänzend zu informieren:
› Sterben in Deutschland und der gesellschaftliche Umgang mit dem Tod;
› Daten und Fakten in Deutschland (Todeszahlen, Todesarten);
› Auferstehungshoffnung im Christentum (leibliche und seelische Auferstehung; wenn gewünscht kann hier ein Vergleich mit anderen Weltreligionen thematisiert werden).

Lernwege

Es ist davon auszugehen, dass die SuS in ihren Meinungen gesellschaftliche Einstellungen widerspiegeln (wie z.B.: Trauernde wollen allein sein, die Trauer vergeht wieder, da kann keiner helfen). Es gilt, sie damit zu konfrontieren und Alternativen aufzuzeigen (Trauernde brauchen unsere Unterstützung, Trauer bleibt lebenslang, Hilfe anbieten). Im ersten Schritt teilen sich die SuS ihre Erfahrungen und Fragen zum Thema Tod mit, bereits hier können individuell unterschiedliche Sichtweisen zutage treten. In einem zweiten Schritt machen sie eigene Lernorte ausfindig, um sich weitergehende Informationen zu beschaffen oder um direkt ihre Einstellungen mit denjenigen Betroffener zu vergleichen. Der Lehrkraft kommt an dieser Stelle unterstützende Funktion zu, sie kann z.B. auf Bestatter, Selbsthilfegruppen, Hospize und/oder Friedhöfe/Krematorien verweisen, die SuS bei der Konzeption von Fragebögen unterstützen und Hilfestellung bei der Kontaktaufnahme anbieten.

Lernaufgaben

Die konkrete Formulierung der Lernaufgaben ergibt sich aus den gewählten Lernorten und ihren Ansprechpartnern.
› Erstellt einen Fragebogen für ein Interview, z.B. mit einem Bestatter, in dem ihr die folgenden Fragen berücksichtigt; formuliert zusätzlich weitere Fragen:
Was bedeutet der Tod für Sie?
Was berührt Sie in Ihrer Arbeit besonders?

Wie können Sie sich Tag für Tag für Ihre Arbeit begeistern/motivieren?
Wie erleben Sie die Hinterbliebenen in ihrer Trauer?
Was bräuchten Ihrer Meinung nach Hinterbliebene für ihren Trauerweg?
Was wünschen Sie sich ganz konkret von der Gesellschaft/von uns?
> Fragen für die Reflexion:
Was haben wir über Tod und Trauer erfahren und Neues gelernt?
Wo deckt sich das Erfahrene mit unserer Sicht und in welchen Bereichen gibt es Unterschiede?
Was war für uns am wichtigsten?
> Recherchiert nach einem Hospiz in der Nähe der Schule und bereitet einen Klassenbesuch dort vor.
> Entwerft einen Friedhofsführer für einen nahe gelegenen Friedhof.
> Nehmt Kontakt mit einem Krematoriumsleiter eines Friedhofs auf und lasst euch von ihm die Funktion des Krematoriums erklären bzw. durch das Krematorium führen. Bereitet danach eine Präsentation für eure Klasse vor.

Lernoptionen

Ist die Lerngruppe mit dieser Art der Begegnung überfordert oder scheut sie das Thema Tod und Trauer, können die Gesprächspartner durch Filmdokumentationen ersetzt werden (z.B. Dokumentationen über die Arbeit von Bestattern, in Hospizen und auf Friedhöfen; auch der Umgang von Familien mit Tod lässt sich so zeigen). Anstelle der Fragebögen müssen dann Beobachtungsbögen zum Film entworfen werden. Eine weiterführende Möglichkeit wäre es, wenn die SuS ihr gesammeltes Material mittels einer Ausstellung der Schulgemeinschaft präsentieren und/oder deren Umgang mit Tod und Trauer mit einem Fragebogen anonym erheben und veröffentlichen.

Lernerfolg

Einen ersten Aufschluss über den Lernerfolg dürften die ernsthafte Auseinandersetzung mit den Gesprächspartnern und die anschließende Präsentation der Ergebnisse in der Klasse geben. Bereits dies wäre der eigentliche Lernerfolg, da die SuS es geschafft hätten, sich einer Thematik zu stellen, die in der modernen Gesellschaft verdrängt wird.
Darüber hinaus gibt ein offener Umgang mit dem Thema Auskunft, ob die

SuS ihre eigenen Ängste und die vielleicht vorhandene Sprachlosigkeit überwinden konnten. Auch die Reflexionsphase über eigene Erlebnisse bzw. Gedachtes und Erfahrenes von anderen zeigt, in welchem Maße die SuS Empathie für andere haben und zeigen können und in welchem Maße die Erfahrungen der anderen ihre eigenen Gedanken beeinflussen.

Es bietet sich weniger an, eine Klausur über das Thema schreiben zu lassen, nachhaltiger wäre eine Ausstellung oder auch die benotete Präsentation ihrer Besuchs- und Gesprächsergebnisse. Alternativ bietet es sich auch an, die SuS einen eigenen Lernbogen ausfüllen zu lassen.

Lernquellen

Bosold, Iris/Michalke-Leicht, Wolfgang (Hg.), Mittendrin 3. Lernlandschaften Religion, München 2010, S. 88–103.

von Choltitz, Dorothea, Leben mit dem Tod. Materialien für den Unterricht, Stuttgart 2008 (Fragebogen für die persönliche Auseinandersetzung mit dem Tod).

entwurf, 41. Jahrgang, Heft 2-2010: »Umgang mit dem Tod«, Velber 2010.

Gaßner, Mechthild, Die Totenwäscherin. Filmdokumentation (2000) über eine Bestatterin, ZDF, Reihe 37° (Bezug: www.filmwerk.de).

Kronawitter, Max, Ist Felix jetzt ein Engel? Filmdokumentation (2009) über ein Kinderhospiz, unter: www.ardmediathek.de (Stichwortsuche);
vgl.: www.kinderhospiz-nikolaus.de.

Pollatschek, Iris, Mira – mein Stern. Langzeit-Filmdokumentation (2010) über Mira, die mit 14 Jahren starb, unter: www.37grad.zdf.de; www.zdf.de/ZDFmediathek (15.12.2010).

Sänger, Monika (Hg.), Abenteuer Ethik 3. Baden-Württemberg, Bamberg 2008 (Sterbephasen, Hospiz, Palliativmedizin).

www.veid.de oder www.sternenkinder.de (Internetforen verwaister Eltern).

Uta Martina Hauf

Biblische Motive in der Werbung
(Lernzeitraum 11/12)

Auch nach dem Ende der Säkularisierungshypothesen ist ein fortschreitender Traditionsabbruch bei den SuS zu konstatieren. So wird auch und vor allem ein Mangel an Kenntnis der christlich-religiösen Tradition, insbesondere der biblischen Sprachfähigkeit, beklagt. Andererseits sind die SuS allesamt ausgewiesene Experten im Umgang mit den medialen Lebenswelten. Eine genauere Untersuchung dieser Medienwelten zeigt, dass die Produkte populärer Massenkultur vielfältig von religiösen, gerade auch von biblischen Sprachspielen und Symbolen überformt sind. Auch wenn diese Überformungsprozesse nur selten von theologischen Intentionen geprägt sind, bieten sie dennoch Anknüpfungspunkte, um mit den SuS über biblische Texte und Motive ins Gespräch zu kommen und traditionelles Wissen und theologische Hermeneutik in Kontakt zu bringen mit der medienweltlichen Expertise der SuS.

Lernanlässe

Jugendliche sind Experten im Umgang mit ihren vielfältigen Medienwelten. Zumindest implizit besitzen sie auch die Fähigkeit, die Erscheinungen dieser Welten zu deuten und zu bewerten. Darüber hinaus haben sich die SuS in der Sekundarstufe ein Instrumentarium zum Umgang mit biblischen Texten angeeignet, das sie nun aktualisieren können.

› In einer Zeitschrift wird mit einer Anspielung auf die Einsetzungsworte Jesu beim letzten Abendmahl (»Mein Blut für dich«) für eine Blutspendeaktion geworben. Eine Ihrer Freundinnen findet das blasphemisch, andere amüsieren sich über diese Zusammenführung, manche verstehen die Anspielung gar nicht. Sie sind nun selbst zur Stellungnahme aufgefordert.

› In der Vorbereitungsgruppe für das Abi-Motto herrscht Ideenflaute. Einer kommt auf den Gedanken, »mal in der Bibel nach guten Sprüchen zu suchen«. Diskutieren Sie mit Ihrer Gruppe, ob Sie auf diesen Vorschlag eingehen könnten, und wenn ja, welche biblischen Texte infrage kämen. Überlegen Sie sich Kriterien für einen verantwortlichen Umgang mit diesen Traditionen.

Lernvorhaben

Die im Bildungsplan ausgewiesenen Bildungsstandards zielen u.a. darauf, die bibelpropädeutischen Kenntnisse der SuS zu aktualisieren und diese zu befähigen, biblischen Bezügen in der Gegenwart nachzuspüren und deren Verwendung theologisch verantwortungsvoll zu bewerten. Die SuS

› können religiöse Elemente und Impulse in der Lebenswelt der Gegenwart wahrnehmen und verfügen mit der biblisch-christlichen Tradition über einen Maßstab, um diese Elemente und Impulse einzuordnen;
› verfügen über bibelpropädeutische Grundkenntnisse, um mit biblischen Texten sachgemäß umgehen zu können;
› kennen gebräuchliche Symbole religiöser Traditionen und können sie deuten;
› können die Verwendung biblischer Traditionen in heutigen Kontexten beurteilen;
› (können mediale Produkte ihrer Gegenwart analysieren, in ihrer Wirkungsabsicht einschätzen und bewerten).

Lernarrangement

Die Lernsequenz ist auf 3–5 DS ausgelegt. Dabei wird nach einer ersten Phase der gemeinsamen Orientierung der weitere Lerngang in arbeitsteilig agierenden Gruppen zu gliedern sein. Die Arbeit in den Gruppen wird zunächst analytisch-dekonstruktiv Werbung und deren biblischen Hintergrund untersuchen und beides in Beziehung setzen, um dann in einem zweiten Schritt in kreativ-konstruktiver Weise die gewonnenen Ergebnisse anzuwenden. Die Präsentation der Ergebnisse und deren gemeinsame Bewertung führt die Arbeit der Gruppen wieder zusammen.

Lerngegenstände

Werbung als Teilgebiet medialer Lebenswelten scheint nicht nur wegen ihrer Knappheit und Prägnanz in besonderer Weise für die Gestaltung unterrichtlicher Prozesse geeignet. Werbung hat zwar »keinerlei Interesse an irgendeiner Form aktueller Religion oder Theologie«, sie arbeitet aber an einer »Wiederverzauberung der Welt«. Weil im 20. Jahrhundert kein traditionelles Sinnsystem heil geblieben ist, »wandern Sinnkontexte in die Welt der Waren und damit der Marken ab ... das einzig funktionierende Sinnsystem der Gegenwart ist der Markenkult« (vgl. Mertin 2001, S. 19f.).

> Insofern ist mit Andreas Mertin Werbung als »kulturell belangvolles Material« anzusehen, an dem sich zeigen und streiten lässt, woran man sich orientieren kann (vgl. Mertin 2001, ebd.). Werbung hat einen zeitdiagnostischen Charakter, an dem sich die Sehnsüchte und Projektionen der Gesellschaft ablesen lassen.

> Eines der Mittel der angesprochenen »Wiederverzauberung« ist das Spiel mit religiösen und biblischen Bezügen; hier trifft sozusagen das alte Sinnsystem auf das neue. Bei diesem Zusammentreffen ist jeweils neu zu klären, wie in den neuen Kontexten die überlieferten Traditionen verwendet werden und welche Funktion die Einbindung biblischer Anspielungen im Zusammenhang mit Werbung und Warenkultur erhält. Diese Verwendungsmodi sind in Bezug zu setzen zum ursprünglichen Sinnkontext der biblischen Tradition.

> Eine sorgfältige binnentheologische Untersuchung, insbesondere mithilfe der den SuS aus der Sek I geläufigen historisch-kritischen Methode und anderer exegetisch verantworteter Zugangsweisen, ist somit Voraussetzung für eine je eigene, kritische Bewertung der Kontextualisierung biblischer Traditionen im medialen Umfeld.

Lernwege

Die erste DS wird der Situierung des Themas und der Auswahl des Arbeitsgegenstandes (Werbeanzeige) dienen. Hier könnte die Präsentation einer ausgewählten Werbung durch die Lehrkraft und eine erste Gesprächsrunde die Problemstellung akzentuieren, Analyseziele festlegen und die Arbeitsschritte transparent machen.

Ein »Spaziergang« durch verschiedene Zeitungsanzeigen mit biblischen Bezügen verschafft den SuS einen Überblick über das zur Verfügung stehende Material und führt zur Auswahl einer Werbung. Entsprechend ihrer Wahl finden sich die SuS zu Gruppen oder (mindestens) Tandems zusammen, die in den folgenden DS die von ihnen gewählte Werbung genauer analysieren. Die Vorgabe präziser Lernaufgaben und Analyseschritte soll diese Arbeitsphase strukturieren (s.u.). Insbesondere in dieser Phase kann die Lehrkraft unterstützend eingreifen durch die Bereitstellung geeigneter Materialien (Handbücher, Kommentare, Internetressourcen u.a.).

Eventuell kann an geeigneter Stelle auch eine Wiederholung der historisch-kritischen Methode, z.B. durch eine kurze Instruktion durch die Lehrkraft, sinnvoll sein. Die gewonnenen Erkenntnisse können in kreative Umsetzungsprozesse (Brief, eigene Werbung) münden. Die abschließende DS dient dem Vergleich der erarbeiteten Analysen und einer abschließenden Gesamtreflexion. Unter Umständen kann an dieser Stelle die zweite Fragestellung aus den Lernanlässen (»Abi-Motto«) zur Sprache kommen.

Lernaufgaben

Die SuS erhalten eine Anzahl von Arbeitsanregungen, die sich u.a. an den von Andreas Mertin (Mertin 2001, S. 62ff.) vorgeschlagenen Schritten zur Untersuchung von Werbeanzeigen orientieren.
› Besprechen Sie in der Gruppe Ihre Wahl: Was hat Sie an der ausgewählten Anzeige fasziniert, gestört, geärgert, belustigt ... Was ist Ihnen auf den ersten Blick aufgefallen?
› Untersuchen Sie die Werbung hinsichtlich der äußeren Rahmenbedingungen: Erscheinungsort, Zeit, Produkt, Adressaten.
› Beschreiben Sie die Anzeige möglichst detailliert, z.B. hinsichtlich der Bild- und Textelemente, der Verwendung von Farben, der Blickführung des Betrachters usw.
› Rekonstruieren Sie die verschiedenen Botschaften der Anzeige. Vergleichen Sie Ihre Beobachtungen mit denen Ihrer Mitschülerinnen und Mitschüler in der Gruppe.
› Identifizieren Sie etwa mithilfe einer Bibelkonkordanz oder eines Internet-Portals (z.B. www.bibleserver.com/) die biblischen Bezüge, auf die in der Anzeige angespielt wird, und ordnen Sie diese in ihren Gesamtzusammenhang ein.
› Analysieren Sie die identifizierten biblischen Texte mithilfe der Instrumente der historisch-kritischen Methode.
› Prüfen Sie, inwiefern weitere, Ihnen bekannte Zugänge zur Bibel (tiefenpsychologische, existenzielle, soziologische, feministische u.a.) für das Verständnis Ihres biblischen Textes fruchtbar gemacht werden können.
› Setzen Sie Ihre Untersuchungsergebnisse in Bezug zu den Intentionen der Anzeige. Beurteilen Sie, inwiefern die Verwendung der biblischen Tradition in der gewählten Werbung angemessen ist.

› Fassen Sie Ihre Ergebnisse zusammen in einem Brief, in dem Sie gegenüber der zuständigen Werbeagentur Stellung nehmen.
› Unter welchen Voraussetzungen könnte Werbung verantwortlich mit biblischen Bezügen umgehen? Konzipieren Sie eine eigene Werbeanzeige.

Lernoptionen

Die Fragestellung kann in zwei Richtungen ausgeweitet bzw. ergänzt werden: Zum einen können weitere medienweltliche Bereiche wie z.B. Videoclips, Fernsehserien oder Spielfilme in die Untersuchung einbezogen werden. Zum anderen kann der Fragehorizont auf weitere religiöse Themenfelder (Glaube, Menschenbild, Schuld und Sühne ...) erweitert werden.

Lernerfolg

Schon die materialen Ergebnisse der Gruppenarbeit und deren Präsentation und Diskussion können SuS und Lehrkraft einen guten Einblick in die erzielten Lernerfolge geben. Eine noch gezieltere Lernerfolgskontrolle kann durch eine weitere exemplarische Untersuchung einer Werbeanzeige, etwa im Zusammenhang mit einer zeitgebundenen Hausaufgabe oder im Rahmen einer Klausur, erfolgen.

Lernquellen

Bickelhaupt, Thomas/Böhm, Uwe/Buschmann, Gerd, Das Exodus- und Weg-Symbol in der Werbung, in: www.rpi-loccum.de/buexod.html.
Bosold, Iris/Michalke-Leicht, Wolfgang (Hg.), Mittendrin 3. Lernlandschaften Religion, München 2010, S. 74–87 (Auslegungs- und Wirkungsgeschichte biblischer Texte; im Lehrerkommentar hilfreiche Arbeitsmaterialien zur Vertiefung der historisch-kritischen Methode).
Mertin, Andreas/Futterlieb, Hartmut, Werbung als Thema des Religionsunterrichts, Göttingen 2001.
Recherchemöglichkeit unter: www.glauben-und-kaufen.de (Sammlung von religiösen Motiven in der Werbung; Bestellmöglichkeit einer DVD) sowie in aktuellen Zeitschriften.

Ulrich Baader

Moralische Dilemma-Situationen
(Lernzeitraum 11/12)

Entscheidungssituationen sowohl der eigenen als auch der gesellschaftlichen Lebensführung liegen oft moralische Probleme zugrunde. Sie bedürfen einer ethischen Reflexion und Begründung. Dabei liegen meist verschiedene Möglichkeiten vor, wobei nicht von vorneherein zu erkennen ist, welche Entscheidung die moralisch richtige ist. Problematischer werden solche Handlungskonflikte, wenn dabei mindestens zwei moralische Prinzipien miteinander in Konflikt geraten, indem sie den Handelnden gegenteilige Handlungen vorschreiben. In einem solchen Fall spricht man von einem moralischen Dilemma. Die Diskussion moralischer Dilemmata beabsichtigt, moralische Entscheidungsfindungen zu fördern, die sich auf andere Situationen dann übertragen lassen.

Lernanlässe

Nicht nur in den Medien, auch unter SuS werden immer wieder moralische Dilemmata diskutiert. Anlass dazu sind oft aktuelle Ereignisse, wie z.B. Prozesse zur »Waterboarding«-Folter von Al-Quaida-Terroristen (2002–2009) oder der Entführungsfall des Bankiersohns Jakob Metzler, auch als »Fall Daschner« nach dem die Folter anordnenden Polizisten bezeichnet (2002), ebenso die Frage, ob man von Terroristen gekaperte Passagiermaschinen über Ballungsräumen durch Kampfjets abschießen lassen darf oder nicht (2006), oder die Frage nach einem finalen Rettungsschuss bzw. gezielten Todesschuss während einer Geiselbefreiung oder der Terrorismusbekämpfung, oder die Frage nach dem Beschuss von Terroristen, die möglicherweise in den Besitz von Bombenmaterial für geplante Anschläge kommen könnten, u.v.m. Für den Umgang mit heutiger gesellschaftlicher Pluralität ist daher die Auseinandersetzung mit diskursethischen Ansätzen ein wichtiger Beitrag, um die SuS zu ethischer Mündigkeit zu befähigen, zumal die grundsätzliche Entscheidungsfindungsproblematik sich auch oft auf Situationen des alltäglichen Lebens übertragen lässt.

Lernvorhaben

Durch die Beschäftigung mit moralischen Dilemmasituationen wird die Entwicklung des Verantwortungsbewusstseins gefördert. Auf diesem Wege wird die moralische Kompetenz ebenso gefördert wie die Haltung der Achtsamkeit, der Aufmerksamkeit sowie die Diskursfähigkeit. Die SuS
› können sich in sozialen Kontexten artikulieren und andere Meinungen akzeptieren;
› sind in der Lage, unter Berücksichtigung eigener Möglichkeiten und Grenzen verantwortlich Entscheidungen für ihren weiteren Lebensweg zu treffen.

Lernarrangement

Die Lernsequenz ist auf zwei bis drei DS ausgelegt. In der ersten DS beschäftigen sich die SuS mit einem möglichst aktuellen Dilemma. Als Vorbedingung müssen zunächst einige Grundvereinbarungen getroffen werden: Eine hohe Aufmerksamkeit auf alle Äußerungen muss gesichert sein. Alle SuS dürfen frei und gleichberechtigt ihre eigene persönliche Meinung äußern. Wichtig ist auch, dass alle ihre eigene Meinung wirklich vertreten. Weder abwertende noch aufwertende Bemerkungen über andere Personen dürfen gemacht werden. Zudem soll die Gesprächsleitung nicht bei der Lehrkraft liegen, sondern bei den SuS. Diejenigen SuS, die gerade gesprochen haben, übergeben das Wort und damit die Gesprächsleitung dann an die nächsten SuS aus der anderen Gruppe (Ping-Pong-Argumentation), wodurch die Moderation sich immer zwischen den Gruppen abwechselt. Die Lehrkraft achtet nur auf die Einhaltung der Regeln. So wird vermieden, dass sie durch die Moderation andeutet, welche Argumente sie gut findet und welche nicht; d.h., alle direkt oder indirekt an die SuS ausgesendeten wertenden Signale werden unterbunden.
In einer ersten Phase wird dann durch die Lehrkraft das Dilemma möglichst anschaulich vorgestellt. Die SuS sollen das Dilemma gefühlsmäßig erleben. Danach gibt es Gelegenheit, das Dilemma noch einmal für sich durchzulesen und sich Gedanken darüber zu machen; Rückfragen sind möglich. In einem Unterrichtsgespräch wird der Dilemma-Kern geklärt.
In der nächsten Phase werden die SuS aufgefordert, öffentlich durch Handheben über die vorgestellte Dilemmalösung zu entscheiden. War die getroffene

Entscheidung richtig oder falsch? Hierbei kann die Entscheidung auch mithilfe einer Skala von +3 (eher richtig) bis -3 (eher falsch) differenziert werden. Ergänzend dazu wird eine zweite Überlegung getroffen: Wie leicht oder schwer fällt die Beurteilung der Entscheidung? Auch hier kann wieder mithilfe einer Skala von +3 (eher leicht) bis -3 (eher schwer) geurteilt werden. Die Lehrkraft drängt darauf, dass diese Entscheidung – wie in der wirklichen Dilemma-Situation – rasch erfolgen muss. Dass bei dieser ersten Entscheidungsphase die Gruppendynamik eine nicht zu unterschätzende Rolle spielt, muss nämlich bedacht werden.

Anschließend werden – nach Möglichkeit je nach dem vorherigen Abstimmungsverhalten – Pro- und Kontra-Gruppen gebildet und evtl. – je nach Größe der Gesamtgruppe – nochmals in Kleingruppen von 3 bis 4 SuS unterteilt. Die Kleingruppen sammeln gemeinsam verschiedene Argumente für ihre Position. Sie ordnen ihre Argumente nach ihrer Wichtigkeit und Bedeutung. In einer Plenumsphase beginnt jetzt ein Argumente-Ping-Pong zwischen den Pro- und Kontra-Gruppen. Die Argumente können an der Tafel mitgeschrieben werden, um sie zu sichern.

In einer nächsten Phase beschäftigen sich jetzt die Kleingruppen mit den Argumenten der Gegengruppe(n). Anhand der Überlegung »Welche Argumente haben mich nachdenklich gemacht?« überprüfen sie die Gegenargumente und ordnen sie nach Wichtigkeit. Anschließend wird nochmals im Plenum berichtet, was welche Kleingruppe als das beste Argument der Gegenseite angesehen hat. In der Schlussabstimmung wird nochmals die Eingangsfrage überdacht: War das Verhalten der Person in dem Dilemma eher richtig oder eher falsch? Ein Schluss-Feedback schließt die Dilemma-Diskussion ab.

In einer weiteren DS beschäftigen sich die SuS mit den Kohlberg'schen Stufen der moralischen Urteilsfähigkeit. Ausgangspunkt hierzu kann das »Heinz-Dilemma« sein, das in einem weiteren Dilemma-Diskurs besprochen werden kann.

Lerngegenstände

Das Problempotenzial von Dilemmasituationen soll in seiner Struktur grundsätzlich erfahren werden und auf ähnliche Konstellationen übertragen werden können.

› Die SuS lernen zum einen das »Heinz-Dilemma« als das »klassische« Dilemma der Entwicklungspsychologie kennen.

Moralische Dilemmasituationen

› Zum anderen diskutieren sie nach einem festen vorgegebenen Schema eine weitere Dilemma-Situation: Richter Steinberg steht vor einer schweren Entscheidung. Er muss darüber entscheiden, ob eine Verdächtige gefoltert werden darf. Der Geheimdienst seines Landes hat Beweise, dass eine terroristische Organisation einen Sprengstoffanschlag für die nächsten Tage plant. Dabei sollen mindestens hundert Menschen ums Leben kommen. Die Terror-Organisation ist wegen ihrer Brutalität und Kompromisslosigkeit gefürchtet. Dem Geheimdienst gelang es, eine Frau festzunehmen, die als eine Anführerin in dieser Organisation gilt. Er glaubt, dass sie an der Vorbereitung des geplanten Attentats beteiligt war. Die Frau wurde lange verhört. Aber sie verweigert jede Aussage. Foltern ist in dem Land verboten. Aber man befürchtet, dass das Attentat jederzeit stattfindet, und bittet deshalb Richter Steinberg um die Genehmigung, die Gefangene foltern zu dürfen, damit sie endlich sagt, wann und wo der Anschlag geplant ist. Was soll der Richter tun? Es ist Freitagnachmittag und niemand ist zu erreichen. Er muss eine Entscheidung treffen. Er entscheidet schließlich, dass der Geheimdienst die Verdächtige foltern darf, um das Attentat zu verhindern.
› Die SuS lernen das Modell der moralischen Entwicklung nach Kohlberg als differenziertes Stufenmodell mit seinen drei Hauptniveaus und sechs Stadien moralischen Verhaltens kennen.
› Sie wenden ihre erworbenen moralischen Argumentationsfähigkeiten auf weitere ähnliche Dilemma-Situationen an, die je nach Aktualität ausgewählt werden können.

Lernwege

Die SuS erarbeiten sich unter vorher vereinbarten Grundregeln vorgegebene Dilemmasituationen und diskutieren sie nach einem festen Schema. Ggf. muss die Lehrkraft hier immer wieder auf der genauen Einhaltung bestehen. Dabei beachten sie die eingeforderte Atmosphäre der Aufmerksamkeit und der gegenseitigen Achtung der jeweiligen Äußerungen aller Beteiligten. In einer abschließenden Reflexion erhalten sie die Möglichkeit, ihren Erkenntnisgewinn zu bedenken und zu überprüfen.

Lernaufgaben

> Benennen Sie den Dilemma-Kern: Was ist das moralische Problem? Welche Prinzipien geraten im vorgestellten Beispiel miteinander in Konflikt?
> Formulieren Sie eine eigene Meinung zu einer Kontroverse um ein moralisches Dilemma: War das Verhalten der vorgestellten Person richtig oder falsch?
> Überlegen Sie, ob es Ihnen leicht- oder schwerfiel, eine eigene Meinung zu benennen.
> Sammeln Sie möglichst viele verschiedene Argumente und Begründungen, mit denen Sie Ihre Entscheidung rechtfertigen können, und ordnen Sie diese nach ihrer Bedeutung für Sie.
> Tragen Sie Ihre Argumente möglichst überzeugend vor.
> Hören Sie sich die Argumente der Gegenposition an.
> Überprüfen Sie die Argumente der Gegenposition. Überlegen Sie, welches Argument Sie am meisten überzeugt hat. Ordnen Sie alle Argumente der Gegenseite nach ihrer Bedeutung für Sie.
> Tragen Sie das Ihrer Meinung nach überzeugendste Argument der Gegenposition vor.
> Überprüfen Sie Ihre Entscheidung vom Anfang: War das Verhalten der vorgestellten Person richtig oder falsch? Wenn nötig, revidieren Sie Ihre Meinung.
> Überprüfen Sie, ob es Ihnen durch die kontroversen Diskussionen zur ethischen Urteilsfindung jetzt leichterfällt, Ihre eigene Meinung zu benennen oder nicht.

Lernoptionen

Die Auswahl der Dilemma-Situationen kann je nach Aktualität variieren. Ebenso ist es möglich, das gleiche Verfahren zur Urteilsbildung auf einfachere ethische Urteilsfindungsprozesse zu übertragen, die der Alltags- und Erfahrungswelt der SuS entnommen sind. Hierzu finden sich zahlreiche Beispiele auf der Homepage des Ministeriums für Schule und Weiterbildung in NRW (www.learnline.de/angebote/praktphilo/didaktik/dilemma_slg.pdf).
Ebenso können Alltagsprobleme diskutiert werden, wie sie der Jurist und Mediziner Rainer Erlinger seit 2002 regelmäßig im Magazin der Süddeutschen Zeitung problematisiert (http://sz-magazin.sueddeutsche.de/texte/liste/l/10).

Zur Weiterführung der Dilemmasituationen bietet sich eine Verbindung zum Stufenmodell von Fritz Oser und Paul Gmünder zur Entwicklung des religiösen Urteils sowie zu kirchlichen Haltungen zur Bildung des Gewissens an.

Lernerfolg

Wechselseitige Achtung der SuS bei den verschiedenen Argumenten und eine konzentrierte Atmosphäre der Aufmerksamkeit während der Dilemmadiskussion sowie eine Offenheit bei den Argumentationen ist als Lernerfolg zu werten. Es bietet sich darüber hinaus an, im Anschluss an die Dilemmadiskussion das Geschehen noch einmal zusammen mit allen Beteiligten in einer Feedback-Runde zu reflektieren. Mögliche Fragen dabei sind:
> Was habe ich in dieser Diskussion gelernt über das Thema, über die anderen, über mich und überhaupt über die Diskussion mit »Gegnern«?
> Wann gab es angespannte Phasen, wann lockerere?
> Wie fühlten sich die Diskussionspartner?
> Was fiel leichter, was schwerer?
> Wobei kann mir die Dilemma-Diskussion weiterhelfen? Hier wäre wichtig zu thematisieren, inwieweit sich die Methode auch auf andere, alltägliche Entscheidungsfindungen übertragen lässt.

Ein weiterer Lernerfolg lässt sich dann beobachten, wenn die Diskussionen nach Ende der Unterrichtsstunde auch außerhalb des Klassenzimmers fortgeführt werden.

Lernquellen

Ausführlichere Informationen zum Umgang mit moralischen Dilemmata bietet die »Konstanzer Methode der Dilemma-Diskussion« (KMDD) von Georg Lind. Die Methode ist aus der Methode von Moshe Blatt und Lawrence Kohlberg heraus entstanden. Die KMDD basiert auch auf Habermas kommunikativer Ethik, Osers Diskursmethode und Linds Zwei-Aspekte-Theorie des moralischen Verhaltens und der Moralentwicklung (Lind 2002). Das Kernziel der KMDD ist es, die moralischen Grundprinzipien der Demokratie im alltäglichen Leben (also auch im Lernprozess!) anzuwenden und dadurch die Lernenden zur Anwendung der eigenen moralischen Prinzipien zu motivieren und ihnen konkrete Verhaltensweisen zur Übung und Nachahmung anzubieten (http://www.uni-konstanz.de/ag-moral/moral/dildisk-d.htm).
Kohlberg, Lawrence, Die Psychologie der Moralentwicklung, Frankfurt/M. 1995.

Lind, Georg, »Unterstützung und Herausforderung« – Die Konstanzer Methode der Dilemma-Diskussion, in: Landesinstitut für Schule (2004). Erziehungskultur und soziales Lernen, Soest: LSW, S. 82–108 (http://www.uni-konstanz.de/ag-moral/pdf/ Lind-2004_unterstuetzung_und_Herausforderung-Konstanzer_Methode.pdf, 15.12.2010).

Lind, Georg, Moral ist lehrbar. Handbuch zur Theorie und Praxis moralischer und demokratischer Bildung, München ²2009.

Standop, Jutta, Werte-Erziehung. Einführung in die wichtigsten Konzepte der Werteerziehung, Weinheim/Basel 2005.

Stefan Schipperges

Mit den Gebeten beginnen
(Lernzeitraum 11/12)

Das Gebet – manchmal nur ein Stoßseufzer: »Mein Gott, hilf mir doch!«, manchmal eine bewusste Hinwendung im persönlichen Gespräch und manchmal das Sprechen eines tradierten Textes, wie z.B. des Vaterunsers. Das Gebet kennt das gesprochene Wort oder das Schweigen, den Dank, Lob und Preis, aber auch die Bitte und die Wut – es ist, um mit dem Theologen Johann Baptist Metz zu sprechen, »die Sprache ohne Sprachverbote ... spannender und dramatischer ... viel rebellischer und radikaler als die Sprache der zünftigen Theologie, ... viel beunruhigender, viel ungetrösteter, viel weniger harmonisch, ... oft die Sprache der Nichtakzeptanz der Lebenslagen, der Klage, des Protests und des Schreis«. Daher schlussfolgert er, dass die »Rede über Gott ... allemal aus der Rede zu Gott (stammt), die Theologie also aus der Sprache der Gebete«. Er schließt sich sodann der Forderung Jacques Derridas an, mit den Gebeten zu beginnen.
Die vorliegende Lernsequenz nimmt diese Forderung für den Religionsunterricht in der Kursstufe ernst. Durch diese Sequenz sollen Fragen an das Gottes- und Menschenverständnis aufgeworfen werden, die sodann im weiteren Verlauf des Kurshalbjahres beantwortet oder als Fragen vertieft werden. Dabei bietet es sich an, mit dieser Sequenz die Lehrplaneinheit »Die Frage nach Gott« zu eröffnen. Es ist aber genauso gut möglich, in den Lehrplaneinheiten »Jesus Christus«, »Kirche« und »Mensch sein« mit dieser Sequenz zu arbeiten und die Fragestellungen dementsprechend zu justieren.

Lernanlässe

Für die SuS ist die Gebetssprache oftmals eine Fremdsprache. Sie kennen Gebete noch aus früheren Jahren, tradierte, aber auch die von SuS gerade in der frühen Sekundarstufe 1 noch gerne selbst verfassten Fürbitten in den Schulgottesdiensten. Die kritische Sicht auf den Gottesglauben speist sich häufig aus Erfahrungen, in denen Gott das nicht eingelöst hat, worum ihn der Mensch gebeten hat. Deshalb provoziert der Blick auf das Gebet als für die Religion spezifische und einzigartige Kommunikationssituation und ermöglicht so, den diesem Sprechakt impliziten Prämissen auf die Spur zu kommen und so die

Frage nach Gott elementar zu stellen. Dabei können biografische Anlässe und fachliche Kenntnisse zu Beginn abgerufen werden:
> Legen Sie dar, welche Gebete Sie kennen.
> »Da hilft nur noch beten!« Benennen Sie Situationen, in denen Sie gebetet haben oder Sie sich vorstellen können, dass Menschen beten. Nennen Sie auch solche Situationen, in denen das Beten unpassend wäre.
> Lassen Sie sich auf eine Diskussion mit Menschen ein, die nicht an Gott glauben. Überlegen Sie mit ihnen zusammen die folgenden Fragen: Betest du vor einer Mathematikklausur? Glaubst du, dass Beten hilft? Sollte Gott alle Gebete erhören oder wie sollte er damit umgehen?

Lernvorhaben

Durch diese Lernsequenz wird die Kompetenz der SuS gestärkt, Gottesbilder anthropologisch und theologisch zu reflektieren und gleichzeitig darin die religiöse Dimension als Konstante der Anthropologie zu beschreiben. Potenziell eröffnet die Beschäftigung mit der Gebetspraxis das Bedenken eigener Gottesvorstellungen und kann darin Raum bieten, eigene Zugänge zum Gottesverständnis zu beschreiben. Die SuS können
> religiöse Elemente und Impulse in der Lebenswelt der Gegenwart wahrnehmen;
> verschiedene Zugänge zum Gottesglauben reflektieren;
> darlegen, dass Gott im jüdisch-christlichen Verständnis der ganz Andere ist und darum grundsätzlich unverfügbar bleibt;
> anhand eigener Erfahrungen oder kirchlicher Tradition darlegen, welche Bedeutung Jesus Christus für Menschen haben kann.

Lernarrangement

Die Lernsequenz zeichnet sich durch drei Phasen aus und beansprucht daher 3 DS. In der ersten Phase sammeln die SuS ihre Eindrücke zum Gebet – dazu können die Fragen der Anforderungssituationen die Auseinandersetzung anbahnen. Sodann werden durch die Lehrkraft verschiedene Gebete aus allen Religionen und Fotos bzw. Bilder von Betenden und Gebetshaltungen ausgelegt. Die SuS wählen sich ein oder zwei Medien aus, mit denen sie sich intensiver beschäftigen wollen; ihre Ergebnisse stellen sie der Lerngruppe vor. In der zweiten Phase erfolgt die theologische Fundierung des Gebets mithilfe von Sachtexten – auch hier können die SuS in eigener Regie arbeiten. Je nach Interesse dient die dritte Phase der Vertiefung, z.B. der intensiven Auseinandersetzung mit einem Gebet oder die SuS beurteilen die einzelnen von ihnen in Phase 1 ausgewählten Gebete und beantworten nochmals die Fragen aus dem Lernanlass – ggf. führen sie mithilfe der Fragen eine Podiumsdiskussion zum Thema Gebet.

Lerngegenstände

Die Auseinandersetzung mit dem Gebet legt die Erarbeitung folgender Inhalte nahe:
› Jede Religion kennt das Gebet, hat eigene Gebete und eine spezifische Gebetspraxis.
› Das Gebet ist eine regelfreie Kommunikation mit Gott.
› Die jüdisch-christliche Überlieferung zeigt im Ersten und Zweiten Testament eine vielfältige Gebetslandschaft auf, in der sich Gott und Mensch als Partner begegnen.
› Gebete geben Auskunft über das Menschen- und Gottesbild.
› Im Gebet kann sich der Mensch in einer Art und Weise offenbaren, wie er es in der zwischenmenschlichen Kommunikation nicht immer wagen würde.
› Gott lässt sich auch in der Stille erfahren: Reflexion mystischer Praxis und Meditation.

Lernwege

Da die SuS unterschiedliche bis gar keine Erfahrungen mit dem Gebet haben, gilt es, zunächst diese Wahrnehmungen aufzugreifen und sich von hier aus Fragen zu überlegen. Durch die Auseinandersetzung mit konkreten Gebeten, Gebetshaltungen und Gebetspraxis erhalten die Anfragen eine Fundierung. Die von der Lehrkraft zur Verfügung gestellten Sachtexte liefern das notwendige Sachwissen, um sich nochmals kompetent der aufgeworfenen Frage zuzuwenden. Beim Gebet geht es immer um eine intensive und intime Kommunikation. Daher ist den Äußerungen der SuS unbedingte Priorität einzuräumen. Zugleich sind Beurteilungen zu vermeiden. Die Pluralität der Einsichten und Einstellungen spiegelt gerade in dieser Vielfalt die weite Dimension des Gebets wider.

Lernaufgaben

Die SuS erhalten für ihre Arbeit folgende Impulse.

Phase 1:
- Klären Sie für sich: Was heißt beten?
- Überlegen Sie sich Situationen, in denen Menschen beten.
- Lesen Sie sich die Gebete durch, schauen Sie sich die Bilder an und wählen Sie das aus, mit dem Sie sich näher beschäftigen wollen.
- Fassen Sie den Inhalt des Gebets in eigenen Worten zusammen.
- Zeigen Sie auf, welches Gottes- und Menschenbild durch dieses Gebet/Bild zum Ausdruck kommt.
- Ordnen Sie dieses Gebet einer Religion oder einer Gebetskategorie (Bittgebet, Dankgebet ...) zu.

Phase 2:
- Lesen Sie den ausgewählten Text sorgfältig durch und notieren Sie Fragen und Bemerkungen.
- Zeigen Sie die Bedeutung des Gebets für den Betenden und die Theologie auf.
- Benennen Sie weitere Gebetshaltungen und erklären Sie ihre Bedeutung.
- Beschreiben Sie die spezifische Kommunikationssituation des Gebets und vergleichen Sie diese mit anderen Sprechakten/Kommunikationssituationen. (Diese Aufgabe kann sehr gut visualisiert werden.)

Phase 3:
- Beantworten Sie mit dem von Ihnen erworbenen Wissen nochmals die Anfangsfragen.
- Diskutieren Sie die These, wonach die Rede über Gott der Rede zu Gott entstammt.
- Erörtern Sie, ob Gebete in der Schule erlaubt sein sollen.

Lernoptionen

Die beschriebene Lernsequenz öffnet den Blick für die Vielfalt der Gebetssprache und macht deutlich, dass sich der Mensch in den verschiedenen Ausdrucksformen ganz unverfälscht und authentisch ausdrücken kann. Darin wird ein Verständnis vom Menschen selbst und von Gott transparent. Ausgehend von dieser Einsicht lassen sich nun verschiedene Wege der Vertiefung beschreiten.

Zum einen lohnt der Blick in die biblische Gebetstradition, wie sie in den Psalmen, bei Ijob und Tobit sowie in den Gebeten Jesu zum Ausdruck kommt. Einen Blick in die popkulturelle Adaption des Gebetes bietet eine Analyse des Musikvideoclips »Like a prayer« von Madonna. Interessant an diesem Clip ist die Wechselwirkung von Gebet und Handlung. Ein Exerzitium für den Religionsunterricht stellt das gemeinsame (ausschnittsweise) Anschauen des Dokumentarfilms »Die große Stille« von Philip Gröning dar. Dieser Film zeigt den engen Zusammenhang von Gebets- und Lebenspraxis auf.

Lernerfolg

Neben der fachlichen Überprüfung der in dieser Lernsequenz erworbenen Lerngegenstände bieten sich kreative Evaluationsformen an, mit denen die SuS deutlich machen, dass sie die Eigenständigkeit der Gebetssprache erfasst haben. Eine Möglichkeit ist dabei, dass die SuS für sie interessante Orte zum Gebet fotografieren und begründen, warum sich für sie dieser Ort anbietet. Sollten sich die SuS in dieser Lernsequenz auch mit biblischen Gebetstexten beschäftigt haben, so kann eine Übung sein, in einem Standbild den jeweils Betenden darzustellen, um so deutlich zu machen, in welcher Haltung der Mensch Gott gegenübertritt.

Lernquellen

Kaldewey, Rüdiger/Niehl, Franz W., Grundwissen Religion. Begleitbuch für Religionsunterricht und Studium, München 2009, S. 23f.

Kühneweg, Gundula, Herders Großes Buch der Gebete, Freiburg 2009.

Lang, Bernhard (Hg.), Erhelle meine Nacht. Die 100 schönsten Gebete der Menschheit, München 2005.

Metz, Johann B./Reikerstorfer, Johann/Werbick, Jürgen, Gottesrede, Münster 1996 (hieraus eignen sich Auszüge für die SuS).

Pemsel-Meier, Sabine, Grundbegriffe der Dogmatik, München 2003, S. 39–41, 98 (beide Artikel eignen sich für die Hand der SuS).

Waldenfels, Hans, Gott. Auf der Suche nach dem Lebensgrund, Hildesheim 1995, S. 56–60.

Andreas Wronka

Homosexualität (Lernzeitraum 11/12)

Die Reichweite und Plausibilität einer Anthropologie zeigt sich vor allem an den »Rändern« der Phänomene, die sie zu beschreiben und unter normative Ansprüche zu stellen versucht. Homosexualität kann, sowohl gesellschaftlich wie auch kirchlich, insofern zu den Randphänomenen des Menschseins gezählt werden, als sich ihre Integration in eine Anthropologie immer schon schwierig gestaltete, Anlässe zu Konflikten bot und der Diskurs darüber tendenziell unter Ausschluss der Betroffenen und nicht selten gegen diese gerichtet geführt wurde und wird. Gehört, wie im Fall der Kirchen, die Anthropologie zu den Kernlehren einer gesellschaftlich agierenden Institution, müssen sich ihre Vertreter auch der Frage stellen, wie sie sich konkret homosexuellen Menschen gegenüber verhalten. Im Rahmen einer Thematisierung im RU ist eine Auseinandersetzung mit den biologischen, soziologischen wie auch kirchlich-theologischen Aspekten von Homosexualität unausweichlich.

Lernanlässe

Entwicklungspsychologisch kann der Zeitraum, in dem sich SuS in der Kursstufe befinden, als eine Phase begriffen werden, in der die Herausbildung der geschlechtspezifischen Identität mit dem Ende der Pubertät bereits gefestigt ist, die Auseinandersetzung mit (der eigenen) Sexualität jedoch weiter mit hohem Intensitätsgrad anhält. Die in diesem Zusammenhang aufbrechende Frage »Wer bin ich?« erfährt im Kontakt mit bzw. durch das Wissen um homosexuelle Menschen im eigenen Umfeld, in Familie, Schule und Freundeskreis, je neue Impulse. Konkret werden kann sie in der Frage nach dem (scheinbar fremden) Empfinden homosexueller Menschen, in der Unsicherheit im Umgang mit ihnen, in der Konfrontation mit verbreiteten, traditionellen oder neuen Deutungsmustern und (Vor-)Urteilen, in den öffentlichen Debatten um den rechtlichen Status und den damit zusammenhängenden ethischen Fragestellungen sowie in kirchlichen Stellungnahmen und Reaktionen. Aber auch für SuS, die homosexuell empfinden, können so in einem geschützten Rahmen die Fragen aufgegriffen werden, die für sie oftmals Ursache eigener Verunsicherung sind. Ihre emotionale und argumentative Stärkung ist mit beabsichtigt.

Folgende Situationen sind als Lernanlässe vorstellbar:
- In Ihrem Freundeskreis wird über Homosexuelle in beleidigender Weise gesprochen. Sie stört das, weil Sie homosexuelle Menschen persönlich kennen. Überlegen Sie sich, in welcher Weise Sie Ihre Freunde darauf ansprechen könnten.
- Sie lernen eine/n Homosexuelle/n kennen, der bereit ist, mit Ihnen über seine/ihre Homosexualität zu sprechen. Stellen Sie die Fragen zusammen, die Sie an ihn/sie richten möchten.
- Ein homosexuelles Paar möchte in der Kirche Ihres Heimatortes in einem Gottesdienst gesegnet werden. Die Meinungen darüber gehen in der Gemeinde weit auseinander. Verfassen Sie an den Pfarrer der Gemeinde einen Brief, in dem Sie ihm Ihren Standpunkt dazu begründet darlegen.
- Am Christopher Street Day ist in Ihrer Stadt ein Umzug von homosexuellen Gruppierungen geplant. Diskutieren Sie mit Ihren Mitschülern darüber, ob und ggf. in welcher Weise Sie dabei sein wollen.

Lernvorhaben

Mit der Lernsequenz können die folgenden Kompetenzen bedient werden:
Die SuS
- können zentrale Aspekte des christlichen Verständnisses der Geschlechtlichkeit des Menschen erläutern und mit Konzeptionen von Sexualität sowie Lebensformen in Beziehung setzen, die in Dissonanz zum kirchlichen Verständnis stehen;
- können ausgehend vom christlichen Verständnis von Geschlechtlichkeit zu ethischen Problemen der Gegenwart Stellung beziehen, z.B. zum ethischen und rechtlichen Status von homosexuellen Partnerschaften;
- können unter Berücksichtigung eigener Betroffenheit verantwortliche Entscheidungen für ihr Leben und den Umgang mit anderen treffen.

Lernarrangement

Um einem Thema, das starke, wenn auch ganz unterschiedliche emotionale Reaktionen hervorrufen kann, mit seinen informativen Gehalten gerecht zu werden, kann eine journalistische Haltung, die sich zunächst einer persönlichen (Be-)Wertung enthält, hilfreich sein. Diese Haltung bestimmt auch das methodische Vorgehen. Die auf vier DS angelegte Lernsequenz hat zum Ziel, ein Themenheft bzw. thematische Seiten für eine Zeitschrift bzw. ein Magazin zu erstellen. In der Lerngruppe muss zunächst geklärt werden, welche Aspekte erarbeitet werden sollen, die dann auf kleinere Arbeitsgruppen aufgeteilt werden. Da sich die Recherche nicht nur auf das Internet beschränken soll, sondern auch Betroffene bzw. Experten gehört werden sollen, stellen sich zu Anfang auch organisatorische Fragen nach Kontakten, Einladungen in den Unterricht oder Besuchen bei Personen und Institutionen. Schließlich gilt es, die journalistischen Textformate vorzustellen, die den jeweiligen Themenaspekten angemessen sind. Auch hier ist das Hinzuziehen eines Experten erwägenswert.

Lerngegenstände

Die instruktive Komponente der Lernsequenz beinhaltet die folgenden Aspekte:
› Zunächst muss den SuS die Eigenart des journalistischen Mediums mit seinen verschiedenen Textgattungen (Reportage, Infokasten, Kommentar, Bericht, Interview, Umfrage etc.) möglichst professionell vermittelt werden. Dies kann etwa durch die Analyse ausgewählter Printmedien geschehen.
› Für den inhaltlichen Aspekt der Instruktion ist es wichtig, dass über entsprechende Quellen Homosexuelle in ihrem Selbstverständnis und Verhältnis zur Kirche zu Wort kommen.
› Zudem sollten SuS eine aktuelle kirchliche Stellungnahme zur Bewertung von Homosexualität und homosexuellen Partnerschaften in ihrem argumentativen Duktus kennenlernen und diskutieren.
› Bei allem Diskussionsbedarf über die einzelnen ethischen Normen, z.B. die Abgrenzung und Verteidigung der Ehe gegen eine Gleichstellung mit homosexuellen Partnerschaften oder die Forderung nach Enthaltsamkeit, ist die von der Kirche geforderte Grundhaltung der Achtung gegenüber dem homosexuellen Menschen als Abbild Gottes, ihr entschiedenes Entgegentreten gegen Diskriminierung und ihr seelsorgliches Engagement für Homosexuelle zu betonen.

Lernwege

Entsprechend den verschiedenen thematischen Aspekten des Themas ergeben sich ganz unterschiedliche Lernwege, die alle der journalistischen Praxis entlehnt sind. Zu nennen wäre Recherche im Internet, bei Institutionen und in Bibliotheken, Interviews und Umfragen sowie die Präsentation in den verschiedenen Textformaten. Die Unterschiedlichkeit der Wege bringt es mit sich, dass ein Teil der Arbeit nicht im Unterricht selbst geleistet werden kann. Auch darüber sollte in der Lerngruppe ein Konsens hergestellt werden.

Lernaufgaben

Konkrete Lernaufgaben lassen sich erst präzise formulieren, nachdem eine thematische Aufteilung auf die Arbeitsgruppen erfolgt ist. Folgende Präzisierungen sind möglich:

> Erstellen Sie eine Umfrage zum Thema Homosexualität, führen Sie diese mit einem ausgewählten repräsentativen Personenkreis durch und bereiten Sie die Ergebnisse für eine Darstellung in der Zeitschrift auf.
> Formulieren Sie Fragen für ein Interview mit homosexuellen Menschen und redigieren Sie die geführten Interviews für den Zeitschriftenbeitrag.
> Recherchieren Sie die biologischen Hintergründe des Phänomens Homosexualität und stellen Sie die Informationen im Format eines Lexikonartikels zusammen.
> Recherchieren Sie die aktuelle Position der katholischen Kirche in Deutschland zu homosexuellen Partnerschaften und erstellen Sie mit ausgewählten Zitaten einen Informationsblock zu diesem Thema.
> Erfragen Sie von hauptamtlichen Mitarbeitern der Kirche jeweils eine Stellungnahme zu ihrer seelsorglichen Praxis im Umgang mit homosexuellen Personen und bearbeiten Sie diese redaktionell.
> Schreiben Sie einen Artikel zum Thema »Homosexualität und Kirche«, der in Grundlinien das Diskussionsfeld absteckt und vertretene Positionen benennt.

Lernoptionen

Möglich ist auch ein geschichtlicher Längsschnitt, der die konfliktreiche Entwicklung der kirchlichen Einstellung zur Homosexualität und zu Homosexuellen an verschiedenen ausgewählten historischen Situationen, die wiederum arbeitsteilig erarbeitet und vorgestellt werden, festmacht. Erweitern lässt sich diese Fragestellung auch durch den Blick auf die juristischen Aspekte, die sich in der sich wandelnden Gesetzgebung niederschlägt. Zu fragen ist dann nach der jeweiligen Abhängigkeit von kirchlicher und gesellschaftlicher Bewertung von Homosexualität. Wird der Schwerpunkt des Themas auf die kirchliche Praxis gelegt, können sich SuS im Kontakt mit kirchlichen Beratungsstellen oder den Ansprechpersonen in den Ordinariaten ein Bild vom kirchlichen Umgang mit homosexuellen Menschen verschaffen.

Lernerfolg

Vorgeschlagen sei zur Evaluierung des Lernerfolgs einmal eine Methode, die sich aus den Lernwegen selbst ergibt. Die SuS werden aufgefordert, einen Leserbrief zu verfassen, der auf die einzelnen Beiträge eingeht, sie kritisch kommentiert und eine je eigene Stellungnahme enthält. Eine geeignete Form der Zusammenstellung (und Veröffentlichung) von Ausschnitten aus den Briefen kann die Ergebnisse der Lernsequenz nochmals fokussieren und für den Kurs verdeutlichen. Am Ende der beschriebenen Lernsequenz steht ein Produkt, das gedruckt und einem größeren Personenkreis zugänglich gemacht werden sollte. Die Inhalte verlangen aber auch innerhalb des Kurses nach einer Diskussion und Bewertung, indem auf die Grundaussagen des christlichen Menschenbildes nochmals Bezug genommen wird. Eine Präsentation und Diskussion kann auch in einem größeren Rahmen erfolgen, z.B. in einer Veranstaltung, die für die ganze Kursstufe angeboten wird. Die Verfasser der einzelnen Beiträge fungieren dann jeweils als Experten.

Lernquellen

Homosexualität – ein Tabuthema?, in: Konradsblatt. Wochenzeitung für das Erzbistum Freiburg, Nr. 39/2009, S. 26–27.

Müller, Wunibald, Größer als alles aber ist die Liebe. Für einen ganzheitlichen Blick auf Homosexualität, Mainz 2009.

Recherchemöglichkeiten zu kirchlichen Stellungnahmen zum Thema Homosexualität unter: www.dbk.de/veroeffentlichungen (DBK) und http://huk.org/texte/index.htm (Verband Homosexuelle und Kirche: HuK).

Religion in der Kursstufe (RIK), Jesus Christus, S. 16 (methodische Anregungen zum Textdesign).

Bruno Strnad

Jesus Christus (Lernzeitraum 11/12)

Die Aktualität der hier vorgestellten Anforderungssituation wird vermutlich verblassen. Exemplarisch soll jedoch das Prinzip verdeutlicht werden, christologische Themen des Kursstufenunterrichts nicht oder zumindest nicht immer in der Weise zu behandeln, dass ausschließlich der Systematik der theologischen Bezugswissenschaften Genüge geleistet wird. Ausgehend von einer aktuellen Anforderungssituation wird vielmehr angestrebt, dass SuS fähig werden, Probleme zu lösen und kommunikativ zu handeln. Dabei bedingt die Attraktivität der Anforderungssituation die Attraktivität des Lerngeschehens. Ist die Fragestellung nicht mehr in der öffentlichen Diskussion, wird sie nur noch begrenzt unterrichtstauglich sein.

Deshalb wird hier nicht eine Lernsequenz vorgestellt, die kopierbar ist, sondern eine, deren Intention übertragen werden soll. Wichtigstes Anliegen dabei ist es, »träges Wissen« zu vermeiden. Die SuS sollen die Erfahrung machen, dass es wichtig ist, über theologisches Wissen und Können zu verfügen, um »mitreden« zu können. Die Erfahrung, Kompetenzen zu erwerben und anwenden zu können in Bezug auf und in Auseinandersetzung mit Anforderungen und zu lösenden Problemen, fördert der gut begründeten »Self-Determination Theory« von Edward L. Deci und Richard M. Ryan zufolge selbstbestimmte Motivation. Allerdings ist die Anwendungsperspektive noch nicht das letzte Ziel: Anzustreben ist, dass die SuS die theologischen Fragestellungen in Bezug setzen zu ihrem eigenen Leben. Dies ist mit der Handlung noch nicht erfolgt. Es spricht aber manches für die These, dass diese persönliche Auseinandersetzung bzw. Aneignung unterstützt wird durch die Erfahrung, dass Theologie außerschulisch Relevanz hat.

Lernanlass

Das Kuratorium des Hessischen Kulturpreises wollte 2009 durch die Wahl von vier Preisträgern – Salomon Korn (Zentralrat der Juden in Deutschland), Kardinal Karl Lehmann (Bischof von Mainz), Peter Steinacker (evangelischer Kirchenpräsident i.R.) und Navid Kermani (Schriftsteller und Islamwissenschaftler) – ein Zeichen für religiöse Verständigung setzen. Nachdem jedoch Kardinal Lehmann gegen die Eignung Kermanis für den Preis argumentiert

und Peter Steinacker Bedenken angemeldet hatte, ließ die hessische Landesregierung Navid Kermani als Preisträger fallen.
Auslöser des Streits war Navid Kermanis Beschreibung des Kreuzigungsbildes von Guido Reni in der Basilika San Lorenzo in Lucina, Rom (Altarbild »Kreuzigung«, 1637/38), die in der Neuen Zürcher Zeitung abgedruckt war und in der er u.a. darlegte, warum für ihn Kreuzestheologie »Gotteslästerung und Idolatrie« sei. Dieser Streit, der in der Presse mit zahlreichen Beiträgen und Leserbriefen Beachtung fand, kann in christologischem Zusammenhang zum Lernanlass werden, verbirgt sich letztlich dahinter doch die theologisch entscheidende Frage der (Heils-)Bedeutung des Todes Jesu. Im Zusammenhang mit dem Themenfeld »Jesus Christus« wird hier der Schwerpunkt liegen, in anderem Kontext ist es auch denkbar, die islamische Deutung der Kreuzigung und die Frage nach dem Dialog der Religionen in den Mittelpunkt zu stellen. Die für 2011 vorgesehene Verleihung der Buber-Rosenzweig-Medaille an Navid Kermani wird den Schriftsteller und Islamwissenschaftler erneut in die Öffentlichkeit rücken.

Lernvorhaben

Für die Kursstufe haben die »Einheitlichen Prüfungsanforderungen für die Abiturprüfung katholische Religionslehre (EPA)« Relevanz. Von den dort genannten Kompetenzbereichen werden mit dem in dieser Lernsequenz vorgestellten Unterricht insbesondere die Wahrnehmungs- und Darstellungsfähigkeit (religiös bedeutsame Phänomene wahrnehmen und beschreiben), die Deutungsfähigkeit (religiös bedeutsame Sprache und Zeugnisse verstehen und deuten), die Urteilsfähigkeit (in religiösen und ethischen Fragen begründet urteilen) und die Dialogfähigkeit (am religiösen Dialog argumentierend teilnehmen) gefördert. Inhaltlich angebunden ist das Modul an die Thematik »Passion und Auferstehungsbotschaft« des Themenfeldes »Jesus Christus«.

Lernarrangement

Es bietet sich an, Kompetenzerwerb und -ausbau ausgehend von dem dargelegten Problemfall möglichst vielgestaltig zu ermöglichen und den Lerngang nicht nur produkt-, sondern vor allem prozessorientiert anzulegen. Konkret kann das heißen, dass die SuS nicht nur darin gefördert werden, ihre theologische Fachkompetenz im Zusammenhang mit einer zentralen christologischen Fragestellung weiterzuentwickeln, sondern sie auch durch die modifizierte und reflektierte Anwendung von Elementen eines Prozessmanagements Strategiekompetenz erwerben.

Lerngegenstände

Angezielt ist, in einem gemeinsamen Prozess Themen, Arbeitsformen und möglichst bereits Lerngegenstände zu finden, die notwendig sind, sachkompetent den Streit zu verstehen.
› Die Lerngruppe wird erwartungsgemäß erkennen, dass der Artikel von Navid Kermani Grundlage ist neben der Stellungnahme von Kardinal Karl Lehmann.
› Mit einer Reaktion in der Presse ist zu rechnen, die über Internet recherchiert werden kann.
› Weitergehend sind aber auch Materialien zu sichten, die verdeutlichen, wie die Kreuzigung Jesu im Islam verstanden wird.
› Notwendig wird vor allem sein, sich damit auseinanderzusetzen, wie christliche Theologen den Kreuzestod Jesu deuten. Hier wird bei der Auswahl die Lehrperson am meisten steuernd Hilfe bieten müssen.

Lernwege

Die Anforderungssituation des Streitfalls wird vorgestellt, ergänzt um wenige kurze Hinweise zum Leben Navid Kermanis. Mittels Brainstorming und Metaplan- und Clustertechnik wird gemeinsam eruiert und gewichtet, welches Wissen und Können notwendig ist, um die Sachseite des Streits zu verstehen. Naheliegend ist, dass Quellen recherchiert, ausgewählt, analysiert und bewertet werden müssen. Dies soll – je nach Anzahl der Materialien – in Partneroder Gruppenarbeit erfolgen, wobei die Arbeit mittels Arbeitsplan vorbereitet und gesteuert wird. Die Textbearbeitung erfolgt methodengeleitet und setzt Lesekompetenz voraus. Die thesenartig formulierten Einzelergebnisse werden nach der Präsentation in einer Mindmap visualisiert. Eine wichtige Erkenntnis dabei sollte sein, dass die Heilsbedeutung des Kreuzestodes Jesu nicht in einem definierenden Zugriff eindimensional erfasst werden kann, sondern eher einem »umkreisenden Verstehen« zugänglich ist. Diese Erkenntnis, die für den Ausbau einer theologischen Kompetenz zentral ist und auf andere vergleichbare Fragestellungen übertragen werden kann, muss Raum bekommen und in ihrer spezifischen Dignität gewürdigt werden.

Mit der Methode »World-Kaffee« werden die SuS zuletzt über drei Runden zu einer begründeten eigenen Positionierung hingeführt, die nicht auf die Frage zielt, ob der Preis an Navid Kermani hätte verliehen werden sollen oder nicht – hierzu wären vermutlich weitere Gesichtspunkte und Nebenthemen relevant –, sondern sich auf die theologische Auseinandersetzung konzentriert. Dabei kann die letzte Runde des »World-Kaffees« insofern abgeändert werden, als die unterschiedlichen Positionen in einem Rollenspiel vertreten werden müssen. Wichtig für den Lernerfolg und den Kompetenzaufbau ist, dass der Arbeitsprozess in seinen einzelnen Stadien immer wieder unterbrochen wird durch Reflexionsphasen, in denen Selbst- und Fremdwahrnehmung auf der Metaebene angeregt werden und die SuS regelgeleitet konstruktives Feedback erhalten.

Lernaufgaben

Soll der Lernprozess möglichst eigenständig geplant werden, müssen Fragen gemeinsam gestellt und möglichst gemeinsam geklärt werden, wobei auf die Hilfestellung der Lehrperson nicht verzichtet werden kann. Fragen, aus denen sich zahlreiche Lernaufgaben ergeben, können lauten:
› Welche Informationen werden benötigt, um im Streitfall Kermani eine begründete Meinung vertreten zu können?
› Welche Primärquellen sind zu hören, wie ist sachgerecht mit Sekundärquellen umzugehen?
› Wie können diese Informationen beschafft werden, mit welchen Kriterien erfolgt die Auswahl?
› Wie sind sie zu analysieren und zu bewerten (Repertoire der Lesekompetenz)?
› Welche theologischen Fragestellungen werden aufgeworfen?
› Mit welchen Hilfsmitteln sind diese zu klären?
› Wie bauen Theologen einen Argumentationsgang auf?
› Welche Voreinstellungen prägen theologische Aussagen?
› Wie kann das islamische Verständnis von der Kreuzigung erhoben und gedeutet werden?
› Welches Gewicht besitzen die einzelnen Argumente?

Lernoptionen

Intention ist es, am Beispiel dieser Lernsequenz aufzuzeigen, wie SuS im Bereich christologischer Themen Kompetenzen entwickeln können, um sich in aktuellen Auseinandersetzungen oder Diskussionen verantwortet zu positionieren. Übertragen werden kann das Aufgezeigte auf vergleichbare Situationen: So lässt z.B. die Ausstellung des Turiner Grabtuchs danach fragen, ob hier ein Beweis der Auferweckung Jesu vorliegt, ob dieses Stofftuch verehrt werden soll/darf, ob Glaube solcher Anhaltspunkte bedarf und was Auferweckung Jesu letztlich bedeutet. In Zusammenhang mit der eigenständigen Klärung grundlegender Fragen können so die SuS – zwar auf ihrem Niveau, aber dennoch sachgerecht – theologische Kompetenz entwickeln.

Lernerfolg

Lernerfolg ist gegeben, wenn die SuS mithilfe ihrer Lesekompetenz die Quellen sachgerecht bearbeiten, die unterschiedlichen Perspektiven einnehmen und differenziert argumentieren können. Anzustreben ist aber auch, nicht durch Vorgaben bereits vorwegzunehmen, welche Informationen und Arbeitsschritte für eine sachliche Auseinandersetzung notwendig sind. Dies im gemeinsamen Reflektieren zu ergründen, über die Möglichkeiten der Quellenbeschaffung und -bearbeitung nachzudenken und den Arbeitsprozess von der Planung über die Recherche bis hin zur Auswertung weitgehend an die SuS zu delegieren, dient in der Kombination von Handeln und Reflektieren der Kompetenzentwicklung, werden doch so generell Methoden und Strategien erworben für eine Argumentation in theologischen Fragen. Deshalb ist nicht nur im theologischen Bereich, sondern auch im Bereich der Prozessplanung und -durchführung der Lernerfolg zu evaluieren – allerdings gilt wie immer: Lernerfolg wird sich nur durch Wiederholen und Üben mit begleitendem Feedback einstellen.

Lernquellen

Material zur Auseinandersetzung um Navid Kermani und erste Vorschläge zum kompetenzorientierten Arbeiten im Kursstufen-Themenfeld »Jesus Christus« finden sich in:

Assheuer, Thomas, Ein Gotteslästerer?, in: DIE ZEIT 22/2009 (www.zeit.de/2009/22/Portraet-Kermani); Leserbriefe zu diesem Beitrag, in: DIE ZEIT vom 04.06.2009.

Berg, Marlies/Eisele, Markus/Gnandt, Georg/Martin, Franz, Religion in der Kursstufe (RIK), Jesus Christus (LPE 2), überarbeitete Neuauflage, hg. v. Institut für Religionspädagogik, Freiburg 2009.

Kermani, Navid, Bildansichten: Warum hast du uns verlassen? Guido Renis »Kreuzigung«, in: Neue Zürcher Zeitung vom 14. März 2009 (www.nzz.ch/nachrichten/kultur/literatur_und_kunst/warum_hast_du_uns_verlassen__guido_renis_kreuzigung_1.2195409.html).

Kuschel, Karl-Josef, Das Kreuz mit dem Kreuz. Jesus wird hingerichtet und erlöst die Menschheit: Zu einem der schwierigsten Themen im Trialog von Juden, Christen und Muslimen, in: Publik-Forum Nr. 11/2009, S. 41f.

Georg Gnandt

Kirche im Nationalsozialismus
(Lernzeitraum 11/12)

Innerhalb des Themenfeldes Kirche stellt es bereits in der Jahrgangsstufe 9/10 eine mögliche Option dar, den Aspekt »Kirche im Nationalsozialismus« aufzugreifen. Das Thema wird in vielen Schulen parallel zum Geschichtsunterricht in Klasse 9 behandelt. Die Erfahrung zeigt, dass die Bereitschaft zur Beschäftigung mit dem Thema – differenzierte Auseinandersetzung mit der Problematik anhand von Quellenmaterial – in der Kursstufe größer sein dürfte. In einer sehr leistungsfähigen Lerngruppe könnte die Lernsequenz jedoch auch schon in der Jahrgangsstufe 9 oder 10 durchgeführt werden.

Lernanlässe

Die SuS der Kursstufe werden durch die Medien, aber auch in ihrem Schulalltag immer wieder mit Fällen konfrontiert, in denen Zivilcourage gefordert ist. Ein engagiertes Auftreten gegen Gewalttäter, aber auch Situationen, in denen ein entschiedenes Eintreten gegen das Wiederaufkeimen rechtsextremen Gedankenguts erforderlich ist, kann als konkreter Anlass den Ausgangspunkt bieten für eine Reflexion über das eigene Verhalten in solchen Situationen. Im Anschluss an die Schilderung eines solchen Falls – sinnvoll ist auch die Lektüre einer Zeitungsmeldung oder die gemeinsame Rezeption einer Nachrichtenmeldung aus Rundfunk oder Fernsehen – werden die SuS mit folgenden Anforderungen konfrontiert:

> Versetzen Sie sich in die Rolle eines Passanten/Mitschülers, der hinzukommt, als ein Gewalttäter sein Opfer in der geschilderten Situation bedroht. Entscheiden Sie, wie Sie sich verhalten. Begründen Sie Ihr Vorgehen.
> Vor Ihrer Schule werden Flugblätter mit neonazistischer Propaganda verteilt. Sie wissen, dass an der Aktion auch Ihnen bekannte Schüler beteiligt sind, die zum Teil bereits durch aggressives Verhalten aufgefallen sind. Wie verhalten Sie sich? Begründen Sie Ihr Vorgehen.

Lernvorhaben

In der Auseinandersetzung mit Quellen zum Verhalten der Kirche im Nationalsozialismus, der Bewertung dieses Verhaltens und der Reflexion eigenen Verhaltens in Situationen, in denen Zivilcourage gefordert ist, können die folgenden Kompetenzen gefördert werden. Die SuS

> werden zu persönlicher Entscheidung in Auseinandersetzung mit Weltanschauungen und Ideologien befähigt;
> werden zu verantwortlichem Handeln in Kirche und Gesellschaft motiviert;
> werden sensibel für ethische Fragestellungen und können diese in historische und aktuelle Zusammenhänge einordnen;
> werden ermutigt, Verantwortung in der Gemeinschaft zu übernehmen;
> können mit Quellen umgehen, sie sachgerecht erschließen und die daraus gewonnenen Informationen bewerten, ordnen und präsentieren.

Lernarrangement

Die Lernsequenz ist auf vier DS ausgelegt. Die erste DS dient der Reflexion der Anforderungssituation, der Fokussierung auf das Thema »Kirche im Nationalsozialismus« als Möglichkeit, an Geschichte zu lernen, der Erhebung von Vorwissen (und Vorurteilen) sowie der Vorstellung des Arbeitsplanes und der Einteilung von Teams. Da diese Lernsequenz stark von Quellenarbeit geprägt ist, wird den Arbeitsgruppen das Material von der Lehrkraft zur Verfügung gestellt. Für die Teamarbeit sollte eine DS eingeplant werden, die der Erarbeitung und Dokumentation der Arbeitsergebnisse dient. Möglicherweise muss die Dokumentation in einer Hausaufgabe fertiggestellt werden. In zwei weiteren DS werden die Arbeitsergebnisse präsentiert und die Erkenntnisse reflektiert.

Lerngegenstände

Im Zentrum der Lernsequenz steht die Entwicklung des Verhaltens von katholischer und evangelischer Kirche in der Zeit des Nationalsozialismus. Neben der nationalsozialistischen Taktik und der Rolle der Kirche im Spannungsfeld der politischen Parteien in der Weimarer Republik sollen die SuS insbesondere einen Eindruck vom Spannungsverhältnis der katholischen und evangelischen Kirche zwischen Widerstand gegen und Anpassung an die Nationalsozialisten bzw. Zusammenarbeit mit ihnen gewinnen. Folgendes Basiswissen sollte dabei erworben werden:

> Hitler versuchte durch seine Propaganda, Christen als Wähler zu gewinnen, indem er die NSDAP als Kämpferin gegen das »Antichristentum« in der deutschen Gesellschaft seiner Zeit stilisierte. In Wirklichkeit plante er jedoch, nach seiner Machtübernahme die Kirchen als maßgebliche gesellschaftliche Instanzen auszuschalten.

> Während es in der katholischen Kirche vor der Machtergreifung Hitlers 1933 einige scharfe Erklärungen gegen den Nationalsozialismus gab, wich diese kritische Haltung nach der Machtergreifung zunächst. Begrüßt wurde »die neue starke Betonung der Autorität im deutschen Staatswesen«, die Unterwerfung unter diese Autorität wurde mit Röm 13,1ff. begründet. Außerdem wiegte man sich durch das scheinbare Bekenntnis der neuen Machthaber, sich selbst und ihr Werk auf den Boden des Christentums zu stellen, in Sicherheit (Hirtenbrief der deutschen Bischöfe vom 8.6.1933). Zudem kam Hitler mit dem Reichskonkordat vom 20.7.1933 einem lang gehegten Wunsch der katholischen Kirche entgegen. Übersehen wurde dabei, dass Hitler mit dem Reichskonkordat insbesondere die Ausschaltung des politischen Katholizismus verfolgte. Mit diesem Vertrag zwischen Hitler und dem Vatikan verhalf die katholische Kirche zudem Hitler zum ersten außenpolitischen Erfolg seiner neuen Regierung.

> Sehr bald musste die katholische Kirche allerdings zur Kenntnis nehmen, dass wichtige Zusicherungen, die sie mit dem Konkordat erhalten hatte, in der Praxis nicht eingehalten wurden, was zu einem erneuten Widerstand führte, der einen Höhepunkt in der Enzyklika »Mit brennender Sorge« Papst Pius' XI. vom 14.3.1937 fand. Wesentlich war auch das Eintreten einiger katholischer Geistlicher (z.B. Bischof von Galen) gegen das »Euthanasie-Programm« der Nationalsozialisten.

> Weite Kreise der evangelischen Kirche begrüßten vor der Machtergreifung den »Willen« der Nationalsozialisten »zur sozialen Neugestaltung« und deren (angeblichen) »Willen zum Christentum«. Kritisch sah man allerdings die »weltanschauliche Ideologie und Mythologie«, insbesondere »den Rassenmythus« (Künneth 1931). Eine zentrale Rolle spielte die Gruppierung der »Deutschen Christen«, die den Nationalsozialisten blind folgte und Hitler enthusiastisch feierte und die von Hitler instrumentalisiert wurde, um die evangelische Kirche von innen zu erobern und sie dann durch die Gründung einer einheitlichen deutschen Reichskirche gleichzuschalten. Dagegen standen die Vertreter des »Pfarrernotbundes« und der »Bekennenden

Kirche«, deren Widerstand gegen den Nationalsozialismus insbesondere durch den »Arierparagrafen« vom 3.9.1933 veranlasst wurde und schnell wuchs. Zu den bekanntesten Vertretern gehören Pfarrer Martin Niemöller und Dietrich Bonhoeffer.

Lernwege

Die SuS werden anhand des oben beschriebenen Lernanlasses und einer Karikatur (z.B. aus: Brennpunkte der Kirchengeschichte, S. 218, oder: Wege der Freiheit 10, S. 69) an das Thema herangeführt. Im Anschluss an eine Erschließung des Bildes äußern sie sich dazu, was sie über das Verhalten der Kirche(n) zur Zeit des Nationalsozialismus wissen. Alternativ könnten sie als Hausaufgabe auch Eltern und Großeltern zu diesem Thema befragen. In Teams erarbeiten sie sich Informationen zur Haltung der Kirche(n) vor und nach der Machtergreifung und dokumentieren ihre Ergebnisse auf Plakaten oder bereiten einen Beitrag zu einer Podiumsdiskussion im Vorfeld der Reichstagswahlen am 14. September 1930 vor. Thema der Podiumsdiskussion: Wie soll man sich als Christ zur NSDAP stellen?

Lernaufgaben

Die SuS erhalten ihren Gruppen entsprechend ein Arbeitsblatt mit Quellenmaterial und Arbeitsaufgaben.

Team 1: Nationalsozialistische Taktik
› Material:
  – § 24 des Parteiprogramms der NSDAP von 1920 (Brennpunkte der Kirchengeschichte, S. 217, oder Religionsunterricht praktisch. 10. Schuljahr, S. 59)
  – Hitler in einer Rede 1928 (Brennpunkte der Kirchengeschichte, S. 217)
  – NSDAP-Flugblatt von 1932 (Vorlesebuch Kirche im Dritten Reich, S. 317)
  – Hitler in einem privaten Gespräch 1933 (Religionsunterricht praktisch. 10. Schuljahr, S. 59, oder kürzer in: Brennpunkte der Kirchengeschichte, S. 217)

› Aufgaben:
  Lösen Sie folgende Aufgaben und halten Sie Ihre Ergebnisse auf einem Plakat fest:
  – Benennen Sie die Ziele der nationalsozialistischen Partei und Regierung.
  – Begründen Sie, warum die Partei in dieser Weise vorging.
  – Stellen Sie dar, wie die verschiedenen Aussagen Hitlers zu erklären sind.
  – Erklären Sie, was auf kirchentreue Wähler anziehend wirken konnte und was für diese Menschen vermutlich problematisch war.
  – Bereiten Sie Ihre Teilnahme an einer »Podiumsdiskussion« anlässlich der Reichstagswahlen am 14. September 1930 vor. Thema: Wie sollen sich Christinnen und Christen zur NSDAP stellen? Ein Mitglied Ihres Teams sollte die Position der NS-Partei vertreten. In einem ersten Schritt stellt er/sie sich vor (Name, Beruf, Gruppierung), anschließend vertritt er/sie »seinen«/»ihren« Standpunkt. Nachdem sich alle Gesprächsteilnehmer vorgestellt haben, gibt es ein Streitgespräch zwischen den Personen auf dem Podium.

Team 2: Kirche im Spannungsfeld der politischen Parteien in der Weimarer Republik
› Material:
  – Seine erste Wahl (Vorlesebuch Kirche im Dritten Reich, S. 32–34)
› Aufgabe:
  – Geben Sie auf einem Plakat die programmatischen Schwerpunkte folgender Parteien wieder: Kommunisten, Zentrum, SPD, Deutschnationale, NSDAP.

Team 3a: Die Kirchen und der Nationalsozialismus vor 1933. Die Glaubensbewegung der »Deutschen Christen« in der evangelischen Kirche
› Material:
  – Richtlinien der Glaubensbewegung »Deutscher Christen« vom 26. Mai 1932 (Vorlesebuch Kirche im Dritten Reich, S. 314–316)
› Aufgaben:
  – Geben Sie die wesentlichen programmatischen Aussagen der »Deutschen Christen« auf einem Plakat wieder.

– Erarbeiten Sie einen Diskussionsbeitrag zur Position der »Deutschen Christen« (siehe Team 1).

Team 3b: Die Kirchen und der Nationalsozialismus vor 1933:
Die Position weiter Kreise der evangelischen Christen
› Material:
  – Walter Künneth, 1931 (Religionsunterricht praktisch. 10. Schuljahr, S. 61)
› Aufgaben:
  – Stellen Sie gegenüber, in welchen Punkten weite Kreise der evangelischen Kirche mit den Nationalsozialisten sympathisierten und an welchen Stellen sie kritische Anfragen an den Nationalsozialismus stellten.
  – Erarbeiten Sie einen Diskussionsbeitrag zur Position weiter Kreise der evangelischen Kirche (siehe Team 1).

Team 3c: Die Kirchen und der Nationalsozialismus vor 1933:
Die katholische Kirche
› Material:
  – Aus einer Stellungnahme des Bischöflichen Ordinariats Mainz vom 30.9.1930 (Religionsunterricht praktisch. 10. Schuljahr, S. 61)
› Aufgaben:
  – Geben Sie die Haltung der katholischen Kirche zum Nationalsozialismus, wie sie sich in der Stellungnahme des Bischöflichen Ordinariats Mainz darstellt, auf einem Plakat wieder.
  – Erarbeiten Sie einen Diskussionsbeitrag zur Position der katholischen Kirche (siehe Team 1).

Team 4a: Die Kirchen im Zeichen der Machtergreifung 1933:
Die katholische Kirche
› Material:
  – Aus einer Verlautbarung der Fuldaer Bischofskonferenz vom 28.3.1933 (Brennpunkte der Kirchengeschichte, S. 222)
  – Hirtenbrief der Diözesen Deutschlands vom 8.6.1933 (Entdeckungen machen 9/10, S. 139)
  – Römerbrief 13,1–7

› Aufgaben:
  – Skizzieren Sie die (neue) Haltung der katholischen Kirche gegenüber den Nationalsozialisten nach der Machtergreifung 1933.
  – Nennen Sie Gründe für diesen Stimmungsumschwung.

Team 4b: Die Kirchen im Zeichen der Machtergreifung 1933: Das Reichskonkordat

› Material:
  – Auszüge aus dem Reichskonkordat (Wege der Freiheit 10, S. 10, oder: Mittendrin 3, S. 33)
› Aufgaben:
  – Stellen Sie in einer Tabelle die Verpflichtungen von Kirche und Staat einander gegenüber.
  – Beurteilen Sie dieses Abkommen aus der Sicht der Kirche und der Nationalsozialisten.

Team 4c: Die Kirchen im Zeichen der Machtergreifung 1933: Die evangelische Reichskirche

› Material:
  – Schaffung einer einheitlichen evangelischen Reichskirche (Brennpunkte der Kirchengeschichte, S. 225)
  – Der »Arier-Paragraf« (ebd.)
  – Aus der Rede des Gauobmanns der Glaubensbewegung »Deutsche Christen«, Dr. Kraus, gehalten im Sportpalast Berlin am 13.11.1933 (Entdeckungen machen 9/10, S. 141)
› Aufgaben:
  – Beschreiben Sie, wie die Nationalsozialisten versuchten, innerhalb der evangelischen Kirche Einfluss zu gewinnen.
  – Prüfen Sie, wo in der Argumentation und im kirchenpolitischen Handeln der »Deutschen Christen« der Boden des Christentums verlassen wurde.

Team 5a: Erneuter Widerstand: Das Reichskonkordat – Theorie und Praxis

› Material:
  – Auszüge aus dem Reichskonkordat (Mittendrin 3, S. 33)
  – Erlass des Reichsjugendführers vom 29.7.1933 (Wege der Freiheit 10, S. 71)

- Erlass des Kultusministers von Württemberg vom 28.4.1937 zur Gestaltung des Religionsunterrichts (Wege der Freiheit 10, S. 71)
› Aufgabe:
- Vergleichen Sie die Maßnahmen des NS-Staates und ihre Begründungen mit den Vereinbarungen des Konkordats.

Team 5b: Erneuter Widerstand: Die Enzyklika »Mit brennender Sorge« Papst Pius' XI.

› Material:
- Bericht von der Vereidigung auf Hitler 1934 (Brennpunkte der Kirchengeschichte, S. 226)
- Tischgebet in NS-Waisenhäusern (ebd.)
- Aus der Enzyklika »Mit brennender Sorge« (Wege der Freiheit 10, S. 74)
- Hitler in einem Tischgespräch am 8.2.1942 über die Pfarrer beider Konfessionen (Brennpunkte der Kirchengeschichte, S. 228)
› Aufgaben:
- Stellen Sie dar, wogegen sich Pius XI. gewandt und wie er argumentiert hat.
- Arbeiten Sie heraus, was nicht angeprangert, hingenommen oder sogar unterstützt worden ist.

Team 5c: Erneuter Widerstand: Die Bekennende Kirche

› Material:
- Informationsmaterial über Dietrich Bonhoeffer, den Arier-Paragrafen, den Pfarrernotbund und die Denkschrift der Bekennenden Kirche von 1936 (Entdeckungen machen 9/10, S. 142f., 145)
› Aufgaben:
- Skizzieren Sie die Entstehung und Entwicklung der Bekennenden Kirche.
- Nennen Sie Missstände, gegen die sich die Bekennende Kirche wehrt.

Team 5d: Erneuter Widerstand: Widerstand gegen die »Euthanasie-Programme« der Nationalsozialisten

› Material:
- Und er freute sich doch so (Vorlesebuch Drittes Reich, S. 95f.)
- Begriffserklärung Euthanasie (Entdeckungen machen 9/10, S. 148)
- Proteste der Bischöfe Graf von Galen und Theophil Wurm (ebd.)

⟩ Aufgaben:
- Erläutern Sie das sogenannte Euthanasie-Programm der Nationalsozialisten.
- Benennen Sie die Argumente, mit denen sich die Kirchen dagegen wehrten, Menschen als »unwertes Leben« abzustempeln.

Lernoptionen

Es bietet sich an, in der Lerngruppe den Film »Der Priesterblock« anzuschauen und gemeinsam Möglichkeiten und Grenzen eines Widerstands in Terror-Regimen zu reflektieren. Zur Vertiefung sehr empfehlenswert ist auch die Beschäftigung mit den Lebensläufen von aus dem christlichen Glauben motivierten Widerstandskämpfern (z.B. Maria Terwiel, Matthias Eickels, Bischof Clemens August Graf von Galen, Dietrich Bonhoeffer, Martin Niemöller, die Geschwister Hans und Sophie Scholl und die Widerstandsgruppe »Weiße Rose«).

Lernerfolg

Zum Arbeitsauftrag aller Teams gehört die Erstellung eines Plakats, das die Grundlage zur Präsentation der Arbeitsergebnisse bildet. Ferner bietet die Podiumsdiskussion einen Einblick in den Lernerfolg der daran beteiligten SuS. Die SuS sollten nach jeder Präsentation etwas Zeit bekommen, sich Notizen zu den Ergebnissen zu machen; alternativ könnten auch die einzelnen Teams dazu aufgefordert werden, die auf den Plakaten festgehaltenen Ergebnisse der Lerngruppe schriftlich zur Verfügung zu stellen.

Da nicht alle Ergebnisse in einer DS präsentiert werden können, sollte zu Beginn der nächsten DS eine Anknüpfung an das bisher Besprochene erfolgen. Hierzu bieten sich die aushängenden Plakate an. Zusätzlich erhalten die SuS zu Beginn der Stunde DIN-A5-Blätter, auf denen verschiedene politische Parteien und kirchliche Gruppierungen vermerkt sind, die sie mit Magneten um ein Blatt mit dem Begriff NSDAP gruppieren, sodass dadurch die Nähe bzw. Ferne zu den Nationalsozialisten bestimmt wird. Die Zuordnung ist zu begründen. Darüber hinaus werden die Blätter nach zeitlichen Gesichtspunkten verschoben.

Eine schriftliche Lernerfolgskontrolle ist für diese Lernsequenz besonders gut geeignet. Hier bietet sich u.a. an, eine auf Fakten gestützte Stellungnahme zu einer Einschätzung Klaus Scholders (Brennpunkte der Kirchengeschichte, S. 236) über die kritische Funktion der Kirchen im Dritten Reich einzufordern.

Lernquellen

»Der Priesterblock«, FWU – Schule und Unterricht. DVD 4610499.
Gutschera, Herbert/Thierfelder, Jörg, Brennpunkte der Kirchengeschichte, Paderborn 1976, S. 216–236.
Kluge, Jürgen (Hg.), Entdeckungen machen. Unterrichtswerk für den evangelischen Religionsunterricht in der Sek I. Band 9/10, Düsseldorf ⁶1992, S. 135–149.
Kurz, Helmut, Katholische Kirche im Nationalsozialismus. Ein Lese- und Arbeitsbuch für den Religionsunterricht, Berlin ²2008.
Macht, Siegfried (Hg.), Religionsunterricht praktisch. Unterrichtsentwürfe und Arbeitshilfen für die Sekundarstufe I. 10. Schuljahr, Göttingen 1998, S. 52–76.
Bosold, Iris/Michalke-Leicht, Wolfgang (Hg.), Mittendrin 3. Lernlandschaften Religion, München 2010, S. 32–37.
Petri, Dieter/Thierfelder, Jörg (Hg.), Vorlesebuch Kirche im Dritten Reich. Anpassung und Widerstand, Lahr 1995.
Dies., Vorlesebuch Drittes Reich. Von den Anfängen bis zum Niedergang, Lahr 1993.
Wege der Freiheit. Unterrichtswerk für Katholische Religionslehre an Gymnasien in Baden-Württemberg. Klassenstufe 10, Stuttgart ⁶2001, S. 69–85.

Jutta Taege-Müller

Ethische Problemfälle erleben – Konkrete Diskurse (Lernzeitraum 11/12)

Fast jeder Mensch wird in seinem Leben einmal mit einer Konfliktsituation konfrontiert, in der er eine komplexe Entscheidung treffen muss, wenn es z.B. um die Verlängerung des Lebens oder um den Schutz ungeborenen Lebens geht. Dazu muss er die konkrete Situation analysieren, sich das hierfür nötige Fachwissen aneignen, unterschiedliche Argumente erkennen und bewerten können, um dann zu einer fundierten und reflektierten Entscheidung zu kommen.

In der Kursstufe werden im Rahmen des Themenfeldes »Wissen und Glauben« in der Regel auch konkrete Konfliktfelder, wie z.B. Sterbehilfe, Pränataldiagnostik oder das Lebensrecht behinderter Kinder, thematisiert. Für die SuS sind diese Themenbereiche häufig eher abstrakt – die großen Debatten aus Politik, Gesellschaft und Kirche scheinen wenig konkret und können häufig nur schwierig mit Fällen aus ihrer Erfahrungswelt in Verbindung gebracht werden. Hier setzt die am »Internationalen Zentrum für Ethik in den Wissenschaften Tübingen« (IZEW) entwickelte Methode der »Konkreten Diskurse« an, indem sie ethisches Argumentieren und Entscheiden an einem konkreten Fall aus dem Umfeld der SuS übt und die Konfliktsituation im szenischen Spiel auch erfahrbar werden lässt.

Lernanlässe

Eine Anforderungssituation ist ein konkreter Fall aus dem Lebensfeld der SuS, den die Lehrkraft in Abstimmung mit der Lerngruppe auswählt. Eine betroffene Person (Arzt, Angehöriger, Betroffener, Krankenschwester, Seelsorger, Psychologe etc., möglichst aus der Familie oder dem Bekanntenkreis eines Schülers/einer Schülerin), der sogenannte Fallberichterstatter, präsentiert der Lerngruppe den Fall so konkret wie möglich und stellt zum Abschluss die konkrete Frage, die es zu entscheiden gilt. Denkbar wären Fälle wie:

Schwerpunkt: Pränataldiagnostik, später Schwangerschaftsabbruch
› Eine junge querschnittsgelähmte Frau wird, als ihr erster (gesunder) Sohn ein paar Monate alt ist, wieder schwanger. Sie entscheidet sich bewusst gegen pränataldiagnostische Untersuchungen. Bei einer Routineuntersuchung erfährt sie in der 26. Schwangerschaftswoche, dass ihr zweites Kind schwer behindert sein wird und Kinder mit dieser Behinderung eine durchschnittliche Lebenserwartung von maximal einem Jahr haben. Der Arzt rät ihr zu einem späten Schwangerschaftsabbruch. Soll sie dem Rat des Arztes folgen?
› Ein Ehepaar weiß, dass sie beide Träger der Erbanlage für eine schwere Stoffwechselkrankheit sind und dass die Wahrscheinlichkeit, ein schwer behindertes Kind zu bekommen, bei 25 % liegt. Im letzten Jahr haben sie bereits ein Kind im fünften Schwangerschaftsmonat abtreiben lassen, weil es sehr stark behindert war. Nun möchten sie eine erneute Schwangerschaft – in der Hoffnung, diesmal ein gesundes Kind zu bekommen. Sollen sie die Schwangerschaft riskieren in dem Wissen, dass sie ein behindertes Kind wieder abtreiben lassen würden?

Schwerpunkt: Sterbehilfe
› Eine alleinstehende, sehr aktive und agile Frau hat mit Anfang 70 mehrere Schlaganfälle kurz hintereinander. Nun ist sie halbseitig gelähmt, kann sich daher nicht mehr artikulieren und muss künstlich ernährt werden. Nach Aussage des Arztes ist nicht damit zu rechnen, dass die Lähmung zurückgeht. Die Angehörigen überlegen: Soll die künstliche Ernährung eingestellt werden?
› Eine 42-jährige Frau (verheiratet, Mutter von zwei Kindern im Alter von 11 und 16 Jahren) hat seit mehreren Jahren Brustkrebs. Inzwischen hat der Krebs Metastasen in den Knochen gebildet, die Frau nimmt jeden Tag steigende Dosen an Morphium. Sie ist bettlägerig, vollkommen erschöpft und kann kaum noch etwas essen und trinken. Als sie wegen akuter Entkräftung ins Krankenhaus eingeliefert wird, ordnet der Arzt künstliche Ernährung an. Ihr Ehemann fragt: Muss das noch sein?

Bei der Schilderung des Fallbeispiels in der Lerngruppe ist es wichtig, dass die SuS möglichst alle Aspekte, die für die Entscheidung relevant sind, kennenlernen. So ist es z.B. von Bedeutung, die familiäre, berufliche und finanzielle Situation der Beteiligten zu kennen, genaue Informationen über eine mögliche Diagnose zu haben, zu wissen, inwiefern im Leben der Betroffenen der christliche Glaube und traditionelle Werte eine Rolle spielen.

Lernvorhaben

Diese Lernsequenz mit ihrer Methode »Konkrete Diskurse« ist in besonderer Weise geeignet, die folgenden Kompetenzen zu fördern. Die SuS
> können ausgehend vom christlichen Menschenbild zu ethischen Problemen der Gegenwart Stellung beziehen;
> sind zur ethischen Reflexion und Argumentation fähig;
> können sich mit anderen Positionen auseinandersetzen;
> sind fähig zur Empathie mit betroffenen Personen;
> können erkennen, dass Entscheidungen nicht rein rational getroffen werden, sondern auch durch Hoffnungen, Ängste und Wünsche beeinflusst sind;
> sind sensibel dafür, dass religiös bedingte Werte Auswirkungen auf konkrete ethische Entscheidungen haben können.

Lernarrangement

Die Methode der »Konkreten Diskurse« hat zwei Schwerpunkte: Zum einen sollen die SuS in einer reflexiven Beratung einen konkreten Lösungsvorschlag für den vorgestellten Konflikt präsentieren, den sie in Gruppen auf der Basis von Fachkenntnissen erarbeitet haben. Zum anderen gewinnen sie durch Rollenspiele und andere Methoden des szenischen Spiels Sensibilität und Empathie für die Betroffenen und deren Emotionen. Durch den mehrmaligen Wechsel der Rollen in den Phasen des szenischen Spiels können sie die Komplexität der gesamten Konfliktsituation erfassen.

Für den Aufbau einer konkreten Unterrichtssequenz ergeben sich zwei Möglichkeiten. In einer Einheit von 8 DS stellt in der ersten DS der Fallberichterstatter den Fall ausführlich dar, und die SuS machen in einer Ad-hoc-Beratung erste Lösungsvorschläge. In der zweiten DS erfolgt eine Annäherung an die Thematik mit Elementen der Theaterpädagogik wie Standbildern, Rollenbiografien und Rollenspielen, die die Konfliktsituation noch einmal auf den Punkt bringen sollen. Die dritte DS beginnt mit der Suche nach denjenigen Wissensbereichen, die zu einer reflektierten Entscheidung des konkreten Falles nötig sind. Nach einer Gruppenarbeitsphase im zweiten Teil der 3. DS und in ca. zwei weiteren DS, in denen die SuS sich das nötige Wissen selbstständig erarbeiten und evtl. den Kontakt mit einem Experten (z.B. Arzt) suchen, erfolgt die Präsentation der Ergebnisse im Plenum (6. DS). Anschließend werden unter Berücksichtigung der Ergebnisse der Gruppenarbeit zunächst individuelle Lösungsvorschläge erarbeitet. In einem zweiten Schritt wird dann versucht, einen Konsens in der Lerngruppe herzustellen (7. DS), eventuell wieder mit Rollenspiel und anderen Methoden des szenischen Spiels. In der letzten DS des Projekts wird der Fallberichterstatter erneut eingeladen, die Lerngruppe präsentiert ihren Lösungsvorschlag sowie die Lernschritte, die sie hierfür gegangen ist. Abschließend folgt eine Diskussion mit dem Fallberichterstatter.

Um den Umfang der Lernsequenz auf 6 DS zu reduzieren, wird den Gruppen entweder bereits von der Lehrkraft recherchiertes Material zur Verfügung gestellt und damit die Phase der Gruppenarbeit auf eine DS (zuzüglich HA) reduziert oder aber die Recherche und die Vorbereitung der Präsentation als Hausaufgabe von der 3. zur 4. DS gestellt (evtl. lassen sich hier kleine Ferien nutzen). Selbstverständlich lässt sich der Aufbau der Unterrichtssequenz auch modifizieren, z.B. indem die theaterpädagogischen Elemente erst nach der Erarbeitung zentraler Themenbereiche in Kleingruppen eingesetzt werden.

Lerngegenstände

Für eine Unterrichtssequenz zu den »Konkreten Diskursen« lassen sich die Lerngegenstände nicht im Vorfeld festlegen, sondern die Methode sieht vor, dass die SuS selbstständig Bereiche nennen, die für sie zur Lösung des konkreten Falls relevant sind. So ergeben sich die jeweiligen Lerngegenstände aus dem gewählten Fallbeispiel und können unterschiedlichen Fachbereichen entstammen. Bei einem Fall aus dem Problemfeld »später Schwangerschaftsabbruch« könnte es z.B. Grundwissen zu der jeweiligen Krankheit sein, Behandlungsmöglichkeiten, aber auch Informationen zum Lebensumfeld der betroffenen Familie. Aus dem Bereich der Ethik bieten sich Ansätze zur Frage nach dem Beginn des menschlichen Lebens und kirchliche Aussagen zu Schwangerschaftsabbruch und Lebensschutz an. Bei Fallbeispielen zur Sterbehilfe könnten auch Informationen zur Patientenverfügung recherchiert werden, auf jeden Fall sollten aber die Frage nach der Menschenwürde, der Bedeutung des Leids im menschlichen Leben thematisiert werden und die Bedeutung des Glaubens an ein Leben nach dem Tod. Werden anhand dieses Falles Grundmerkmale ethischer Entscheidungsfindung erarbeitet, bilden ferner Grundmodelle ethischen Denkens (Gesinnungsethik, Verantwortungsethik) einen unverzichtbaren Lerngegenstand.

Lernwege

Es ist davon auszugehen, dass die SuS wenig Erfahrung bei der Entscheidung komplexer Konfliktsituationen haben und in der Regel »aus dem Bauch heraus« entscheiden. Daher ist es wichtig, mit ihnen bewusst alle Schritte der Entscheidungsfindung zu gehen: die erste spontane Entscheidung nach der Darstellung des Falles, die Sensibilisierung für unterschiedliche Aspekte im emotionalen Bereich (Rollenspiel) und auch im Bereich des für die Entscheidung notwendigen Fachwissens (Recherche in Gruppen). So können die SuS in der Endphase des Projekts die Erfahrung machen, dass sie nun eine reflektierte Entscheidung fällen können.

Wichtig sind die Beteiligung und weitestgehende Autonomie der SuS bei der Planung des Arbeitsprozesses: Der Konfliktfall wird von den SuS zunächst gemeinsam analysiert, und die relevanten Themenbereiche werden nicht von der Lehrkraft vorgegeben, sondern von den SuS – nach den Erfahrungen im Rollenspiel – festgelegt.

Lernaufgaben

Die konkrete Formulierung der Lernaufgaben ergibt sich aus dem gewählten Fallbeispiel. Sie sollte jedoch immer folgende Aspekte enthalten:

Fokus: Reflexive Beratung
- Formulieren Sie nach der Schilderung des Falls durch den Fallberichterstatter ad hoc einen Lösungsvorschlag.
- Suchen Sie Wissensgebiete, die für die Entscheidung von Relevanz sind, und erarbeiten Sie sich selbstständig anhand von geeigneten Quellen (Internet, Fachliteratur, Befragung von Experten) das nötige Wissen.

Fokus: Theaterpädagogik
- Versetzen Sie sich in die Lage der betroffenen Personen, in ihre Situation und in ihre Gefühle und stellen Sie diese möglichst authentisch dar.
- Entwickeln Sie eine Szene, die den Konflikt möglichst pointiert darstellt, bzw. präsentieren Sie einen Lösungsvorschlag in einem Rollenspiel.
- Zur Auswertung des szenischen Spiels: Benennen Sie möglichst viele Aspekte aus dem emotionalen Bereich, die für die Entscheidung relevant sind.

Lösungsvorschlag für das abschließende Gespräch mit dem Fallberichterstatter:
> Formulieren Sie anhand des erarbeiteten Fachwissens und der in den Rollenspielen gemachten Erfahrungen einen Vorschlag zur Bewältigung des bearbeiteten Konflikts!

Lernoptionen

Durch die Kombination der Begegnung mit dem konkreten Fallberichterstatter, der eigenständigen Erarbeitung von Fachwissen und den im szenischen Spiel gemachten Erfahrungen ist die Methode »Konkrete Diskurse« für die SuS eine sehr intensive Lernerfahrung, die auf vielfältige Weise weitergeführt werden kann. Es könnten z.B. zu Beginn oder im Laufe der Sequenz Grundformen ethischen Reflektierens und Argumentierens behandelt werden, die auf den konkreten Fall angewendet werden.

Innerhalb des Projekts könnte auch eine Exkursion durchgeführt werden (z.B. Hospiz), es wäre z.B. die öffentliche Präsentation möglich – auch in Kooperation mit beteiligten Institutionen (Hospiz, Schwangerschaftskonfliktberatung). Ein weiterer Schritt könnte die Erstellung einer umfangreichen Dokumentation des gesamten Projekts sein, die die Ergebnisse aller Gruppen sowie den konkreten Lösungsvorschlag der Lerngruppe enthält.

Die Methode der »Konkreten Diskurse« lässt sich auch für andere Konfliktsituationen anwenden, z.B. für Fallbeispiele aus dem Bereich der Biotechnologie, der Umweltzerstörung, der weltweiten Gerechtigkeit.

Lernerfolg

Neben der Qualität der Präsentationen des erarbeiteten Fachwissens dürfte vor allem die begründete Entscheidungsfindung am Ende des Projekts Aufschluss über den Lernerfolg geben. Die SuS haben gelernt, selbst fundiert zu argumentieren, fremde Argumente zu verstehen und darauf zu reagieren und sowohl Fachwissen als auch Empathie mit den betroffenen Personen in ihren Lösungsvorschlag mit einzubeziehen.

Falls über dieses Projekt eine Klausur geschrieben werden soll, kann es sich anbieten, die SuS ihre je eigene Entscheidungsfindung unter Berücksichtigung aller wesentlichen Aspekte darstellen zu lassen oder den SuS einen ähnlichen

Fall vorzulegen und sie die mögliche Vorgehensweise bis zu einer Entscheidung darstellen zu lassen.

Es ist auch denkbar, die SuS während der gesamten Projektphase ein Portfolio führen zu lassen, in das persönliche Eindrücke bei dem Besuch des Fallberichterstatters und bei den theaterpädagogischen Elementen ebenso festgehalten werden wie die Ergebnisse eigener und fremder Recherche von Fachwissen. Am Ende des Portfolios sollte dann eine begründete eigene Entscheidung stehen.

Lernquellen

Dietrich, Julia u.a., Konkrete Diskurse zur ethischen Urteilsbildung, München 2008 (Grundlageninformationen vgl. www.izew.uni-tuebingen.de/eub/disk.html).

Schäfer, Rainer/Schuhmann, Günter, Muss das alles noch sein?, Würzburg 2005 (der Fall von »Frau Schmidt«, die mit 42 Jahren unheilbar an Krebs erkrankt ist. Hierin finden sich nicht nur die Perspektive der Patientin, sondern auch die des Arztes, ihres Ehemanns und einer Krankenschwester).

Scheller, Ingo, Szenisches Spiel. Handbuch für die pädagogische Praxis, Berlin 1998.

Angelika Scholz

Ethik an Lebensanfang und Lebensende
(Lernzeitraum 11/12)

Diese Lernsequenz bietet eine vertiefte Auseinandersetzung mit ethischen Fragestellungen am Lebensanfang und am Lebensende (Schwangerschaftsabbruch und Sterbehilfe) und knüpft somit an die Lernsequenz »Ethische Begründungsmodelle« der Jahrgangsstufen 9/10 an.

Lernanlass

Lernanlass im Falle der Ethik am Lebensanfang (Schwangerschaftsabbruch) ist die Gegenüberstellung der kontroversen Parolen »Mein Bauch gehört mir« und »Abtreibung ist Mord«, zu denen sich die SuS zunächst spontan äußern. Alternativ kann auch mit einem Fallbeispiel einer ungewollt schwangeren Schülerin (Carolin) begonnen werden. Lernanlass im Falle der Ethik am Lebensende (Sterbehilfe) sind im »Stern« erschienene Porträts und Zitate von Personen, die sich aufgrund ihrer schweren Erkrankung für ein selbstbestimmtes Ende im Ausland entschieden haben. Der Einstieg anhand authentischer Schicksale dient vor allem der Sensibilisierung für mögliche Gründe schwer kranker Menschen, diesen Schritt zu tun; er soll jedoch gleichzeitig einige der von Befürwortern der Sterbehilfe eingebrachten Argumente hinterfragen.

Lernvorhaben

Für die Lernsequenz ist es von zentraler Bedeutung, dass die SuS die Kompetenz erwerben, eigene verantwortliche und gewissenhafte Entscheidungen zu treffen und diese zu begründen. Lebensrelevanz bieten die beiden Themen außerdem sowohl im Hinblick auf das persönliche Umfeld der SuS (Freundeskreis, Familie) als auch im Hinblick auf eine gesellschaftliche Diskurs- und eine persönliche Zukunftsfähigkeit.

Lernarrangement

Die Lernsequenz ist auf vier DS ausgelegt. In der ersten DS steht die Beschäftigung mit den Möglichkeiten und Grenzen der utilitaristischen Ethik anhand des Problemfalls Schwangerschaftsabbruch im Vordergrund. In den darauf folgenden drei DS setzen sich die SuS mit dem Thema Sterbehilfe, seinen spezifischen Begrifflichkeiten und den unterschiedlichen gesellschaftlichen sowie christlich-theologischen Positionen auseinander.

Lerngegenstände

Im Zentrum der Lernsequenz stehen folgende Inhalte:
> Vertiefung der unterschiedlichen ethischen Konzepte aus der Lernsequenz »Ethische Begründungsmodelle« der Jahrgangsstufen 9/10: Pflichtethik vs. Egoistische Ethik; deontologische vs. teleologische Ethik.
> Erarbeitung zweier konkreter ethischer Ansätze zum Schwangerschaftsabbruch: Peter Singer vs. Robert Spaemann (Unterscheidung von Menschsein und Personsein).
> Klärung der Fachbegriffe zum Thema Sterbehilfe: aktive, passive und indirekte Sterbehilfe, Beihilfe zur Selbsttötung, Palliativmedizin und Hospizbewegung.
> Auseinandersetzung mit den gesellschaftlichen und christlich-theologischen Positionen zur Sterbehilfe.

Lernwege

Zur Vertiefung der unterschiedlichen ethischen Konzepte aus der Lernsequenz »Ethische Begründungsmodelle« erarbeiten die SuS die unterschiedlichen Ethikansätze, die den beiden Parolen »Mein Bauch gehört mir« und »Abtreibung ist Mord« zugrunde liegen. Dies dient dem besseren Verständnis der Argumentationsweise des Gesetzgebers, die anhand eines Kommentars zum § 218 StGB erarbeitet wird. Die beiden ethischen Ansätze zum Schwangerschaftsabbruch nach Singer und Spaemann zeigen den SuS ganz deutlich, welche unterschiedliche Konsequenzen verschiedene theoretische Ethikansätze für die Praxis haben können. Die Unterscheidung zwischen Menschsein und Personsein ist hierbei zentral. Optional kann im Anschluss der Brief von

SuS einer Einrichtung für Körperbehinderte an Peter Singer (Baumann 2002, S. 85) gelesen und diskutiert werden.

Als Einstieg in das Thema Sterbehilfe dienen die bereits genannten Zitate und Porträts aus dem Wochenmagazin »Stern«. Im Anschluss daran kann ein Gefühlsbarometer das Meinungsspektrum der Klasse verdeutlichen und zur Sprache bringen. Dies kann am Ende der Einheit wiederholt werden, um so ggf. Verschiebungen festzustellen. Als zusätzliche Sensibilisierung kann die Dokumentation »Mein Tod gehört mir« angesehen und diskutiert werden. Der Film führt zum einen in die Begrifflichkeiten ein und macht zum anderen auf sehr ergreifende Weise die Problematik des Themas anhand von Einzelschicksalen deutlich. Mithilfe der unten genannten Fallbeispiele werden die unterschiedlichen Formen der Sterbehilfe beziehungsweise deren Begrifflichkeiten verständlich gemacht. Obwohl die Begriffe aktive, indirekte und passive Sterbehilfe mittlerweile im ethischen Diskurs als unzulänglich gelten, werden sie im gesellschaftlichen Diskurs weiterhin benutzt und sind deshalb auch für den Gebrauch im Unterricht geeignet. Nach der Begriffsklärung bietet es sich an, zunächst die gesellschaftlich weit verbreiteten Argumente für eine Legalisierung der Sterbehilfe zu diskutieren: Autonomie-, Leidens-, Dunkelziffer-, Umfrage- und Kostenargument. Dies kann in einer Art Gruppenpuzzle geschehen (s. Lernaufgaben).

Als direkte Antwort auf die erarbeiteten Argumente sowie als Sensibilisierung und kritische Perspektive auf die Sterbehilfe dient der lediglich aus Fragen bestehende Kurzfilm »Gedanken am Sterbebett«. Die hier gestellten Anfragen sprechen bereits viele der Überlegungen an, die auch die christlich-theologische Seite anstellt, welche im nächsten Schritt in Gruppenarbeit bearbeitet wird. Des Weiteren werden in den angegebenen Texten auch mögliche Alternativen zur aktiven Sterbehilfe besprochen (Hospizbewegung, Palliativmedizin) und in der Lerngruppe diskutiert. Als Abschluss erhalten die SuS als neuerlichen Diskussionsimpuls Informationen (Deutsche Hospiz Stiftung 2003/2005) zu aktuellen Zahlen, Statistiken und Erfahrungen aus Ländern wie Holland, in denen Sterbehilfe teilweise praktiziert wird. Den Abschluss stellt ein erneutes Gefühlsbarometer dar.

Lernaufgaben

› Vergleichen Sie die Parolen »Mein Bauch gehört mir!« und »Abtreibung ist Mord!«. Ordnen Sie diese den Ihnen bekannten Ethikansätzen zu. Begründen Sie Ihre Zuordnung.
› Schreiben Sie einen Dialog, in dem Carolin und ihr Freund Jonas über eine mögliche Abtreibung diskutieren.
› Diskutieren Sie Carolins Handlungsmöglichkeiten und die Gründe, die für bzw. gegen eine Abtreibung sprechen. Informieren Sie sich über mögliche Hilfen, die Frauen in solchen Situationen angeboten werden.
› Simulieren Sie in einem Rollenspiel folgende Situation: Carolin ist nach der Diskussion mit ihrem Freund Jonas bei einem Beratungsgespräch in einer christlichen/katholischen Beratungsstelle. Die Dame klärt Carolin über die im Strafrecht genannten Grundsätze sowie über Alternativen zu einem Schwangerschaftsabbruch auf und berät sie in ethischer Hinsicht.
› Überlegen Sie, welche Rechtsgüter § 218 StGB schützt und nach welchen ethischen Prinzipien der Gesetzgeber argumentiert.
› Überlegen Sie, welche Argumente Spaemann den Thesen Singers entgegensetzt und wie er das Personsein aller Menschen begründet. Gehen Sie dabei auf die ethische Position hinter Spaemanns Argumentation ein und leiten Sie aus seinem Text die grundsätzlichen Einwände gegen den Utilitarismus ab.
› Verfassen Sie einen kritischen Leserbrief zu Singers Thesen.
› Diskutieren Sie, ob die Thesen Singers in die Nähe des nationalsozialistischen Euthanasieprogramms gestellt werden können.
› Lesen Sie die Stellungnahmen der vom »Stern« befragten Personen und wählen Sie eine Aussage aus, von der Sie sich besonders angesprochen fühlen. Begründen Sie Ihre Wahl.
› Lesen Sie die Fallbeispiele zur Sterbehilfe-Problematik und überlegen Sie, welchen Formen der Sterbehilfe die Beispiele entsprechen.

– Ein 63-jähriger Patient hat Leberkrebs, Metastasen in der Lunge und wird künstlich beatmet. Der Patient, der bei vollem Bewusstsein ist, will so nicht mehr weiterleben. Er drängt seinen Arzt, das Beatmungsgerät abzuschalten. Der Arzt ist unsicher. Schließlich hat er als Arzt den Hippokratischen Eid geleistet, der beinhaltet, dass ihm die Erhaltung des Lebens über alles andere geht.
– Eine 61-jährige Patientin hat Dickdarmkrebs im Endstadium. Es

gibt keine Hoffnung mehr. Sie leidet unter sehr starken Schmerzen. Der Arzt könnte die Morphiumdosis gegen die Schmerzen erhöhen. Die Patientin könnte dann allerdings vorzeitig sterben.
- Ein 38-jähriger Versicherungskaufmann leidet immer wieder und immer öfter unter schlimmen Angstzuständen und schweren Depressionen. Er kann seinen Beruf nicht mehr richtig ausüben und auch seine Freunde ziehen sich immer mehr von ihm zurück. In einer akuten Depressionsphase sucht er seinen Arzt auf und bittet ihn um Tipps, wie eine Selbsttötung sicher und schmerzfrei auszuführen sei.
- Ramón hatte mit 20 Jahren einen schweren Motorradunfall. Als er nach fünf Tagen im Koma wieder zu Bewusstsein kommt, ist er vom Hals abwärts vollständig gelähmt. Sein Speichel tropft ständig, er hat seine Ausscheidung nicht mehr unter Kontrolle und so ist er in allem vollständig von anderen abhängig. Es gibt keine Aussicht auf Besserung. Für ihn hat das Leben so keinen Sinn mehr. Er bittet deshalb den Arzt, ihm eine Spritze zu geben, die den Tod herbeiführt.
- Ein Arzt findet bei einem Routinebesuch eine 80-jährige schwerstkranke Patientin bewusstlos auf. Neben ihr liegt ein Zettel. In ihrem Schreiben teilt sie ihren Entschluss zur Selbsttötung mit Tabletten mit und bittet eindringlich, nichts zu ihrer Rettung zu unternehmen und sie in Ruhe sterben zu lassen.

Zu den einzelnen Argumenten für eine Legalisierung der Sterbehilfe:
› Lesen Sie sich das vorliegende Argument für die Legalisierung der Sterbehilfe durch und diskutieren Sie es mit Ihrem Banknachbarn. Tauschen Sie sich in einem nächsten Schritt mit Ihren Mitschülern aus, die andere Argumente bearbeitet haben. Die unterschiedlichen Farben der Karten zeigen Ihnen, mit welchem Argument Sie sich noch nicht auseinandergesetzt haben.
› Im Kurzfilm »Gedanken am Sterbebett« wurden Fragen zum Thema Sterbehilfe als Theaterstück inszeniert. Notieren Sie, welche Argumente gegen die Sterbehilfe in den Fragen impliziert sind.
› Lesen Sie die Texte zur christlich-theologischen Position zur aktiven Sterbehilfe. Arbeiten Sie die Haltung der beiden Kirchen Deutschlands und die hierfür aufgeführten Argumente gegen die aktive Sterbehilfe sowie mögliche Alternativen dazu heraus.

› Lesen Sie die Informationen zu aktuellen Zahlen, Statistiken und Erfahrungen aus Ländern wie Holland, in denen Sterbehilfe teilweise praktiziert wird, durch und diskutieren Sie dies mit Ihren Banknachbarn. Informieren Sie im Anschluss Ihre Mitschüler über das Info-Material. Diskutieren Sie, inwiefern diese Informationen Ihre Sicht auf die aktive Sterbehilfe beeinflussen.

Lernerfolg

Zur Dokumentation des Lernerfolgs könnte zum einen mithilfe verschiedener Materialien eine Podiumsdiskussion erarbeitet und durchgeführt werden (Brida/Häbe 2007, S. 34). Die Vorbereitung hierzu könnte in die Hausaufgabe verlegt werden, kann aber auch als Gruppenarbeit im Unterricht geschehen. Zum anderen besteht die Möglichkeit, eine Art »Talkshow« zu simulieren, welche anhand verschiedener Talkshow-Gäste und verschiedener Fallbeispiele bzw. Lebensschicksale das Thema des Schwangerschaftsabbruchs behandelt. Hier könnten die Positionen durch Vertreter verschiedener Interessengruppen zu Wort kommen, mit dem Vorteil, dass sich manche SuS durch eine Talkshow stärker motiviert und angesprochen fühlen als durch eine Podiumsdiskussion.

Lernquellen

www.1000fragen.de (Fundgrube für ethische Fragestellungen; u.a. Kurzfilm »Gedanken am Sterbebett«, WOHIN GEN? Szenisches Fragen. Eine Inszenierung in 12 Bildern, Kirchheim 2005, Bezugsquelle: www.1000fragen.de/lebensfragen/lehrer.php).
Baumann, Ulrike/Wermke, Michael (Hg.), Religionsbuch 9/10, Berlin 2002.
Bösel, Sebastian/Michel, Thomas, »Mein Tod gehört mir« – Sterbehilfe in Deutschland?, Dokumentation 2006 (www.politische-bildung.nrw.de/multimedia/02376/index.html).
Brida, D./Häbe, I., Sterben in Würde!? Aktive Sterbehilfe (Tötung auf Verlangen) in der Diskussion. Unterrichtsbausteine für die Sekundarstufe II, in: Notizblock 41/2007. Materialdienst für Religionslehrerinnen und Religionslehrer in der Diözese Rottenburg-Stuttgart, S. 34ff. (→ Rollenkarten zur Podiumsdisskussion + Formen der Sterbehilfe).
Brummer, A., Kampf und Tod der Diane Pretty, in: Chrismon 06/2002, S. 19.
Deutsche Hospiz Stiftung (Hg.), Studie: Missbrauch der Euthanasie in den Niederlanden, Dortmund u.a. 2003 (www.hospize.de/docs/stellungnahme/17.pdf).
Dies., Langzeitstudie »Was denken die Deutschen wirklich über Sterbehilfe?, Dortmund u.a. 2005 (www.hospize.de/docs/stellungnahmen/31.pdf).

www.hospiz-weinsberg.de (Argumente für und gegen eine Legalisierung der Sterbehilfe unter »Sterbehilfe/Verschiedene Infos«).

Link, O./Oertzen, A., In Würde sterben. Zwölf schwer kranke Menschen erzählen, weshalb sie dafür ins Ausland fahren müssen. Sie fragen: Warum wird Sterbehilfe in Deutschland nicht erlaubt?, in: stern Nr. 48 vom 23.11.2006, S. 28–40.

Nink, Hermann (Hg.), Standpunkte der Ethik. Lehr- und Arbeitsbuch für die Sekundarstufe II/Kursstufe, Braunschweig u.a. 2005 (Texte zu den ethischen Begründungsmodellen; Positionen von Spaemann und Singer; Texte zu Fragen der Abtreibung).

Schockenhoff, Eberhard, Ethik des Lebens. Grundlagen und neue Herausforderungen, Freiburg 2009.

Sekretariat der DBK, Bonn, und Kirchenamt der EKD, Hannover (Hg.), Faltblatt der Woche für das Leben 2004: Um Gottes willen für den Menschen! (www.dbk.de).

Dies., Gemeinsame Texte 17. Sterbebegleitung statt aktiver Sterbehilfe. Eine Textsammlung kirchlicher Erklärungen, 2003.

Dies. (Hg.), Christliche Patientenverfügung, Gemeinsame Texte Nr. 15, S. 27f.

DBK (Hg.), Enzyklika »Evangelium Vitae« von Papst Johannes Paul II., Über den Wert und die Unantastbarkeit des menschlichen Lebens, Bonn [4]1995.

Spaemann, Robert, Plädoyer für die Achtung des Lebens, in: Stuttgarter Zeitung vom 1.11.2005.

»Wann darf man sterben?« Stern-Streitgespräch zwischen Ludwig A. Minelli und Prof. Dr. Jörg-Dietrich Hoppe vom 5.10.06, (www.stern.de/politik/panorama/538380.html?nv=ct_mt).

Patricia Hirt/Christina Küchel

Trainingssache Religion (Lernzeitraum 11/12)

Ist Religion nur eine Sache des Trainings? Die Religionskritik Peter Sloterdijks läuft auf diese These hinaus. Im Rahmen des Themenfeldes Religion bzw. Gottesglaube gilt es, ausgesuchte religionskritische bzw. atheistische Positionen zu diskutieren. Die Beschränkung in den Bildungsplänen auf die klassischen Argumente von Feuerbach bis zu den Existenzialisten kann leicht dazu führen, dass diese von den SuS lediglich als historische Phänomene verstanden werden. Sie verschließt zudem die Augen vor dem zeitgenössischen philosophischen Diskurs über Religion. Dass dieser an aktuellen Lebenserfahrungen anknüpft, mit denen SuS heute unmittelbar konfrontiert sind, zeigt sich besonders deutlich an P. Sloterdijks Essay »Du mußt dein Leben ändern« (Sloterdijk 2009). Hier werden religionskritische Thesen direkt aus dem Erfahrungsbereich des Trainierens und Übens heraus entwickelt. Entsprechend leicht lassen sich Lernanlässe formulieren, die sich in der Sphäre von Sport und Fitness ergeben.

Modulierte Sloterdijk in früheren Publikationen (»Zorn und Zeit«, »Gottes Eifer«) noch die durch Jan Assman populär gewordene These von der Gewalthaltigkeit der Monotheismen, so wartet er jetzt mit einer Kritik an Religion und Religionen auf, die über das Vehikel eines eigenen umfassenden anthropologischen Entwurfs eingeführt wird. Der Mensch wird darin vor allem verstanden als ein Übender, ein »homo artista«, der sich aus einer »Vertikalspannung« heraus ständig zur eigenen Perfektionierung weiterzuentwickeln versucht. Religion in ihren verschiedenen Spielarten wird dann lediglich als ein Übungssystem neben vielen anderen kulturellen Formen des Übens und Trainierens verstanden. Da ihre Inhalte und Lehren aber, was für Sloterdijk längst als ausgemacht gilt, illusionär sind, bleibt von Religion nichts Eigenes mehr übrig, was sie von den anderen Formen des Übens unterscheiden würde. Das bedeutet: Es gibt in einem eigenen Sinn keine Religion, sie ist lediglich ein »spirituelles Missverständnis«, ein »Gespenst«, dem die sogenannte Wiederkehr der Religion ihre Phänomenalität verdankt. Begründet wird die Subsumierung von Religion unter Übungssysteme dadurch, dass sie als Ausprägung eines eigenen symbolischen Immunsystems der Menschen verstanden wird, das ihnen helfen soll, »ihre Verwundbarkeit durch das Schicksal, die Sterblichkeit inbegriffen, in Form von imaginären Vorwegnahmen und mentalen Rüstungen mehr oder weniger zu bewältigen« (Sloterdijk 2009, S. 22). Materialreich und mit dem von ihm gepflegten zynischen Habitus tritt Sloterdijk den Beweis dieser These dadurch an, dass er kulturelle und religiöse Phänomene durch diese hermeneutische Übungsbrille liest. Da auch die Unterscheidung zwischen wahrer und falscher Religion, echtem Glauben und Aberglauben hinfällig wird, kann er stellvertretend und beispielhaft für alle Religionen zwei Formen von Religion als reine Übungssysteme analysieren, die üblicherweise von Theologen mit dem Präfix »Pseudo« versehen werden: Scientology und die neuzeitliche olympische Bewegung. Das Perfide an dieser Strategie ist offensichtlich. Sie erzwingt von einem christlichen Leser zunächst Zustimmung, richtet sich dann aber automatisch gegen ihn selbst.

Lernanlässe

Menschen machen heute, sei es als Aktive oder als Konsumenten, im Sport zunehmend existenzielle Erfahrungen. Sport zu treiben, hat gerade für SuS eminente Bedeutung, da er die Auseinandersetzung mit der eigenen Person und dem eigenen Menschsein, dem Leistungsvermögen und den Grenzen in intensiver und attraktiver Weise ermöglicht. Selbst als passive Konsumenten vermag Sport in ihnen Bedürfnisse und Sehnsüchte zu bedienen oder zu wecken. Die Erfahrungsdimensionen von Sport und Religion vermischen sich dabei zunehmend. Das Verhältnis von Religion und Sport lässt sich in zwei gegenläufigen Richtungen reflektieren: einmal in der Frage, in welcher Weise Sport religiöse Funktionen übernimmt und neu codiert, zum anderen, wie existenzielle Erfahrungen im Sport das Verständnis von Religion und das ihr innewohnende Menschen- und Gottesbild prägen und verändern. Dazu bieten die folgenden Situationen erste Anlässe:

› Ein großer Getränkehersteller sucht im Rahmen seiner Werbeaktion »Challenge for YOU« Kandidaten für ein dreiwöchiges Camp, in dem verschiedene Extremsportarten ein- und ausgeübt werden sollen. Verfassen Sie für Ihre Teilnahme ein Bewerbungsschreiben.

› Im Rahmen eines großen Sportevents werden die Kirchen eingeladen, einen ökumenischen Gottesdienst zum Thema »Religion und Sport« anzubieten. Die beteiligten Pfarrer veranstalten dazu einen Ideenwettbewerb. Entwerfen Sie ein Konzept zu diesem Gottesdienst.

› Ihr Sportverein bietet Ihnen an, Sie auf Trainingskurse zu schicken, die Ihnen langfristig eine Karriere im Profisport eröffnen können. Erstellen Sie eine Pro-und-kontra-Liste, die Ihnen die Entscheidung erleichtert.

- Ihr Sportverein plant (natürlich aus terminlichen Zwängen) ein Turnier am zweiten Weihnachtsfeiertag. Verfassen Sie einen Brief, in dem Sie Ihre Teilnahme infrage stellen und Gründe dafür anführen.
- Ihr Freund/Ihre Freundin hat sich eine schwere Sportverletzung zugezogen. Führen Sie mit ihm/ihr einen Dialog darüber, ob bzw. wie die sportliche Aktivität nach der Rehabilitation wieder aufgenommen werden soll.

Lernvorhaben

Folgende Standards aus dem Bildungsplan können mit der Lernsequenz bedient werden: Die SuS können
- sich mit anderen Vorstellungen zur Frage nach Gott auseinandersetzen, zum Beispiel Atheismus, Agnostizismus, nicht-christliche Religionen;
- sich mit anderen Konzeptionen des Menschseins auseinandersetzen;
- den eigenen Lebensstil reflektieren und sich der Verantwortung für sich und andere bewusst werden.

Da die Thematik ein Gefälle zu reflexiver Tätigkeit und kognitiven Inhalten hat, ist darauf zu achten, dass sie mit der Dimension der persönlichen Erfahrung der SuS in einen Dialog tritt. Dazu sind vor allem kommunikative Kompetenzen zu fördern.

Lernarrangement

In der auf 4 DS angelegten Lernsequenz soll die Thematik von drei Ausgangspunkten bzw. Perspektiven angegangen werden, die zueinander in Beziehung gesetzt werden. Von einem ersten Ausgangspunkt aus wird die Frage verfolgt, in welchen Weisen und in welcher Intensität der Appell »Du musst dein Leben ändern« uns Menschen heute entgegentritt. Dies geschieht vor allem in der Auswertung und kritischen Auseinandersetzung mit der Werbung im Bereich Sport, Fitness, Esoterik. Ein zweiter Blick ist auf die verschiedenen Positionen in der Verhältnisbestimmung von Sport und Religion gerichtet. Schließlich sind die Thesen Sloterdijks zur Religion in den Blick zu nehmen.

Lerngegenstände

In hinführender und vertiefender Weise sollen folgende Voraussetzungen des Lernganges geklärt werden:
› Neben den Kirchen, Religionsgemeinschaften und anderen weltanschaulichen Gruppen sind es vor allem die Institutionen des Sports, von den Vereinen bis zu den kommerziellen Fitness-Anbietern, die mit ethischen Forderungen nach Verbesserung, Weiterentwicklung und Perfektionierung an die Menschen herantreten.
› Religion und Sport sind zwei Dimensionen des menschlichen Lebens, die sich überlappen können, gegenseitig prägen und in Konkurrenz zueinander treten. In beiden Bereichen lassen sich der Anspruch auf Sinngebung, die Bedeutsamkeit von Inszenierungen und Liturgien, je eigene Angebote zur Bewältigung von krisenhaften Lebenssituationen sowie die Ermöglichung intensiver Gemeinschaftserfahrungen ausmachen. Diese Schnittmenge ermöglicht sowohl die Erklärung des Sports als religiös-kultisches Phänomen als auch die Subsumierung von Religion unter Trainingsformen.
› Jede Religionskritik enthält zwangsläufig ein eigenes weltanschaulich geprägtes Menschenbild. Zu benennen sind hier vor allem die Tendenzen zu einer vollständigen Naturalisierung aller menschlichen Phänomene durch die Naturwissenschaften, die eine möglichst weitreichende technologische Manipulation des Menschen als Konsequenz haben muss.
› Die biblische Gotteserfahrung impliziert immer auch ein Korrektiv sowohl an projektiven Gottesvorstellungen als auch an Anforderungen an menschliches Leistungsvermögen. Sie lässt sich daher auch nicht auf ethische Forderungen reduzieren. Ihr ursprünglicher Kern ist eine Zusage, die nicht in erster Linie fordert, sondern Freiheit ermöglicht.

Lernwege

Die im Lernarrangement beschriebenen Perspektiven werden arbeitsteilig in drei Gruppen vorbereitet. Dazu sind jeweils die Schritte der Recherche (Internet), der inhaltlichen Erarbeitung, der Erstellung und Vorbereitung einer Präsentation und die Vorstellung der Ergebnisse vor dem ganzen Kurs vorgesehen. Die einzelnen Schritte müssen in abgesprochenen und definierten Zeiträumen durchgeführt werden. Die Wahl der Präsentationsmedien bleibt der Gruppe überlassen, sie sollen aber dem Inhalt angemessen sein. Eine abschließende Diskussionsrunde unter der Frage der Themenstellung (s.o.; evtl. mit Rollenkarten, z.B. Sportfunktionär, Athlet, Bischof, Trainer, Philosoph etc.) führt die verschiedenen Perspektiven zusammen.

Lernaufgaben

Entsprechend den drei Gruppen lassen sich die Lernaufgaben folgendermaßen formulieren:
> Recherchieren Sie, wie in der Werbung für Sport und Fitness der moralische Anspruch, das eigene Leben ändern zu müssen, in Wort und Bild erhoben wird, und präsentieren Sie Ihre Ergebnisse in systematischer Form.
> Recherchieren und erarbeiten Sie die verschiedenen Positionen, die zum Verhältnis von Religion und Sport vertreten werden, und stellen Sie Ihre Ergebnisse kritisch und im Überblick dar.
> Rekonstruieren Sie aus dem Einleitungskapitel von Peter Sloterdijk, »Du mußt dein Leben ändern«, und selbst recherchierten Rezensionen die Thesen Sloterdijks zur Religion und stellen Sie diese kritisch kommentiert Ihrer Lerngruppe vor.

Lernoptionen

Wie jede Beschäftigung mit der Religionskritik verlangt auch diese Spielart eine kritische Würdigung und eine Stellungnahme bzw. Entgegnung aus dem Zentrum des christlichen Glaubens und seiner Rede von Gott. Dazu bietet sich einmal an, das von Sloterdijks »Anthropotechnik« favorisierte Menschenbild von zwei Seiten her zu befragen, sowohl von Nietzsches Konzeption des »Übermenschen« her, in dessen Tradition sich Sloterdijk selbst sieht, als auch von den Grundzügen des christlichen Menschenbildes her. Auf der anderen Seite ist der Naturalisierung und Liquidierung des Religionsbegriffs nur zu begegnen, wenn das spezifisch Christliche der inkarnatorischen Gotteserfahrung und -begegnung in den Blick gerät. Letzteres ließe sich an einer Phänomenologie des Gebets entwickeln, die ein Verständnis von Beten als bloßer spiritueller Übung hinter sich lässt (vgl. die Lernsequenz »Mit den Gebeten beginnen«).

Lernerfolg

Der Lernerfolg lässt sich an mehreren Stellen der Sequenz sinnvoll überprüfen. Eine erste Möglichkeit bietet sich bei den Präsentationen. Nur wer sein Teilgebiet beherrscht und auf kritische Fragen antworten kann, wird auch seinem Publikum die eigenen Einsichten verständlich machen können. Zusätzlich kann auch die Aufgabe eines Protokolls sowohl des Vortrages als auch der Diskussion gestellt werden. Ebenso lassen sich die vorbereiteten und eingesetzten Medien anhand der üblichen Kriterien bewerten. Die Fruchtbarkeit der abschließenden Diskussion mit den verschiedenen einzunehmenden Rollen hängt schließlich in einem großen Maße davon ab, ob die SuS alle vorgestellten Ergebnisse verstanden und in Beziehung zueinander gesetzt haben. Die Spontaneität, mit der eine Rolle ausgefüllt wird, kann durchaus als Indikator für den Lernerfolg dienen.

Lernquellen

Hoff, Gregor Maria, Die neuen Atheismen. Eine notwendige Provokation, Kevelaer 2009 (berücksichtigt Sloterdijk 2009 noch nicht).
Goebel, Wolfgang, Sloterdijk und die Religion, in: IRP-Impulse, Herbst 2009, S. 50–52.
Koch, Alois, Sport als säkulare Religion, in: Stimmen der Zeit, Februar 2002, S. 90–102 (www.con-spiration.de/koch/sport/religion.html).
Leißer, Thorsten, Eine Verhältnisbestimmung von Sport und Religion am Beispiel Fußball (Marburg 2000) www.leisser.de/download/examensarbeit leisser.pdf.
Müller, Klaus, Dem Glauben nachdenken. Eine kritische Annäherung ans Christentum in zehn Kapiteln. Münster 2010, S. 133–141.
Ders., Generalangriff im Tarnanzug, In: Communicatio socialis. Jahrgang 42, 2009/4, S. 345–350.
Ders., Gottes Zorn, der Menschen Eifer und die theologische Vernunft. Zu Peter Sloterdijks affektanalytischer Gotteskritik, in: Striet, Magnus (Hg.), Wiederkehr des Atheismus. Fluch oder Segen für die Theologie, Freiburg 2008, S. 77–98.
Sloterdijk, Peter, Du mußt dein Leben ändern. Über Anthropotechnik, Frankfurt 2009, S. 9–33 (»Einleitung: Zur anthropologischen Wende« in Auszügen als Reader).
www.youtube.com/watch?v=OZU0mpvQJ1U (3SAT-Fernsehbeitrag »Kulturzeit«, zu: Sloterdijk 2009).

Bruno Strnad

Willkommen in der wirklichen Wirklichkeit? (Lernzeitraum 11/12)

»Wenn ich nicht die Male der Nägel an seinen Händen sehe und wenn ich meinen Finger nicht in die Male der Nägel und meine Hand nicht in seine Seite lege, glaube ich nicht« (Joh 20,25b). Beim Eintritt in die Kursstufe zeigt sich bei nahezu allen Lerngruppen diese Zugriffsweise auf die Wirklichkeit: »Wirklich« oder sogar »wirklich wahr« ist für die SuS, was sie mit ihren Sinnen greifen und begreifen können. Was zählt, ist, was man zählen kann. Gleichzeitig meldet sich auch unter den SuS ein zunehmendes Unbehagen über die Folgen dieses naturwissenschaftlich-technologischen Zugriffs auf die Wirklichkeit.

Zum Beginn der Arbeit mit einer neuen Lerngruppe und gerade beim Eintritt in die Kursstufe bietet es sich an, dieses Weltbild zur Diskussion zu stellen, auf seine Plausibilität hin zu überprüfen, vielleicht sogar Schneisen in diese fest gefügte Weltsicht zu schlagen. Die Auseinandersetzung mit konstruktivistischen Zugangsweisen zur Wirklichkeit scheint für diese Zielsetzung in besonderer Weise geeignet, da diese radikal wie kaum ein zweiter philosophischer Ansatz den Zusammenhang von Sinneswahrnehmung und Wirklichkeit infrage stellen.

In dem Spielfilm »Matrix« wird diese Irritation in einer dichten und dabei spannenden Filmsprache in Szene gesetzt.

Lernanlässe

Die oben beschriebene Weltsicht kommt nicht von ungefähr; neben den entwicklungspsychologischen Voraussetzungen sind es auch die allgemeinen kulturellen und medialen Rahmenbedingungen, die diese Sichtweisen befördern. Zu diesen Rahmenbedingungen gehört oftmals auch die Welt- und Selbstdarstellung der naturwissenschaftlichen Fächer in der Schule – gerade zu Beginn der Kursstufe. Hier bietet sich der Ansatzpunkt zu einem kontrapunktischen Dialog zwischen den Fächern im Ringen um ein breit angelegtes Wirklichkeitsverständnis.

› In der ersten Physikstunde im Kurs gibt der Physiklehrer eine knappe Übersicht über sein Fach und dessen Arbeitsweise: »Der Physiker kann nur von

dem ausgehen, was er messen, wiegen oder zählen kann. Etwas anderes existiert für ihn als Physiker nicht.« Ein Mitschüler widerspricht. Es müsse darüber hinaus »doch noch mehr geben«. Skizzieren Sie, wie eine solche Diskussion verlaufen könnte. Welche Positionen sind denkbar. Wie könnten diese untermauert werden?
› Ein Freund behauptet, dass Sie in diesem Moment nicht wach wären, sondern dieses Gespräch nur träumten. Auch er, der Freund, wäre eigentlich gar nicht real, sondern nur Teil Ihres Traumes. Wie könnten Sie seine Behauptung widerlegen?

Lernvorhaben

Die im Bildungsplan ausgewiesenen Bildungsstandards zielen u.a. darauf, die verschiedenen Zugänge zur Wirklichkeit zu untersuchen und zu bewerten: Die SuS
› kennen verschiedene Deutungen der Wirklichkeit und können sie entsprechend ihrer Hintergründe und Folgen kritisch bewerten;
› können Spielfilme in Grundzügen auf ihre filmischen Mittel hin untersuchen, deren Aussageabsicht(en) formulieren und mit außerfilmischen Kontexten in Beziehung setzen.

Lernarrangement

Die Lernsequenz ist auf 4–5 DS ausgelegt. Dabei bieten sich entsprechend der filmdidaktischen Grundentscheidung mehrere Arrangements an:
› Der Spielfilm »Matrix« wird im Rahmen einer Projekteinheit, z.B. einer Nachmittags-, Abend- oder Samstagvormittagveranstaltung zu Beginn der Unterrichtseinheit in voller Länge gezeigt. Die SuS wählen zentrale Sequenzen des Films aus und untersuchen diese in arbeitsteiligen Gruppen. Die Ergebnisse werden in einer Plenumsphase zusammengeführt.
› Alternativ dazu kann der Film zunächst im Rahmen einer DS bis Szene 19 (ca. 1:04 Std.) gezeigt werden; nach dieser Szene ist der Zuschauer über die wesentlichen Aspekte der »Matrix-Welt« informiert und die Bearbeitung kann in ähnlicher Weise wie beim ersten Vorgehen erfolgen. Der zweite Teil des Films kann dann an das Ende der Unterrichtsreihe rücken und/oder weitere Lernanlässe schaffen (s. »Lernoptionen«).

› Der Spielfilm wird in Sequenzen gegliedert, die zu Beginn einer DS gezeigt und mit den entsprechenden Lernaufgaben bearbeitet werden.
› Im Folgenden wird ein Lernweg skizziert, der von der ganzen oder zumindest halben Filmlektüre ausgeht, da dieser Weg die Eigenverantwortlichkeit der SuS im Umgang mit dem Medium deutlicher akzentuiert und damit die Möglichkeiten des Kompetenzzuwachses tendenziell erweitert.

Lerngegenstände

Der Konstruktivismus weist die Möglichkeit jedweder objektiver Wahrnehmung von Wirklichkeit zurück und behauptet, dass Menschen sich ihre eigenen Wirklichkeiten schaffen. Er formuliert keine Aussagen über die Existenz der Dinge an sich, sondern stellt eine Theorie der Entstehung des Wissens von den Dingen auf. Der Konstruktivismus beruht auf der Annahme, dass alles Wissen nur in den Köpfen von Menschen existiert und dass das denkende Subjekt sein Wissen nur auf der Grundlage eigener Erfahrung konstruieren kann. Die Umwelt, so wie wir sie wahrnehmen, ist demnach eine vom Subjekt konstruierte Erfindung. In Wirklichkeit, in der sogenannten »Außenwelt«, gibt es weder Licht noch Farben, sondern lediglich elektromagnetische Wellen. Was wir aus unserer Erfahrung machen, das allein bildet die Welt, in der wir bewusst leben. So bleibt für den Konstruktivismus letztlich die Frage ausschlaggebend, welche Konstruktion sich als die nützlichste und menschlichste erweist.

»Matrix« (USA 1999, Warner Bros, Regie: Larry und Andy Wachowski, 130 min, FSK 16) war einer der erfolgreichsten Spielfilme der 1990er-Jahre. Der Film verwebt philosophische Themen und religiöse Vorstellungen mit überbordenden Gewaltszenen und vereint in dieser Melange die Filmgenres des Science-Fiction, des Actionfilmes und des Thrillers. Mit seiner eigenen, Jugendlichen nahestehenden Ästhetik bietet er einen spannenden und sehr greifbaren Zugang zum Thema – und artikuliert gleichzeitig Befürchtungen und Ängste in einer zunehmend technisch verengten Welt: In »Matrix« ist die Welt, wie wir sie kennen, eine Illusion, erzeugt von Maschinen mit künstlicher Intelligenz, die die Herrschaft über die Erde übernommen haben. Diese Illusion einer real existierenden Wirklichkeit wird den zum Energieproduzenten degenerierten Menschen als Matrix mittels elektromagnetischer Impulse direkt in das Gehirn projiziert. Nur einige wenige Menschen finden sich mit dieser Scheinwelt nicht ab; sie stehen außerhalb der Projektion – und warten auf den Erlöser, der die Matrix zerstören wird.

Lernwege

Die erste DS bzw. die Projekteinheit dient der Rezeption des Films und der Vorbereitung der anschließenden Arbeit in den Gruppen. Nach der Filmrezeption kann ein erstes Brainstorming erfolgen, in dem wesentliche Aspekte und Fragestellungen des Films bzw. der ersten Hälfte erarbeitet werden. Die SuS ordnen diesen Fragestellungen Schlüsselszenen zu. Dabei bieten sich folgende Szenen an: Szene 2: Trinity trifft Neo (0.06–0.11 Std.); Szene 6: Neo trifft Morpheus und muss sich entscheiden (0.24–0.28); Szene 7: Neo wird befreit (0.28–0.33); Szene 9: Morpheus weiht Neo in das Geheimnis der Matrixwelt ein (0.37–0.42); Szene 12: virtuelles Training und die Gesetze der Matrix (0.47–0.50); Szene 18: Cypher will wieder in die Matrix (1.01–1.02); Szene 19: Realität und Täuschung beim Frühstück (1.02–1.04).

Die nächste DS dient der Filmanalyse: In arbeitsteiliger Partnerarbeit untersuchen die SuS die filmische Umsetzung der ausgewählten Szenen (z.B. am PC im Medienraum) und erstellen ein schriftliches Ergebnisprotokoll. Die Einzelszenen werden im Plenum vorgeführt und von den Tandems erläutert. Die arbeitsteilige Vorgehensweise erfordert einen gewissen technischen Aufwand, da den einzelnen Tandems die Sequenz während der ganzen Zeit zur Verfügung stehen sollte. Alternativ dazu können einzelne Sequenzen im Plenum analysiert werden. (Zur Grundlage der Filmanalyse: s. Lernquellen.)

Die dritte DS vergleicht die analysierten Filmszenen mit konstruktivistischen Ansätzen. Die SuS recherchieren in ihren Gruppen die verschiedenen konstruktivistischen Theorien und vergleichen diese mit den Aussagen der Filmszenen. Ergänzend dazu kann Platons Höhlengleichnis untersucht und mit den Szenen in Bezug gesetzt werden. Auch hier kann der Unterricht im Plenum eine Alternative sein: Die Lerngruppe erarbeitet sich den Gegenstand gemeinsam mithilfe von Materialien, die die Lehrkraft zur Verfügung gestellt hat.

Zum Ende der Lernsequenz sollten die Ergebnisse einer gründlichen Bewertung und Diskussion unterzogen werden. Eventuell kann hier der Bezug auf die Szene 6 (Neo entscheidet sich) als Einstieg dienen: Die SuS treffen – wie Neo – die Wahl zwischen der blauen Kapsel (Flucht vor der Wirklichkeit zurück in die Matrix) oder der roten Kugel (die »Wahrheit«). Sie begründen ihre Wahl und erörtern in der Diskussion die Alternativen.

Lernaufgaben

Die SuS geben zunächst ihren ersten Eindruck von der Filmlektüre wieder:
› Erzählen Sie sich gegenseitig die Ihrer Meinung nach wichtigsten Momente des Films.
› Geben Sie markante Sätze oder Dialogelemente wieder, die Ihnen präsent geblieben sind.
› Benennen Sie die Szenen, die Ihrer Meinung nach intensiver untersucht werden müssten.
› Formulieren Sie in einem Satz die Hauptaussage oder das Hauptanliegen des Filmes.

Die SuS erarbeiten im Anschluss daran die filmische Analyse einzelner Szenen. Dazu können folgende Arbeitsanregungen aus der Filmanalyse hilfreich sein:
› Beschreiben Sie sich gegenseitig Ihre ersten Eindrücke: Wie wirkt die Szene auf Sie? Welche Aussageabsicht(en) können Sie entdecken? Was erscheint Ihnen auffällig?
› Untersuchen Sie wesentliche technische Aspekte der Szene: Einstellungsgrößen, Kameraperspektive, Kamerabewegung, Raumregie, Lichtregie, Bildkomposition.

Weitere Lernaufgaben:
› Recherchieren Sie im Internet nach dem philosophischen Gedankensystem des Konstruktivismus. Besprechen Sie in der Gruppe Ihre Recherche-Ergebnisse. Versuchen Sie, einzelne konstruktivistische Sichtweisen in eine Skizze oder ein Schaubild zu bringen.
› Stellen Sie Ihre Ergebnisse zum Konstruktivismus in Bezug zu Ihrer Filmszene: Finden Sie Anhaltspunkte dafür, dass diese Gedanken in die Konzeption des Films eingegangen sind, und verdeutlichen Sie Ihren MitschülerInnen diese Zusammenhänge.
› Die »Bochumer Arbeitsgruppe für sozialen Konstruktivismus und Wirklichkeitsprüfung« unterhält eine website (www.boag.de). Schreiben Sie für diese Website eine Filmkritik von Matrix, in der Sie u.a. untersuchen, ob und ggf. inwiefern der Film einen Beitrag zum Verständnis und zur Verbreitung des Konstruktivismus leistet.
› Versetzen Sie sich in die Situation Neos in Szene 6: Welche Kapsel würden Sie nehmen? Begründen Sie Ihre Entscheidung.
› In Szene 18 will Cypher sich in die Matrix zurückversetzen lassen. Was würde Trinity sagen, wenn sie davon erführe? Schreiben Sie einen Dialog.

Lernoptionen

Vor allem im zweiten Teil bietet der Spielfilm Anknüpfungspunkte für die weitere Arbeit in der Kursstufe: An den Figuren Trinity und Cypher können die verschiedenen Glaubensbegriffe verdeutlicht werden, die religiösen Anspielungen und Zitate im Film fordern die Frage nach der Bedeutung des Religiösen in der modernen Gesellschaft heraus und schließlich könnte die Auseinandersetzung mit der Figur des Neo als wiedergekehrtem Erlöser den Einstieg oder den Abschluss des Themenfeldes »Jesus Christus« bilden.

Lernerfolg

Neben den klassischen Formen der Lernerfolgskontrolle bieten sich in dem gegebenen Zusammenhang kreative, filmnahe Methoden wie das Schreiben einer Filmkritik (s.o.) oder die Herstellung eines speziell auf das Thema hin verfassten Kinotrailers bzw. die Gestaltung eines Kinoplakates an.

Lernquellen

Spielfilm »Matrix« auf DVD.
www.matrix-architekt.de/matrix-1/ (Filmdaten und Übersichten).
Merten, Kerstin, Filmanalyse The Matrix, www.tu-dresden.de/erzwiae/mp/studium/
    studarbeiten/seminararbeiten/film03-04_Cyborgs/Matrix_Merten.pdf (detaillierte
    Szenenübersicht).
www.entwurf-online.de > Materialien 2000-2003 > 1.2/2001 Projekt Matrix.
www.mediamanual.at/mediamanual/leitfaden/index.php > »Basiswissen Film« (Materi-
    alien zur Filmanalyse).
www.kinofenster.de/index.html.
www.uni-koblenz.de/~odsjgroe/konstruktivismus/index1.htm (erste Informationen zum
    Konstruktivismus).

Ulrich Baader

Verzeichnis der Autorinnen und Autoren

Ulrich Baader ist Lehrer für katholische Religion, Geschichte und Deutsch am Justus-Knecht-Gymnasium, Bruchsal. Fachleiter katholische Religion am Staatlichen Seminar für Didaktik und Lehrerbildung, Karlsruhe, und Fachberater. Mitarbeit an der Konzeption des kompetenzorientierten Unterrichtswerks für den katholischen Religionsunterricht am Gymnasium Sek I »Mittendrin. Lernlandschaften Religion«.

Prof. Georg Gnandt ist Religions- und Hebräischlehrer; er arbeitet am Staatlichen Seminar für Didaktik und Lehrerbildung (allgemein bildende Gymnasien) in Freiburg als Fachleiter für katholische Religionslehre und leitet dort den Bereich 1: Bildende Kunst, Ethik, Musik, Pädagogik, Religion.

Uta Martina Hauf ist Religionslehrerin am Johannes-Kepler-Gymnasium, Reutlingen. Am Staatlichen Seminar für Didaktik und Lehrerbildung (Gymnasien) in Tübingen ist sie Lehrbeauftragte für katholische Religionslehre. Darüber hinaus ist sie in der Lehrerfortbildung zum Thema »Umgang mit Tod und Trauer in der Schule« tätig.

Patricia Hirt unterrichtet die Fächer katholische Religion, Französisch und Spanisch am Goethe-Gymnasium, Gaggenau.

Joachim Köhler ist Deutsch- und Religionslehrer am Pädagogium, Baden-Baden. Seit 2006 arbeitet er dort auch als Fachbereichsleiter für Deutsch und Gesellschaftswissenschaften.

Christina Küchel unterrichtet die Fächer katholische Religion und Englisch am Helmholtz-Gymnasium, Karlsruhe.

Dr. Wolfgang Michalke-Leicht ist Religionslehrer am Goethe-Gymnasium, Freiburg. Seit 1994 zahlreiche Lehraufträge in der Lehreraus- und -fortbildung. Von 2004–2009 Referent am Institut für Religionspädagogik der Erzdiözese Freiburg. Herausgeber (zusammen mit Iris Bosold) des kompetenzorientierten Unterrichtswerks für den katholischen Religionsunterricht am Gymnasium Sek I »Mittendrin. Lernlandschaften Religion« sowie (zusammen mit Clauß Peter Sajak) des kompetenzorientierten Unterrichtswerks für den katholischen Religionsunterricht am Gymnasium Sek II »Vernünftig glauben«.

Cornelia Patrzek-Raabe unterrichtet katholische Religion, Deutsch und Psychologie am Philipp-Matthäus-Hahn-Gymnasium, Echterdingen. Sie arbeitet darüber hinaus als Fachleiterin für katholische Religion am Staatlichen Seminar für Didaktik und Lehrerbildung (Gymnasium), Stuttgart, und war an der Konzeption des kompetenzorientierten Unterrichtswerks für den katholischen Religionsunterricht am Gymnasium Sek I »Mittendrin. Lernlandschaften Religion« beteiligt.

Prof. Dr. theol. habil. Clauß Peter Sajak lehrt seit 2008 Religionspädagogik mit dem Schwerpunkt »Didaktik des schulischen Religionsunterrichts« an der Katholisch-Theologischen Fakultät der Westfälischen Wilhelms-Universität, Münster. 1996–2002 Gymnasiallehrer in Baden-Württemberg, 2002–2008 Referent für Hochschulen im Bischöflichen Ordinariat Mainz. Zahlreiche Veröffentlichungen zur Kompetenzorientierung, u.a. »Bildungsstandards für den RU – und nun ?« (2007) und »Bildungsstandards – Kernlehrpläne – Arbeitspläne« (2011). Herausgeber (zusammen mit Wolfgang Michalke-Leicht) des kompetenzorientierten Unterrichtswerks für den katholischen Religionsunterricht am Gymnasium Sek II »Vernünftig glauben«.

Dr. Stefan Schipperges unterrichtet Geschichte und katholische Religionslehre am Schiller-Gymnasium, Offenburg, und ist Fachberater für Geschichte am Regierungspräsidium Freiburg sowie Lehrbeauftragter an der Universität Freiburg für Geschichtsdidaktik. Zudem ist er in der Lehrerfortbildung und als Schulbuchautor in den Fächern Geschichte und katholische Religion tätig. Als Beauftragter der Erzdiözese Freiburg betreut er den Schülerwettbewerb »Christentum und Kultur«.

Angelika Scholz ist Religions- und Französischlehrerin am Gymnasium Ochsenhausen, sie arbeitet darüber hinaus als Fachberaterin katholische Religion beim RP Tübingen und als Lehrbeauftragte am Staatlichen Seminar für Didaktik und Lehrerbildung (Gymnasium) in Weingarten.

Bruno Strnad ist Religionslehrer am Wilhelmi-Gymnasium, Sinsheim, und am Adolf-Schmitthenner-Gymnasium, Neckarbischofsheim.

Jutta Taege-Müller ist Religions- und Deutschlehrerin am Hölderlin-Gymnasium, Nürtingen, und als assoziierte Lehrkraft am Staatlichen Seminar für Didaktik und Lehrerbildung (Gymnasien) in Stuttgart tätig (Fachdidaktik katholische Religionslehre).

Andreas Wronka unterrichtet Deutsch und katholische Religion am Lessing-Gymnasium, Mannheim, und ist Fachberater für katholische Religion am Regierungspräsidium Karlsruhe und Kirchlicher Beauftragter in der Erzdiözese Freiburg. Er ist Mitautor am Unterrichtswerk »Mittendrin 3. Lernlandschaften Religion« sowie an den vom IRP-Freiburg herausgegebenen RIK-Heften 5/6, 7/8 und 9/10. Seit 2007 ist er Vorsitzender des Verbandes der katholischen Religionslehrerinnen und Religionslehrer der Erzdiözese Freiburg, VKRF.

Für einen kompetenten Religionsunterricht

Kösel www.koesel.de